职业教育
新型工作手册式
教材开发

DEVELOPMENT OF NEW TYPE WORK
MANUAL TEACHING MATERIALS FOR
VOCATIONAL EDUCATION

魏 娜 著

社会科学文献出版社
SOCIAL SCIENCES ACADEMIC PRESS (CHINA)

前　言

2019 年新春伊始，职业教育界迎来一则重磅消息——《国家职业教育改革实施方案》（以下简称"职教 20 条"）正式对外公布，"职教 20 条"成为职教人最常说起的"关键词"与"流行语"。文件中指出"建设一大批校企'双元'合作开发的国家规划教材，倡导使用新型活页式、工作手册式教材并配套开发信息化资源"，这为当前职业教育教材改革指明了方向。

基于这样的政策导向，职业教育学术界对新型活页式、工作手册式教材的内涵、开发方法做了研究。新型活页式教材与工作手册式教材两者既有联系又有区别，活页式教材即工作手册，工作手册式教材即活页，都是基于某种职业的工作过程系统化的教育教学化过程；如果说两者有区别，那就是活页式教材的使用更灵活、更方便，对"新技术、新产业、新业态、新模式"的把握更迅速更贴切。

传统的工作手册也叫"操作规程""操作手册"，是指"对某项工作进行比较系统的介绍，工作手册主要为人们提供某一学科或某一方面的基本知识，方便日常生活或学习"。显然，这样的工作手册概念是偏重职业概念的，它为职业教育新型工作手册式教材的开发打下了一定的专业实践基础。职业教育新型工作手册式教材不仅为学习者提供了职业实践的信息与经验，而且作为一种学材，为学习者的学习提供了思路。

本书中对新型工作手册式教材的定位是非常明确的，工作手册式教材内容源于企业、高于企业；强调学生获得的知识、技能与能力并重；校企双主体联合开发，在动态变化的背景下，体系策划和语言表述以学生为中心。新型工作手册式教材遵循学生学习和职业发展的规律，一是呈现完整的工作流程，包括工作对象、工作内容、工作手段、工作组织、工作产品、工作环境六大要素；二是帮助学生建立工作的思维六步骤，即咨讯、计划、决策、实施、检查和评价；三是遵循从"初学者"到"专家"的职业发展逻辑。

职业教育的发展不是一蹴而就的，是一个长期过程；以"三教改革"为支撑，职业教育的改革是"大家好才是真的好"的过程，涉及"三教改革"的每一个环节都是至关重要的。本书详细阐述了职业教育新型工作手册式教材开发的技术方法，从学习目标的确立，到学习领域课程框架的分析，至工作手册式教材配套的教学改革以及保障机制，希望多层次、多角度对如何开发工作手册式教材做出一定的界定，并以汽车4S店销售顾问为例，实际开发出新型工作手册式教材，为读者提供一种新的视角。

云南大学东陆园

2021 年 5 月 24 日

目 录
CONTENTS
职业教育新型工作手册式教材开发

第一章

当前职业教育教材建设的
背景与现状

第一节 职业教育教材建设的政策背景

新中国成立以来，我国职业教育发展大体经历了三个阶段：新中国成立初期到 1991 年是职业教育的奠基阶段，1992 ~2008 年是职业教育快速发展阶段，2008 年至今是职业教育全方位改革阶段。在全方位改革阶段，涉及职业教育的方方面面都进入改革的视野，教师、教法、教材的改革作为一个系统工程，受到了广泛的关注。

1992 年，我国确定了建立社会主义市场经济体制目标，市场经济体制的建立与完善，对职业教育办学体制、教学方式和毕业生就业都产生较大的影响。此后，我国职业教育迎来了规模化发展的时代。2008 年底，教育部正式颁布了《教育部关于进一步深化中等职业教育教学改革的若干意见》（教职成〔2008〕8 号），它对发展中国特色的职业教育人才培养模式做出要求，文件指出发展的关键在于教学的改革，各个职业院校开始重视学校精品课程和精品教材的开发。[①]

当前，我国职业教育发展初具规模，在国家的重视与支持下，职业教育的体系建设得到了稳步推进，但在快速发展的过程中也暴露出了诸多弊端，如职业教育体系结构不合理、职业教育办学条件与普通教育相比较为薄弱、职业教育教学质量不高、职业教育体制机制不畅等，而这些问题能否得到解决是职业教育能否提升发展质量的关键。教材改革作为职业教育改革的重要环节，受到了国家层面、学校层面、教师层面的强烈关注。

---

① 《教育部关于进一步深化中等职业教育教学改革的若干意见》（教职成〔2008〕8 号），中华人民共和国教育部（http：//old. moe. gov. cn/publicfiles/business/htmlfiles/moe/moe_955/201001/xxgk_79148. html），2008 年 12 月 13 日，最后检索时间：2020 年 3 月 13 日。

一　《国务院关于加快发展现代职业教育的决定》奠定教材发展基础

2014 年国务院印发《国务院关于加快发展现代职业教育的决定》①（以下简称《决定》），对职业教育又好又快发展做出重大战略部署。对我国职业教育加快转变办学方式、调整办学结构、促进职业教育又好又快升级发展有十分重要的现实意义，标志着我国职业教育正式从规模化发展转向内涵式发展。

职业教育瞄准技术技能人才的培养，丰富了职业教育的层次，也使各级职业教育培养人才的目标发生了变化，我国职业教育的体系建设得到了很大的提升。职业教育被划分为专科、本科和研究生等阶段，不同层次的职业教育不再适用同一教材，需各自编写符合其培养目标的教材。因此职业教育教材的开发在这一时期发展迅速，涌现出一批符合职业教育发展规律的职业教育教材和校本教材。但随着时代的变化，也暴露出一些弊端。由于层次目标定位的问题，仍然存在不同教育层次的教材混用、教材内容过于陈旧、没有融入先进的职业教育开发理念和教材无法体现职业教育特色等问题；由于纸质教材编制出版慢、内容更迭难，教材的更新速度并不能与企业、行业的发展速度相匹配。

二　《国家职业教育改革实施方案》引领教材改革的方向

当前，国家已经迈入两个百年目标任务中的第一个一百年，新的历史起点对我国的职业教育提出了更高的要求，国家对职业教育发展质量有了更高的期盼。职业教育更好、更快地发展才能更好地适应全面建设小康社会对高素质劳动者和技能型人才的迫切需要，除了让职业院校学生学习专

---

① 《国务院关于加快发展现代职业教育的决定》（国发〔2014〕19 号），中华人民共和国国务院 （http://www.scio.gov.cn/ztk/xwfb/2014/gxbjhzyjyggyfzqkxwfbh/xgbd31088/Document/1373573/1373573.htm），2014 年 5 月 2 日，最后检索时间：2020 年 11 月 12 日。

业理论知识外，还须让其掌握企业、行业所需的专业技能，这样才能真正体现出职业教育为行业输送技术技能型人才的办学理念。

2019 年 1 月 24 日，国务院发布《国家职业教育改革实施方案》（以下简称《方案》），《方案》要求建设一大批校企"双元"合作开发的国家规划教材，倡导使用新型活页式、新型工作手册式教材并配套开发信息化资源，每 3 年修订 1 次教材，其中专业教材随信息技术发展和产业升级情况及时动态更新。①

《方案》要求建立健全的教材体系，以立德树人作为根本任务，健全德技并修、工学结合的育人机制，借鉴"双元制"等模式，职业院校和企业双方一起制定人才培养方案，将行业的最新技术、最新工艺作为教学的内容和教学标准的参考，此外还要求健全专业教学资源库。这需要教育主管部门牵头遴选认定一批精品课程，结合当前国家对职业教育的要求，开发使用新型活页式、新型工作手册式教材并配套开发信息化资源。

《方案》的发布为职业教育教材改革指明了方向，要求每 3 年修订 1 次教材，让新型教材适应"互联网 + 职业教育"的发展需求，将现代教育技术运用在职业教育教材的开发与使用中，改进教学方式方法，让专业教材随信息技术发展和产业升级情况及时更新。新型活页式、新型工作手册式教材的开发能使专业教材根据信息发展及时更新，解决当前教材内容更迭速度过慢的问题。

《方案》为怎样开发职业教育教材、开发什么样的职业教育教材给出了清晰的参考方向。近年来，国家对于职业教育的关注与日俱增，职业教育教材的建设逐渐受到重视，越来越多的政策向职业教育教材的开发板块倾斜。特别是《方案》的发布，更是为职业教育新型工作手册式教材和活页式教材以什么依据开发、如何开发指明了道路。

---

① 《国务院关于印发国家职业教育改革实施方案的通知》（国发〔2019〕4 号），中华人民共和国国务院（http：//www. gov. cn/zhengce/content/2019 － 02/13/content_5365341. htm？from ＝ singlemessage&isappinstalled ＝0），最后检索时间：2020 年 3 月 13 日。

三　《职业院校教材管理办法》系统界定教材的内容

2019 年底，国家教材委员会印发的《全国大中小学教材建设规划（2019～2022 年）》、教育部印发的《职业院校教材管理办法》表明："职业教育教材规划要坚持正确导向，面向需求、各有侧重、有机衔接，落实处理好共性要求与促进特色发展的关系，适应新时代技术技能人才培养的新要求，服务经济社会发展、产业转型升级、技术技能积累和文化传承创新。"①

《职业院校教材管理办法》为我国职业教育教材编制提供了纲要性文件。2019 年以来，各级职业院校都是通过参照《教育部关于职业院校专业人才培养方案制订与实施工作的指导意见》②（以下简称《指导意见》）来制定各自的人才培养方案，《指导意见》也对职业院校的教材改革提出相应的要求。《指导意见》指出，职业院校的教材开发要让学校和企业双方都参与，其内容案例要具有行业典型性，在选用的过程中要时刻结合当前岗位所需要的最新技术、最新政策要求，在讲授过程中要做到以项目或者模块为基础来开展。《职业院校教材管理办法》的内容是《指导意见》的深化，确立了以习近平新时代中国特色社会主义思想为主导。作为培养专业技能型人才的重要载体，新时代的职业教育应该加快教材改革的步伐，从源头上把好意识形态观，开发专门的职业教育教材，体现职业教育教材内容特色，解决知识偏离"实操化"的问题，让教材知识既贴近教材理论又不脱离实际，反映行业、企业真实的生产场景和工作流程，提升学生的综合素质。《职业院校教材管理办法》的出台是实现教材管理的基础，有利于落实职业教育教材管理的责任主体与职责，学校、企业和出版社多方

---

① 《教育部关于印发〈中小学教材管理办法〉〈职业院校教材管理办法〉和〈普通高等学校教材管理办法〉的通知》（教材〔2019〕3 号），中华人民共和国教育部（http：//www.moe.gov.cn/srcsite/A26/moe_714/202001/t20200107_414578.html），最后检索时间：2020 年 3 月 13 日。

② 《教育部关于职业院校专业人才培养方案制订与实施工作的指导意见》（教职成〔2019〕13 号），http：//www.gov.cn/gongbao/content/2019/content_5437144.htm，最后检索时间：2020 年 11 月 12 日。

合作，让教师、一线员工和管理人员都参与到教材建设之中。

教科书作为教学内容具体呈现的载体，是教学活动开展的重要依据，它在教学活动中具有举足轻重的地位，各式各样教学材料的出现，既丰富了教学的形式，也为学生学习的开展带来了多种选择。根据学生特点，在职业教育的教学活动中使用适合的教学材料，以学生的"学"为出发点，让教学材料真正能运用到实际的教学过程中，这样才能满足当前就业市场对专业技能人才的需要。因此，在各级职业院校的课堂中使用符合职业教育特征的活页式、工作手册式新型教学材料，对于专业课教学的顺利开展和帮助学生掌握更多技能知识具有不可或缺的重要作用。

四　《职业教育提质培优行动计划（2020～2023年）》提出教材开发措施

《国家职业教育改革实施方案》自发布以来，掀起了各级职业院校开发活页式教材和新型工作手册式教材的热潮，但到底什么才是符合国家标准、适合职业院校使用的合格教材，并没有一方权威机构给出标准，各学校也只能摸着石头过河。2020年9月23日，教育部等九部门印发《职业教育提质培优行动计划（2020～2023年）》①（以下简称《行动计划》），为彻底贯彻落实《国家职业教育改革实施方案》中办好公平有质量、类型特色突出的职业教育制订了行动计划。2020年是我国"十三五"规划收官之年，也是国家迈入两个百年目标任务中的第一个一百年，新的历史起点也为我国的职业教育建设提出了更高的要求，国家对职业教育的质量有了更高的期盼。

《行动计划》的发布，为职业院校新型工作手册式教材的开发提供了具体的措施。第一，落实立德树人根本任务，将习近平新时代中国特色社

---

① 《教育部等九部门关于印发〈职业教育提质培优行动计划（2020～2023年）〉的通知》（教职成〔2020〕7号），中华人民共和国教育部（http://www.moe.gov.cn/srcsite/A07/zcs-zhgg/202009/t20200920-492299.htm），2020年9月29日，最后检索时间：2020年11月12日。

会主义思想编入教材，让爱国主义教育根植各级职业教育，帮助学生厚植爱国主义情怀；第二，完善职业教育教材规划、编写、审核、选用使用、评价监管机制；第三，对接主流生产技术，注重吸收行业发展的新知识、新技术、新工艺、新方法，校企合作开发专业课教材；第四，根据职业院校学生特点创新教材形态，推行科学严谨、深入浅出、图文并茂、形式多样的活页式、工作手册式、融媒体教材；第五，实行教材分层规划制度，引导地方建设国家规划教材领域以外的区域特色教材，在国家和省级规划教材不能满足的情况下，鼓励职业院校编写反映自身特色的校本专业教材。以上措施针对如何开发新型工作手册式教材，从教材的规划到编写、审核、使用、评价都给出了具体说明。

通过上述对职业教育新型教材开发的背景梳理不难看出，职业教育教材的呈现形式从之前的缺乏关注，到逐渐受到重视，再到现如今《国家职业教育改革实施方案》和《职业教育提质培优行动计划（2020—2023年)》指出开发职业教育新型活页式和新型工作手册式教材这一清晰方向和规划，社会各界对于职业教育给予高度关注，足以体现开发新型工作手册式教材的重要性。

第二节　职业教育教材研究综述

教材是知识的载体，在学校教育中，教材、教师、学生是教学活动中的三种基本要素，同时也是教学质量的基本要素之一，教材能够对教学活动和教学质量产生实质性的影响。因此，教材的质量在一定程度上影响学校培养人才的质量。通过上文对政策的梳理，不难看出我国高度重视职业教育教材的改革与开发，希望职业教育教材在新时代能够更好地服务于"应用型"人才的培养，巩固职业教育作为一种独立形态的类型教育在我国教育体系中的地位，加快终身学习型社会的建设步伐。

本文以中国知网数据库作为文献来源，以 Cite Space 为研究工具，在专业检索中，定位文献范围为期刊，设置主题为职业并含职业教育，同时题名含有教材或教材建设或教材研究，即主题 =（职业 + 职业教育 + 中高职）+（教材 + 教材建设 + 教材研究）。2008 年的高职评估将教材作为评估指标之一，对职业教育的教材重视可见一斑，于是本次研究将文献的时间范围设置为 2008 ~ 2020 年，期刊类型勾选为核心期刊和 CSSCI，共检索出 371 条结果。经过手动剔除通告、会议记录、书评、工作总结以及政策推广等非学术型文章，最终得到样本量共计 319 篇文献。在中国知网经过上述的检索后，将检索结果全部选中，利用知网对发文趋势进行了解，随即导出参考文献，利用 Cite Space 将得到的结果逐一对期刊贡献机构、作者、关键词进行可视化分析，以求探寻近年来职业教育教材研究的进展，并通过关键词突变对其发展趋势有所把握。

一　职业教育教材研究数量分布与趋势

2008 ~ 2020 年，核心期刊以及 CSSCI 中所收录的关于职业教育教材研究的文献发文量及趋势如图 1 - 1 所示。如图所示，职业教育教材的研究一直备受关注，其间或有回落，呈波动发展态势。结合职业教育相关政策的颁布来看，可以发现的是，发文量受到国家政策的积极影响，政策出台后往往会带动发文量正向增长，如 2008 年教育部颁布《教育部关于进一步深化中等职业教育改革的若干意见》后，关于职业教育教材的发文量从 2009 年开始稳步提升；图 1 - 1 中曲线的第二个拐点在 2012 年，该年印发了《教育部关于"十二五"职业教育教材建设的若干意见》，提出要创新教材呈现形式，组建职业院校教材选用机构；尤其是在 2017 年，党的十九大明确要求完善职业教育和培训体系，并且成立国家教材委员会，自此，关于职业教育教材的研究成果逐年增加，如今的增长速度虽有放缓但仍在稳步递增。

二　职业教育教材研究机构分布与分析

对所选样本第一作者的所属单位进行 Cite Space 可视化分析，得到 268 个节点，80 条边，意味着样本多来源于不同机构，且机构间的合作不是十

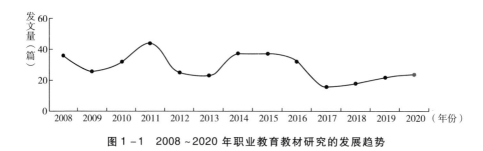

图 1-1　2008~2020 年职业教育教材研究的发展趋势

分密切。从机构类型来说，涉及普通高等院校（包含高等院校内的职业教育研究与成人教育研究所）、职业院校、教育研究机构等。研究机构数量多、类型全、覆盖面广，体现了各界对于职业教育教材研究的关注，但机构之间缺乏沟通与合作，需在未来进一步加强。表 1-1 所示的是各机构教材研究的具体情况，按照降序方式进行排列。根据表 1-1 可知，发文量与引用频次排名前十的机构中有不少出版社，如高等教育出版社、机械工业出版社、电子工业出版社等。高等教育出版社是新中国最早设立的专业出版机构之一，是负责出版全国高等教育、职业技术教育和成人教育教材的综合性机构，对于职业教育教材的研究也较为深入、颇具权威。可以看出，各类高校或研究所也为职业教育教材建设做出了重要贡献，如华东师范大学职业教育与成人教育研究所、上海市教育科学研究院职成教所、天津大学教育学院。职业院校也颇为关注教材的建设，如上海出版印刷高等专科学校作为排名前十的机构，从实践层面出发，积极探索教材建设使其助力于优质教学。

表 1-1　研究机构分布与分析（排名前十）

单位：次

序号	出版单位	发文量与引用频次	首发年份
1	高等教育出版社	28	2009
2	华东师范大学职业教育与成人教育研究所	5	2019
3	机械工业出版社	5	2008
4	电子工业出版社	4	2011
5	上海市教育科学研究院职成教所	4	2018
6	天津大学教育学院	4	2012

续表

序号	出版单位	发文量与引用频次	首发年份
7	上海出版印刷高等专科学校	3	2011
8	重庆大学出版社	3	2010
9	教育部职业技术教育中心研究所	3	2011
10	人民教育出版社	3	2016

三　职业教育教材研究作者分布与分析

通过 Cite Space 的可视化分析可发现，2008～2020 年在核心期刊和 CSSCI 上发表文献超过两篇（不含两篇）的作者共 5 人。其中，徐国庆共发表 6 篇，位居第一；陆嘉琦和石伟平各发表 4 篇，并列第二。针对此结果做进一步分析可得，对于职业教育教材建设的研究，仍以徐国庆、陆嘉琦和石伟平等学术型教授或研究员为先锋，他们热切关注职业教育的教材建设，在这个研究领域做出了极大的贡献。高等院校的教育学院以及职业教育与成人教育学院同样对职业教育教材研究十分重视；还有许多职业院校的任职教师，他们从自己的教学实际经验出发，从具体学科出发，针对教材现存问题，在教材的选用、内容、使用层面等提出自己的看法和意见，具有现实意义。表 1－2 展示的是发文量在两篇以上的作者，可知关于职业教育教材的研究尚未形成核心作者群，总体发文数量处于中下游水平。职业教育教材的建设，最终目的是为教学服务，为更好地构建校企合作铺桥搭路。遗憾的是，作者之间缺乏合作与联系，如若共同发力，或能取得更好的效果。

表 1－2　2008～2020 年发文作者分析

单位：篇

作者	发文量	首发年份	作者	发文量	首发年份
徐国庆	6	2015	乞　佳	2	2020
陆嘉琦	4	2011	李　智	2	2012
石伟平	4	2019	毛艳丽	2	2015
龚　雯	3	2016	兰小云	2	2018
周志刚	3	2016	李　媛	2	2019

续表

作者	发文量	首发年份	作者	发文量	首发年份
许 远	3	2015	黄 静	2	2011
兰金林	2	2019	邓小龙	2	2014
徐 玲	2	2011	张 鹏	2	2008
魏茂林	2	2010	赵清梅	2	2018
李义锋	2	2018	梁建超	2	2013
郝 超	2	2008	王启龙	2	2018
王 璐	2	2019	周 欢	2	2010
马 宁	2	2010	席东梅	2	2008
汪立亮	2	2014	李 政	2	2019
吴 晓	2	2010	朱燕平	2	2008
陈小平	2	2015	沈亚强	2	2010
徐永杰	2	2008	冀丽萍	2	2014
成丽丽	2	2014	张春英	2	2010
林俊标	2	2015			

四 职业教育教材研究内容分析

关键词往往能极大程度地展现一篇文章所研究的主要内容，对关键词进行可视化分析可以有效地明确某一时期的研究热点，表征某一研究领域的变化过程，揭示其发展趋势。使用 Cite Space，将时间范围设置为 2008~2020 年，选择时间间隔为 1 年，保持默认设置 Top N = 50，运行得到关键词聚类图谱，共包含 336 个节点和 434 条边。

表 1-3 所呈现的是中心性超过 0.01 的关键词，中心性表征的是在此领域内居于较为居中的位置，与其他关键词保持较强的联系，所以一般认为中心性超过 0.01 的关键词具有显著的重要性和较高的影响力。剔除主题关键词后，中心性最高的词汇是"创新"，中心性为 0.12，表明在职业教育教材建设中，创新是十分重要的，并且具有较强的链接作用。此外，教材改革、教材开发、出版、校本教材、中高职衔接、教学改革、教材管理、教材编写、工学结合、"互联网+"、工匠精神、中职语文课程、教材

结构等关键词的中心性均为 0.02 及以上。对这些关键词首次出现的年份进行分析可发现：教材管理、教材设计、"互联网+"、工匠精神、教材出版、教材质量、中小学教材等，都是近 5 年内出现的较为中心的关键词，可知，教材研究的内容开始逐渐关注这些方面的建设情况。

表 1-3　关键词频次

序号	频次	中心性	年份	关键词	序号	频次	中心性	年份	关键词
1	46	0.29	2008	教材建设	25	4	0.02	2010	中国铁道出版社
2	36	0.23	2008	教材	26	3	0.02	2016	教材设计
3	34	0.19	2011	职业教育	27	3	0.02	2017	"互联网+"
4	17	0.14	2011	职业教育教材	28	2	0.02	2019	工匠精神
5	10	0.12	2008	中等职业学校	29	2	0.02	2009	中国
6	7	0.12	2008	创新	30	2	0.02	2014	中职语文课程
7	8	0.1	2008	中职教材	31	2	0.02	2011	教材结构
8	15	0.08	2008	高职教育	32	5	0.01	2009	高职
9	11	0.08	2016	职业院校	33	3	0.01	2009	专业教材
10	11	0.07	2010	高等职业教育	34	3	0.01	2013	英语
11	12	0.06	2008	中等职业教育	35	3	0.01	2017	教材出版
12	8	0.06	2012	教材改革	36	3	0.01	2010	内容
13	13	0.05	2009	教材开发	37	3	0.01	2010	出版社
14	5	0.05	2008	高职教材	38	3	0.01	2011	中职学校
15	5	0.05	2009	出版	39	2	0.01	2008	高职教材建设
16	3	0.05	2008	中职学生	40	2	0.01	2009	开发流程
17	7	0.04	2009	校本教材	41	2	0.01	2009	国家规划教材
18	8	0.03	2008	中职	42	2	0.01	2014	中国职教学会
19	4	0.03	2013	中高职衔接	43	2	0.01	2020	教材质量
20	6	0.02	2009	教学改革	44	2	0.01	2019	中小学教材
21	5	0.02	2009	中职教育	45	2	0.01	2019	中华优秀传统文化
22	5	0.02	2018	教材管理	46	2	0.01	2013	农业
23	4	0.02	2011	教材编写	47	2	0.01	2008	护理专业
24	4	0.02	2012	工学结合					

对关键词进行聚类分析，可得到如图 1－2 所示的关键词聚类图谱。此时 Q 值（聚类模块值）为 0.8757，远大于 0.3，意味着聚类特征明显；MS 值（聚类平均轮廓值）为 0.5263，大于 0.5，表明该聚类是合理可行的。本聚类网络共包含 13 个聚类群，结合对文献的阅读，对关键词聚类结果做进一步的梳理和归纳，可以看出在教材建设的研究中，学者们主要对以下几个领域尤其关注。

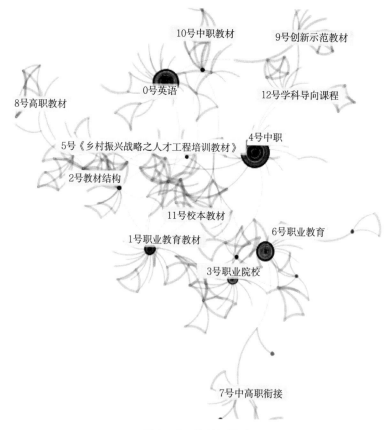

图 1－2　关键词聚类分析

第一，对职业教育教材内涵和本质定位的探究，包括对职业教育教材从内涵上进行作用分析和特点探究，涉及的关键词有内涵、价值研究、教材建设理念、发展历程等。对职业教育教材的内涵进行探究是进行职业教育教材建设的重要基础，学者们或从历史沿革出发，分析职业教育教材的发展，如在《改革开放以来中等职业教育教材发展历程、关键问题及政策建议》一文中，对职业教育教材发展进行历史回顾，提出"教材是课程改革的重要依托，是师生之间的中介"，从教材内容开发、教材体系建设、选用与管理出发剖析教材应然地位；或分析职业教育内涵界定，如伏梦瑶、李政、徐国庆[1]在《我国职业教育教材研究的进展与展望》一文中，梳理了学界目前对于职业教育教材研究的重点，从内涵上分析教材组织的内容和呈现方式；或关注职业教育教材之职教特色，探究职业教育教材与"1 + X证书"标准在生产模式及资历框架背景下的特殊作用。

第二，职业教育教材的编写与设计，包括内容选择、编写质量、工作逻辑、理念创新、设计范式等关键词。教材的编写与设计是职业教育教材开发的第一步工作，也直接影响着课堂使用效果和学生培养目标的达成情况，学者们从多个视角对教材的编写与设计进行了研究，其核心内容不外乎内容选择、内容组织形式、设计模式，包括在内容选择上如何既呈现学科知识又展现实践技能、教材组织的合理范式探讨等。兰金林、石伟平在[2]《职业教育教材内容的选择与组织：职业知识的工作逻辑》一文中提出：教材设计要注重职业能力培养和职业知识更新，并在教材中融入职业能力标准。在项目课程理念的流行趋势下，职业教育教材设计呈现单一化的发展趋势，徐国庆认为职业教育专业多样化和课程性质的多样化对职业教育教材设计模式也提出了多样化需求。可见，职业教育教材的编写与设计，呈现与普通教育教材编写不同的争议和矛盾，一是如何安排教材内容、体现职业特色；二是采用何种范式，保证知识和技能的合理配合；三是如何实现理念创新，实现职业教育教材的多样化发展以满足职业教育性质的内在需求；四是运用数字化技术创新职业教育教材编写，实现数字化教材和纸质化教材共同发展，推进立体化教材开发。

第三，针对职业教育教材建设的研究，在内容建设的研究上出现了立

---

[1]　伏梦瑶、李政、徐国庆：《我国职业教育教材研究的进展与展望》，《教育与职业》2019年第17期，第97～102页。

[2]　兰金林、石伟平：《职业教育教材内容的选择与组织：职业知识的工作逻辑》，《职业技术教育》2019年第31期，第30～35页。

体化教材、校本教材、新型教材、活页手册教材等关键词，体现了对工学结合模式的关注；教材建设不仅关注教材内容本身，更关注教材体系的完整搭建，包括教材研究和编写队伍、教材与其他物化资源的交互、教材配套资源、教材出版服务工作等方面，主要的关键词涉及教材建设、交互活动、编写队伍、教材出版、资源建设。

教材建设是一个庞大的体系，学者们从教材研究和编写入手，认为应提倡多元合作开发，包括学校之间、学校与企业之间、学校与出版社之间；学者们注意到教材与物化资源之间存在交互作用，如教学设施设备、互联网、其他媒介以及教材配套资源开发；学者们关注出版社在教材建设中的独特作用，如习岑、李术蕊[1]在《回应需求，创新模式——高等教育出版社创新职业教育教材建设模式略记》一文中提出，出版社要严格质量要求，提升服务品质，严管准入和监管机制。

第四，聚焦于职业教育教材改革，主要关键词包括"三教"改革、教学改革、课程思政、教材评价、国外经验等。这类文献主要从教学改革、需求变化的角度分析了教材改革的动因和必然要求，从课程思政、教材选用与评价、教材管理等方面入手，着重探讨了职业教育教材的改革实施路径，宋以华、钱堃、陈勇平[2]在《基于〈职业院校教材管理办法〉的职业教育教材改革探析》一文中提出，"三教"改革是职业教育改革的切入点和突破口，应加强"三教"融合改革。

第五，教材与课堂教学，包括教学变革取向、"互联网＋"、数字资源、线上课程开发、新型教材、课程衔接、教材选用等主要关键词，关于这一类的文献数量较多，主要思路是从教学出发，讨论了在教学改革的需求之下，对适应数字资源化、信息化教学的职业教育教材提出的要求；关注到在职业教育体系搭建下，教材在课程衔接、中高职衔接方面的特殊作用以及发展现状；关注教材选用以提升教学质量。相较而言，这一类研究

---

[1]　习岑、李术蕊：《回应需求，创新模式——高等教育出版社创新职业教育教材建设模式略记》，《中国职业技术教育》2011 年第 1 期，第 51~54 页。

[2]　宋以华、钱堃、陈勇平：《基于〈职业院校教材管理办法〉的职业教育教材改革探析》，《教育与职业》2020 年第 14 期，第 108~112 页。

范围较为广泛，但是研究层次还不够深入，缺乏对教材在课堂教学应用上的深入探索。虽然如此，但也在一定程度上关注到了教材在职业教育教学中的重要作用并探讨了教材的改革方向。

五　职业教育教材研究的演进及未来趋势

（一）职业教育教材研究演进

为进一步探析教材建设的演进路径，本研究利用 Cite Space 生成了关键词时序图谱，如图 1 - 3 所示。通过观察该图谱中关键词的分布情况以及形成的联结网络，可以推测出研究发展的脉络。

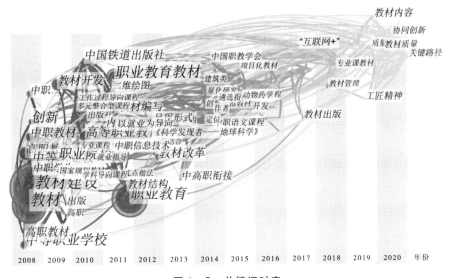

图 1 - 3　关键词时序

2008 年起，教材建设、教材、职业院校、中职教材、高职教材、创新等关键词出现频次已经较高，说明关于职业院校的教材建设长期受到重视；这些关键词与其他年份的关键词节点连线较多，形成了丰富的联结网络，说明后续研究与此阶段的研究有较强的继承关系；关键词节点之间连线的粗细程度表征的是两者的密切程度，可知后续研究多以这一阶段的研究作为基础。

2009～2013年出现了许多关键词，研究呈现一片繁荣的景象。继承2008年的研究热点，这一阶段依然对职业教育教材、职业教育十分关注，同时对相关领域进行了更深入的研究，关注教材开发、教材改革、教材结构、中高职衔接；分析了工作过程导向课程、多元整合型课程、学科导向课程等对于教材建设的具体探索；涌现了中国铁道出版社、出版社等关键词，突出了各类型出版社在职业教育教材建设中的重要作用。总之，此阶段的研究主题与2008年互动较为强烈，同时进行了更深层次的挖掘，为后续研究提供了可能。

2014～2020年产生了更多新兴的职业教育教材研究的热点。从时序图谱中可发现，这一阶段与之前的研究联系紧密，关键词之间形成了许多连线，同时也展现出更多的新兴热点，如建筑类、中职语文课程、地球科学、项目化教学等，可知研究从多元整合的视角逐渐转移到各学科。出现频次较高的关键词还有教材出版、教材管理、教材内容、"互联网＋"、教材质量、工匠精神、协同创新等，依然与之前的研究热点保持较密切的互动。

（二）职业教育教材研究的未来趋势

图1-4展现的是本次使用的319篇样本文献的关键词突现情况。共出现13个突现词。突现时间最早的是中职教材；突现时间持续最长的是职业教育，从2014年一直持续到2020年；近年来突现的包括职业院校、教材出版、教材管理、职业教育教材。可见，关于职业教育教材的研究一直在学者关注的范围之内，且职业院校、职业教育近年来一直受到重视。但从Cite Space的关键词突现图中也可以发现学界对于职业教育教材的关注是不连续的，没有形成长期深入的教材开发观念。但是近年来，学者们对职业教育持续关注，并将目光聚焦于职业教育教材的具体方面，如教材出版、教材管理等，教材在职业教育发展过程中不可忽视的重要作用被广泛认同，相信这样的态势将继续持续。

通过对核心期刊及CSSCI刊物2008～2020年关于职业教育教材建设的319篇文献进行可视化分析，包括发文趋势、机构分析、作者分析、关键

关键词	年份	实现强度	开始年份	结束年份	2008~2020
中职教材	2008	2.9862	2008	2010	
教材开发	2008	2.0169	2009	2011	
中职教育	2008	2.1107	2009	2011	
教学改革	2008	2.5382	2009	2011	
高等职业教育	2008	4.1615	2010	2011	
修订	2008	2.9283	2011	2011	
高职教育	2008	2.3454	2011	2015	
工学结合	2008	1.9146	2012	2014	
职业教育	2008	4.9284	2014	2020	
职业院校	2008	3.7749	2016	2020	
教材出版	2008	1.9664	2017	2017	
教材管理	2008	2.3454	2018	2020	
职业教育教材	2008	2.153	2019	2020	

图 1-4　2008~2020 年关键词突现情况

词聚类图谱、关键词时序图谱、关键词突现图，可得出以下结论。

（1）关于职业教育教材研究的发文量受到国家政策的积极影响，国家政策的颁布能够促进相关研究的进行，并为研究的主题指明方向。并且通常来说研究的主题与国家政策的系列文件内容具有较高的一致性。

（2）通过对研究机构进行分析可知，在职业教育教材的研究方面，出版社做出了很大的贡献，许多出版社在负责职业教育教材出版的同时，也积极探究职业教育的教材建设，其中最为突出的是高等教育出版社，其早在 2009 年就发表关于职业教育教材的研究论文，且发文频率是最高的，在未来的研究过程中，如何更好地发挥出版社的重要作用，应该受到学术界的关注。不仅如此，高等院校的教育研究所、职业教育研究中心也做出了积极贡献，展现出职业教育高层次研究的特殊性和必要性。但通过对研究机构的分析也可以发现，各机构的合作较少，尚未形成核心的研究团队，加强各研究单位之间的合作对于深化职业教育教材研究来说是可行之举。

（3）基于研究者图谱可以发现，职业教育教材研究尚未形成核心作者群，相关研究主要集中在以徐国庆、陆嘉琦和石伟平等人为代表的学术型教授或研究员群体之中，除此之外，高等院校的教育学院以及职业教育与成人教育学院对职业教育教材研究也贡献了力量，许多职业院校教师也从教学实际经验、具体学科出发对职业教育教材进行积极探索。

（4）根据关键词聚类、关键词时序图谱、关键词突现图谱可知，教材建设、教材改革、教材开发、出版、校本教材、中高职衔接、教学改革、教材管理、教材编写、工学结合、"互联网＋"、工匠精神、中职语文课程、教材结构等关键词是研究的重点；职业教育教材研究也呈现逐步深入的趋势，研究从多元整合的视角逐渐转移到具体学科；教材出版、教材管理则是未来研究关注的内容。

（5）从研究的重点来说，主要关注教材的内容建设方面，众多学者对此进行了深入的剖析，涉及教材内容的选择与安排、教材内容的组织与呈现、教材内容的衔接与统一，同时揭示出近年来研究的新兴主题，如新型教材的开发、数字资源的开发等，但大多数研究停留在理论层面，实践操作层面涉及得较浅，如大多数文章都指出要发挥互联网载体的作用，利用数字化资源，进行数字教材的建设，但针对具体如何开发、开发路径没有进行可行的探索。

第三节　当前职业教育教材利用中存在的问题

教科书是教学活动的重要载体，然而现在很多职业院校所选用的教科书的内容沿袭学科型教材，往往过于注重理论知识的学习，而忽略了实践能力的培养。岗位需要的技能和能力都体现在综合问题的解决上，并非按照知识点的形式出现，但现行职业教育的教材以知识点的形式进行内容编排比较常见，没有体现出教材的实践性内容特征，而这样也与职业教育的办学目的相背离。职业教育教材转型迫在眉睫，可结合《国家教育改革实施方案》的标准，倡导使用新型活页式、新型工作手册式教材，并配套开发信息资源，选用和开发真正适合职业院校学生的教材。

一　职业教育教材缺乏育人功能

教材是教学活动的载体和依据，教学内容直接影响学生世界观、人生观和价值观的养成，新时代职业教育要求职业院校将"育德"和"修技"有机结合，在培养德智体美劳全面发展的高素质专业技能型人才的同时，更要渗透对其职业思想、职业道德和职业素养的培养。

现行职业教育教材更多地参照学科教学的内容模式，并没有体现出太多关于职业素养、爱岗敬业和职业规范等立德树人的内容要求，实践操作类内容需要更新，并且没有完全贴合工匠精神、团队合作、安全、环保等要求。

教材作为教育教学活动的核心载体，须将育人功能放在首位，将社会主义核心价值观融入各科的教材，把牢"教材关"的政治方向，将中国特色社会主义理论贯彻其中，让教材更具中国特色和国际视野，增强教材的育人功能，特别是关于教材建设的重要论述要贯彻教材始终，体现在教学过程的各个环节。职业教育教材强化育人功能，对学生工匠精神培养起到至关重要的作用，为学生"为什么学"和"怎样去学"答疑解惑。职业教育教材应响应国家对教材改革的号召，不仅体现"三全育人""立德树人"，更要紧扣中国特色社会主义思想，打造凸显中国特色的职业教育精品教材。

二　教材内容不能满足行业企业转型升级需求

职业院校教学内容的传播不能仅靠纸质教材，需要结合最新的互联网技术，将数字化技术和实践内容融合在一起的新型教材成为职业院校教材的发展趋势，这是新时代职业教育教材改革的趋势。采用某一版固定教科书这一方式虽然简化了学校在教科书选择上的烦琐过程，也减轻了教师的备课压力，但是行业对于专业技能人才的要求随着市场的发展而不断变化，固定教科书并不适合职业院校学生的就业，也不利于学生长期的职业发展。

纸质教材和数字化资源不充分融合导致教材呈现形式较为单一，职业院校学生并不能多渠道获取教学知识，也无法在多种教学资源中进行选择，数字化资源不足确实导致学生无法在空闲时间进行学习，使得碎片化学习贯彻不彻底，自主学习和终身学习在使用原始老旧教材的情况下无法实现。企业要求一线岗位工人技能发展迅速，越来越多的基础岗位被机械所替代，因此对新一线工人有了更高的要求，而企业需要的新鲜技术和知识在学校教材中却没有得到及时增补，操作性技能要求较强的知识并不能通过文字性的内容而获得，这已成为阻碍职业教育发展的重要问题。

随着技术发展和产业升级，如果教科书不能结合时代特点满足企业、行业要求，随时随需进行更迭，那么学生就不能掌握当前企业、行业所需的最新技术，职业院校学生就不能达到就业所需的技能标准。对于职业院校来说，它培养的学生应该是技术技能型人才，并且他们是直接走向企业、行业岗位的员工。因此，职业院校教科书的使用必然要与企业、行业实践紧密相连。

三　职业教育教材对学生的吸引力不强

职业教育的教材应该是工学结合的教材，以职业为基础、能力为本位，体现了职业院校对于专业人才的培养。职业院校教材在编制时，不能只考虑学校教学，更要考虑阅读教材的学生。学生有不同于成人的学习习惯与阅读习惯，语言不能晦涩难懂，要符合学生的心理要求。

职业教育与普通教育在培养目标上有巨大区别，但是职业教育的教材却鲜有根据培养目标进行编制。当前职业院校使用的教材编写者多为学校教师，有较高的文学素养和设计能力，但是在编制职业教育教材时并未基于学生对知识和术语的理解和记忆能力的现状，容易从教师"教"的角度出发，而忽略对学生"学"的角度的考虑；教材仍是教师开展教学的辅助手段，而非能够提升学生自主学习能力的学材；教材过程注重对学科属性和学术属性的强化，而非对职业属性和行动属性的描述，这样无疑加大了职业院校学生阅读理解的难度；书本文字并非是容易理解的生活语言，也不是适合行业风格的语言和模式，这样的教材对学生没有吸引力。

四　学校教学资源库没有被充分利用

国家为职业教育各专业配有多种教学材料，除了职教司指定教科书后面附有的配套教学光盘外，还有教学资源库、沙盘等相关教学材料，但就目前情况来看，一线教师对教学资源的利用并不充分。近年来，虽然各职业院校响应国家号召加入教学资源库建设大军，并投入人、财、物，完善了学校的教学设备，也形成了大量的教学资源，但教学资源库是否得到充分利用还有待研究。

国家已开放的教学资源库中的内容是国内数一数二的职业院校提供的优质教学资源，资源的内容经过多方专家论证与审核，其质量能得到强有力的保障，但目前我国职业院校专业众多，而且某些知识教授与课程开展具有一定的地域特色，国家教学资源库中的优质资源并非完全符合各地的教学情况，这些材料不能被完全地有效利用。

第四节　职业教育新型工作手册式教材开发价值与意义

只有培养出适合企业、行业需要的技能型人才，职业教育才算达到了其应有的教育目的。当前人才队伍不能有效满足企业改革发展的要求、专业技术人才短缺、人才年龄结构断档和青年人才流失等问题不同程度地存在。在国家重视职业教育的背景下，社会各行各业对专业技能型人才的需求增加，而当前职业教育逐渐呈现不适应社会总体发展要求的趋势。

国家出台相关政策助力职业教育改革,而教材作为教育教学活动实施开展的重要资料,其改革刻不容缓。在《国家教育改革实施方案》(以下简称《方案》)的号召下,各级职业院校开始开发活页式和新型工作手册式教材,《方案》的提出为我国职业教育教材的改革和发展带来了新的机遇。

一　职业教育新型工作手册式教材开发的重要价值

(一) 新型工作手册式教材的开发满足职业教育转型升级的需要

进入 21 世纪,职业教育逐渐受到重视,越来越多的专家、学者开始关注职业教育的发展和职业人才的培养,然而,就我国现状来看,职业教育作为一种类型教育,特色有待提升。

目前,中国已经是制造业大国,要实现发展的可持续性,必然要经历由"大"到"强"的转变,新科技革命兴起,人类步入智能制造时代,建设制造强国,具有重大而深远的意义。当前国家对专业技术人才的数量和质量需求急剧增加,职业教育一直以培养国家所需的一线专业技术人才为目标,在培养过程中,既要让学生掌握理论知识,更要将所需的理论知识内化成为实际操作技能,根据职业教育的培养目标要求,新型教材的开发和使用能助力职业人才的培养,因此开发符合职业院校学生特点、满足职业教育教学所需要的新型活页式、新型工作手册式教材显得尤为重要。

我国职业教育还处于发展阶段,职业教育的发展是形成特色的过程。随着社会的进步和发展,制造业强国对于专业技能型人才的需求达到空前的高度,只有发展优质职业教育才能跟上高质量人才培养的需要。职业教育要想在国家转型的时期做出贡献,必须深化职业教育改革,开发既符合职业教育教师教学和学生需求又具有自身特色的教学材料。新型工作手册式教材可以有效整合职业院校资源,在日常教学过程中突出职业教育和职业院校的特点，发挥其优势，形成职业教育的育人特色，从而提升职业院校的发展能力。

（二）新型工作手册式教材满足国家对专业型人才的培养要求

以往职业教育教材多从教师"教"的角度出发，忽视了学生的主体地位，学生自主学习、阅读和理解专业课教材的难度大，缺乏对专业技能学习的重视；没有培养学生对学习形成良好的兴趣，无法在实践课堂和专业实习中积极有效地运用所学知识。新型工作手册式教材的开发有助于解决多年来职业教育教学与专业技能人才培养相脱节的问题，解决现行职业教育教材的众多弊端，有利于提高职业教育教学过程的综合性与实践性，使得职业教育课堂与企业、行业一线工作环节相融合，激发职业院校学生的学习兴趣和主动性。

开发新型工作手册式教材，以培养更符合新时代专业技能人才为目标，体现我国对于职业教育的重视；开发新型工作手册式教材，是根据职业教育的具体情况，立足于职业院校的特色、教师和学生的特点，加入学校和行业一线技术人员和专家多方力量，这样，无论在内容上，还是在课程安排和知识的传授上，都有很强的灵活性。

（三）新型工作手册式教材的开发满足学生学习需要

职业院校学生在学习过程中对教材的良好体验感对于其学习动机和学习效率的提高起着重要作用。在新型工作手册式教材的开发过程中，教材的设计与开发者除了满足教材的教育功能外，更多的应该关注作为学习者的职业院校学生在使用新型工作手册式教材进行学习时的体验和需求，注重学生的学习起点水平、学习能力和理解能力。

新型工作手册式教材与传统教材不同，它不是根据学科知识以及逻辑体系来划分，而是根据企业、行业专业的社会活动的经验、教师能力、社会发展结合未来面向岗位的专业技能需求等来编定。要使所开发的新型工作手册式教材的内容更有针对性，特别是使学生在职业能力和专业技能方面的发展需求得到满足，让学生在有限的学习时间内，注意"将气力用在刀刃上",防止内容上的重复,避免知识点零散出现,让职业院校学生能获得系统的工作过程知识。

目前,虽然我国职业教育教材符合教科书的循序渐进的编排逻辑,但仍存在诸多深层次的问题,教科书多从教师"教"的角度出发而弱化对学生"学"的视角的考量,这些都直接影响学生学习的积极性,影响学生对所学知识的接收程度。教材编写的质量直接影响课堂教学的质量和学生学习的效果,冰冻三尺非一日之寒,职业教育教材使用问题是由多方原因导致,通过开发新型工作手册式教材确实能更好地从学生"学"的角度出发,满足职业院校学生的学习需求,更适合职业院校学生职业发展。

(四) 新型工作手册式教材开发满足教师教学的需要

面对新时代背景下国家缺乏专业技术人才的巨大缺口,各方都希望通过职业教育的改革,解决当前职业教育无法培养出优秀的一线专业技能人员的难题。为解决这一难题,首要的就是解决当前职业院校缺乏实用性教材的问题,新型工作手册式教材的开发与使用在一定程度上有利于缓解当前职业教育教学困境。新型教材的运用既改变了以往以教师为主的讲授方式,又为现在的职业教育课堂提供了更多的典型案例和实用性教材。以实际工作岗位一线人员的工作过程为导线编写教材,根据企业最新需求而更迭教材内容,注重职业院校学生专业技术能力的迁移和职业的培养,这样既增强了职业人才培养的实效性,还能帮助学生更加直观地了解一线专业技术人才的工作内容,充分调动职业院校学生的学习积极性,提高我国职业教育的人才培养质量。

新型工作手册式教材的开发赋予了教师一定的专业自主权,教师参与到教材的编写团队中,他们既了解教材的使用情况,又清楚学生的学习能力和学习水平,教师作为编制者能更好地发展学生的个性。新型工作手册式教材符合当前专业技能人才的培养要求,它对教学内容进行重组和整合,能更好地选取内容进行深加工,充分将教材的知识激活,让教师在使用过程中能更有效地引导学生探索。

二　职业教育新型工作手册式教材开发的意义

（一）迎合职业教育转型升级对教材的新要求

习近平总书记在全国教育大会上提出"坚持以人民为中心发展教育"，这为我国职业教育做好立德树人基础工作、实现职业教育的转型升级提供了思想保障和前进的动力与方向。职业教育转型发展要求职业教育教材既要有保障文化基础的内容，又要有支撑技术技能提升的内容，而且要注重职业院校学生的全面发展。首先，在我国社会主义现代化建设的背景下，社会对综合型、复合型技术人才的需求越来越多，新型工作手册式教材开发的过程、开发的内容需要坚持党的全面领导，把立德树人作为根本任务，坚持社会主义办学方向，把学生培养成为社会主义建设者和接班人；其次，要加强学生核心价值观的培育，加强文化科学和专业理论的教育含量，增强学生综合素质，加强学生学习能力、职业能力和可持续发展观能力；最后，加强教学改革，深化产教融合和校企合作，强化学生技术技能，更好地适应社会和企业的需求。

（二）系统性解决目前教材存在的问题

目前职业院校教材在使用过程中存在的各种问题、学校和教师长期使用固定教材形成的惯性为职业院校带来了众多问题，其中最突出的就是传统纸质教材使用不方便、教材内容跟不上专业知识更迭、教材体例并不适合职业教育发展等。新型工作手册式教材对教学内容的编排更适合职业院校学生专业知识和职业能力的培养，它比目前使用的教材更能突出职业教育特色，同时也代表国家对于职业教育教材开发的最新方向，能为当前职业教育教材所存在的问题提供系统的解决方法。以新型工作手册式教材的开发与使用为契机，带动教师教学观念的变革，使用行动导向的教学方法，真正践行以学生为中心的教学理念，为其他教学材料的使用提供可操作的平台，从而提高学生的综合职业能力。

（三）解决教材单一性问题，搭建信息化教材资源体系

新型工作手册式教材不是单一的纸质教材，而是配套信息化资源的新型教材系统。新型工作手册式教材开发不是独立的教材开发，还要在设计过程中充分考虑数字化资源的配套开发，将教材中出现的抽象定义、难以把握的重点和难点、具体的行动示范以及案例等借助于微课、图像、仿真等形式更好地展现，并通过二维码与信息化教学资源产生链接。教材中还将设计必要的图片、逻辑图、流程图等，调用学生的视觉器官，进一步增强学生对知识的理解；配套开发电子版教材，满足碎片化学习的需要，也为学生的个性化学习提供便捷服务。进一步的要求是要进行教材一体化设计，配套开发在线课程资源，设计实训手册，通过多种资源和内容的整合，教材更加丰富立体、教学模式更加优化，带来一种新的学习体验，达到助学目的。

（四）促使教材功能转变与升级

教材作为教学活动开展的重要载体，它的编制直接影响教学的开展和教学理念的实现。以往的教材多从教师"教"的角度出发，忽略学生主体的阅读习惯和理解能力，内容的编排也难以实现职业教育的培养目标。教材编写人员在编写职业教育教材时，不能只把教材当作教师开展教学的载体，更多的应该考虑学生主体对于教材的使用。新型工作手册式教材的开发更贴近企业、行业对专业技能人才的要求，它的编排与设计更适合职业院校教师教学活动与学生的学习，也更能促进学生自主学习活动的开展和学习能力的提升。

（五）提高教材系统质量，满足多元化学习需求

教材作为人才培养的重要载体，是培根铸魂的工作，要使我国当前教育能达到国家对于职业人才的标准，培养德智体美劳全面发展的社会主义建设者和接班人，就需要有职业教育特色、高质量的教材进课堂，进入学生的大脑。学生的认知方式、获取知识的途径较之前有较大改变，需要我

们由传统走向现代，把教材建设好、组织好，教材的编制要适应新时代的发展，从培养模式、培养方案、学习方法、评价考核等方面入手。新型工作手册式教材的开发符合当前职业对教材的要求，它更多地从学生角度出发，关注学生"学"的过程，与传统教材相比对学生更具吸引力，也能转变学生的学习方式，提升学生的自学能力和创新能力，从而提高职业教育的教学质量。

第二章

职业教育新型工作手册式
教材开发的指导思想和原则

新型工作手册式教材开发的关注点从关注教师如何教转向关注学生如何学，并且强调学生综合能力的培养，促使教材面向工作岗位、面向职业、面向社会生产劳动实践，内涵上相较于传统教材有了颠覆性的变化。

第一节　职业教育新型工作手册式教材的基本内涵和特征分析

内涵是事物本质属性的反映，新型工作手册式教材的内涵使其与普通教材相比有了本质的区别，这也是进行新型工作手册式教材开发首先要把握的根本。对新型工作手册式教材内涵的精确把握有助于更好地进行教材开发。新型工作手册式教材的内涵要从其功能定位、导向性来把握，并进一步了解它的内涵要求，在开发教材过程中要注意对教材内涵要求的达成程度，根据其特征进行开发。

一　新型工作手册式教材的基本内涵

新型工作手册式教材作为新型教材，在内涵上与普通教材展现出不同，一是新型工作手册式教材内容要基于工作岗位，来源于真实的工作岗位，而不是从学科体系中对知识内容进行单纯的筛选和重新组织，不仅关注"量"的变化，更关注"质"的提升；二是新型工作手册式教材的编写模式和组织方式均遵循成果导向，以学生综合能力的提升为关注点，并根据学习应达到的效果对教学目标进行合理设计，使其既遵循学生的身心发展规律，又符合职业成长从"简单到复杂，从单一到综合"的规律。

（一）教材内容基于工作岗位

新型工作手册式教材不同于传统教材，其最突出的内涵就是要基于工作岗位。传统教材在内容选择上往往是归纳式地呈现经验知识，内容主要来源于经验的积累，呈现学科的系统知识，以陈述性知识为主。而新型工作手册式教材旨在改变这种教材组织的形式，向学生提供演绎式、程序性的知识，内容是基于真实的工作岗位而来，而不是在学科体系中进行简单筛选和抽组。教材内容基于工作岗位，要体现出真实性、实践性与思想性。真实性是指教材内容均来自真实的工作情境，不是凭空杜撰，只有源于真实的工作情境、基于真实的工作过程、依托于产品客观存在的内容，才是新型工作手册式教材需要的，即真实达成"学习的内容是工作"，把真实工作过程渗透到学习内容之中；实践性是指所选择的内容是基于工作岗位的，这一特点使其自身具有极强的实践性，改变以往枯燥单调知识的文字性赘述，凸显职业工作过程的实践性和可操作性；思想性是指新型工作手册式教材关于职业、关乎岗位，在内容上必然也要呈现职业道德和职业精神，并且要合理地渗入思政与育人的相关内容。

（二）以成果为导向

成果导向教育也被称为能力导向教育、产出导向教育、目标导向教育或需求导向教育，起初是为改变传统"课程导向"而提出的，主要观点是提倡教学活动和教学行为的组织应该是为学生能获得实质性的成果经验而服务的。以成果为导向，实际上体现了以学习者为中心的现代课程观，对学生的学习成果进行关注，实时了解学生学习之后的目标达成度。

新型工作手册式教材以成果为导向体现为根据职业要求逆向构建教材结构，要求在设计教材时，基于企业不同典型工作任务的特点，按照工作手册式结构、步骤编写教材微观结构和内容。以模块化课程作为展现，根据学习应达到的结果对教学目标进行合理设计，既遵循学生的身心发展规律，又满足职业成长"从简单到复杂，从单一到综合"的规律，并且配有公开的评价标准和明确的学习结果，使学生更加明确学习目的，及时对照标准进行自我评价和调整。

传统的课程教学，是首先教授学生独立于具体情境的、经过学科处理并系统化的客观知识，通过这些知识的学习与掌握，再要求学生参与真实的工作情境，往往称为"学以致用"，但实际上，这种教学方式对学生完整地达成学习成果没有起到很好的助推作用。以成果为导向的课程组织则相反，它从实践性的知识出发，逐步深入理论知识，使学生一开始就十分明确自己的学习目标，并在具体情境中循序渐进，在具体操作和实践中完成知识习得和内化。

以成果为导向的新型工作手册式教材，从开发之初就为学生学习成果的顺利达成而服务，因此不论是内容组织还是目标设计，新型工作手册式教材最高的目标就是满足学生学习的需要，帮助学生更好地应对职业生涯的挑战。可见，新型工作手册式教材开发是传统教材向学材转变的重要环节。

从教学的角度来说，遵循以成果为导向，则要求一切与教学相关的组织都要从学生出发，因此教学内容组织一定要满足学生身心发展的相关规律，知识内容设计应该要循序渐进，满足学生身心发展的顺序性；知识内容学习应该阶梯呈现，以满足学生身心发展的阶段性；教材内容设计还要充分利用配套数字化教学资源，以满足学生身心发展的差异性，通过丰富的数字信息化资源，为学生个性化学习创设条件。

二　新型工作手册式教材的特性

新型工作手册式教材在内容组织、体例结构、思想指标、开发导向、资源配置和开发主体等方面都展现出与普通教育的不同。教材内容虽来源于企业，但不是简单移植，展现出高于企业的特性；在体例结构上更是充分以学生为中心，甚至语言表述都要求做到深刻变化；在开发时注意以成果为导向也是新型工作手册式教材的特征表现；新型工作手册式教材开发还要同时进行配套资源开发，实现资源丰富化、信息化；此外，新型工作手册式教材开发还展现出"双主体"开发的特性。

（一）新型工作手册式教材内容源于企业但高于企业

新型工作手册式教材的案例、任务和课后训练均来源于企业，主要是使用 BAG 课程开发方法，对行业、企业进行整体的职业分析，进而获得典型工作任务；经过整合、凝练使其具备完整的结构要素，并进行教学化的处理，基于典型工作任务形成学习领域课程。基于这样的课程开发流程，教材中所呈现的源于企业的案例、任务发生了变化，不再是单纯的职业工作，而是"可教学"的工作任务，因此我们说，新型工作手册式教材内容是源于企业但又高于企业的，具体表现如下。

首先，经过教学化的工作任务更符合教育教学的有关规律，既基于职业的成长规律，完整地体现了工作的具体步骤和操作要求，又能适应学生的身心发展，使学生能通过层级深入、具有难度梯度的任务参与获得知识和技能；其次，工作任务转变为学习任务，避免了真实工作任务失败可能带来的不良影响，使任务学习的容错率更高，更有利于学生能力的提高。新型工作手册式教材开发关注未来，预测行业、企业的发展方向，并将未来的工作要求纳入其中，在内容组织上不囿于目前的行业局势，具有一定的前瞻性。

（二）知识、技能与能力并重

1. 教材内容适度够用

新型工作手册式教材开发选择适度够用的知识为教学所用，这是由职业教育的特殊要求和特点所决定的，职业教育要求学生既要掌握必要的理论知识，又要有充足的实践能力，因此教材开发要基于此，设法提高效率，培养技术技能型人才。在撰写教材时要求采用"精简、压缩、增减、综合"的方法，对理论知识突出重点，删繁就简，精简重复交叉的内容，压缩甚至删除一些不必要的知识。增加学生对于某门课程或某项专业能力的系统认识，把培养学生工作能力所需的知识点和技能点相结合，完成对学生综合职业能力的培养。

2. 纳入企业生产实践所需的工作技能

企业是依托生产实践而不断发展的生命体，是新技术、新工艺诞生的场所，具有重实践重技术的特点，包括一系列的工作设备、具有多样化的工作情境、涉及复杂性的工作内容。[①] 新型工作手册式教材要满足企业对技能型人才的现实需求，使学生在职业生涯中获得进一步发展，必须纳入企业生产实践所需的工作技能，遵循职业教育相关规律，并与企业共同编制人才培养的方案，将企业生产实践所需的实际技能纳入教材、课程与教学中，使与专业对应的岗位要求全面融入专业人才培养过程中。例如，智能化的工作环境对工作人员的要求已经从零件加工升级为智能设备的运行与操作，新型工作手册式教材一定要紧紧依靠企业的发展现状，拓展知识内容的广度与深度，真正以企业实践操作的需要为出发点。[②]

3. 关注学生能力发展稳中求进，内涵发展

职业院校最重要的任务之一是培养学生掌握必要的职业能力，职业能力是人们从事一门或若干相近职业所必备的本领，它包括有关的知识、技能、行为态度和职业经验，当劳动组织或职业发生变更时，这种能力依然存在，从而能重新获得新的知识或技能，因此教材设计也要关注学生能力内涵发展。

按照德国职业教育对能力的定位，职业教育的培养目标是培养学生的综合职业能力，包括专业能力、方法能力和社会能力。专业能力是个体与职业共同体的专业要求相适应的行为，一是满足对公共成果的质量要求；二是要能制订工作计划，关注工作生产技术和工作过程的条件，并且关注由规划错误而造成的不利影响；三是能选择适应的材料和工具，保证工作的顺利完成；四是能对自己的绩效做出客观的评价。至于方法能力和社会能力，两者可统称为关键能力，关键能力一般是隐性发展的，它们常常不以外显的形式被人们发觉，而是体现为具体的策略优化、经济效益优化、

---

① 王璐、徐国庆：《从工作过程到知识导向：职业教育教学设计的新发展》，《职教论坛》2020 年第 11 期，第 64～67、75 页。

② 郭欣：《企业参与职业教育校企合作的成本构成及补偿机制构建》，《中小企业管理与科技》（上旬刊）2020 年第 12 期，第 114～115 页。

责任感（环境责任感和社会责任感），在创造性的问题解决中发挥的作用。如果说80%的专业能力可以从学科体系中获得，那么或许只有20%的关键能力可以从学科知识中获得。新型工作手册式教材开发的内涵要求之一，就是要关注学生综合职业能力的发展，使学科体系的知识组织转变为工作过程系统化的结构组织，关注学生的知识训练、技能训练和能力提升。

（三）职业教育新型工作手册式教材的内容是动态变化的

1. 教材内容并非唯一和固定不变，而是不断丰富和发展的

教材在教学中的作用主要是引导学生基于基础知识的学习而逐渐形成某种观念或思想，在职业教育中，则可能是引领学生学会某一项技能，掌握一套可操作的具体流程和规范。也就是说，教材实际上只起到了"引子"的作用，或者说是引导牌的作用，而针对具体岗位的操作流程和规范在行业企业快速发展的过程中是不断更新变化的，这也就意味着，基于工作过程系统化设计而成的新型工作手册式教材的内容将随之发生变化，紧跟新技术、新工艺的发展步伐，因此，教材中的内容也要及时更新，不断丰富和发展。

2. 教材内容的教学意义在师生的互动和体验过程中生成和充实

教学应是师生互动和体验的过程。教师要充分发挥引领者的作用，在教学过程中对教材内容进行合理使用，针对学生的具体情况及时调整内容，或删减或增添，或深层教学或反复提及，总之，学生在特定情境下的活动和体验以及自主参与程度影响教材内容的价值。因此，只有教师和学生在自身知识经验背景下共同参与、主动建构、获得感悟，在实际教学过程中进行生成性的意义构建，新型工作手册式教材内容才能获得其意义。

师生是共同的资源开发者，在课堂教学的过程中，可能会衍生具有重要教育意义和重要价值的教学资源，而课堂教学中的生成性资源将成为教材内容动态生成的重要来源。同时，针对学生学习过程和教师教学过程中出现的问题进行反思和及时处理，也是教材内容动态生成的要义之一。对于教师而言，教师应该对在平时进行作业和试卷整理中展现出的有益内容

进行即时补充，将出现疑问或是矛盾的内容进行即时调整；从学生角度来说，可以将自己研读教材后产生的思考进行笔记补充。

3. 教材内容的组织是一个持续生长的、开放的"生态系统"

新型工作手册式教材的内容是不断生成的，就像是一个动态变化的"生态系统"，无时无刻不在更新变化，具有极强的生命力。这是因为新型工作手册式教材既要满足学生的个性化学习需要，又要关注企业的生产实践需要，教材内容不断动态变化，在形式上可以采用活页装订的方式。新型工作手册式教材是一种新型教材，同时，活页式装订也成为新型工作手册式教材功能动态生成的有力依托。采用活页式教材装订的方式，既能保证教材内容的完整性，又能很好地实现内容生成。

另外，还可设计页面留白。教材设计时，应该适当留白，以便及时记录教学过程中发现的问题，整理搜集有价值的案例，实现教材内容即时补充。教材的价值是在使用过程中不断生成而非一成不变的，在新型工作手册式教材设计时要秉持这种观念，设置页面留白。使用页面空白区域的主体，可能是教师，也可能是学生，这也是强化学生作为教育教学活动主体的重要体现。

（四）系统策划和语言表述以学生为中心

在新型工作手册式教材的语言组织方式上，采用以学生为中心的语言表述方式对教材进行系统策划有着十分重要的意义。

语言表述以学生为中心能够满足教材转型升级的需要。新型工作手册式教材的内涵要求是实现教材向学材的转变，服务于学生的自主学习，注重提升学生的学习能力。因此教材语言表述应该以学生为中心，注意提高学生的学习兴趣，符合学生的知识水平现状，在语言组织方面，应以白话文为主，使用易被学生理解的行业和生活用语，摒弃过于专业和拗口的词汇，知识的表述应该易懂、生动。并且，具体的表述还要注意基于学生现有的知识与技能的现状，充分考虑学生的记忆特点和认知水平特点。学生是学习的主体，许多现有教材仅围绕知识原理讲解，理论偏多，容易导致乏味枯燥的课堂教学，并且不适合学生自学，对学生的吸引力较差。教材的编写必须要从学生的角度出发，促进有目的的学习，用学生感兴趣的语言组织内容，调动学习积极性。新型工作手册式教材有着传统教材无法替代的优势，弱化了"教学材料"的特征，强化了"学习资料"的功能，通过教材的引领作用，帮助学生建立深度学习管理体系。

在进行新型工作手册式教材策划时，坚持以学生为中心，并且结合教材中已学内容自然引出具有创新点、创业素养的新问题，引发学生深入探究、深度学习的兴趣。通过创设问题情境，配合必要的指导，从而帮助学生自发探索问题解决途径，并在此过程中获得方法能力、社会能力，进而提升学生的综合职业能力。新型工作手册式教材应尽量使用通俗易懂的语言，将深奥的知识用平实的语言进行描述，方便学生理解。从学生角度进行语言组织和用词调整，使知识展现更具有故事性和吸引力，将真实的工作任务进行简易表述，并注重融入思政要求，将思政教育内容隐含于其中，而不是生硬地进行表达。

新型工作手册式教材具有强化职业属性和行动逻辑、弱化学科属性和学术逻辑的内涵特点。根据内容和企业的特征，从不同的角度，用不同的语言风格进行教材言语组织。职业教育新型工作手册式教材的内容是精选的。传统学科体系对教材内容进行呈现时，往往偏重学科知识理论体系的完整性、系统性，以概念、理论等学科基本元素为主要构成，没有体现出实践导向、能力本位的要求。新型工作手册式教材的编写不再片面地追求知识的系统完整，而是从学生的需要出发，以学生为中心，在教材内容策划上，主要为根据典型工作过程必备的职业能力要素而选择学习的理论知识点，以及为实现某一拓展、扩展的职业能力要素必须学习的理论知识点，以"必须、适度、够用"为原则。

（五）遵循学习和职业发展的规律

教学遵循以成果为导向，则是要一切从学生出发，因此教学组织一定要满足学生身心发展的相关规律，知识内容设计应该要循序渐进，满足学生身心发展的顺序性；知识内容学习应该阶梯呈现，以满足学生身心发展的阶段性；教材内容设计还要充分利用配套数字化教学资源，以满足学生身心发展的差异性，通过丰富的数字信息化资源，为学生个性化学习创设条件。

此外，新型工作手册式教材开发还应该遵循职业发展的相关规律，一是呈现完整的工作流程，包括工作对象、工作内容、工作手段、工作组织、工作产品、工作环境六大要素；二是帮助学生建立工作的思维六步骤，即咨讯、计划、决策、实施、检查和评价；三是遵循从"初学者"到"专家"的职业发展逻辑。

1. 内容组织上循序渐进，从简单到复杂

内容组织上是循序渐进的，在新型工作手册式教材中要体现这一规律。首先为学生提供难度较低的工作任务，其特点是学生只需在特定的系统内进行操作，有特定的规则和标准，整体的工作关系是学生可以简单概括的，一般是一些经常性、基础性的工作任务；其次为学生提供更加复杂的工作任务，这时工作任务的特点是，学生需要利用经验和规律独立地制订工作计划，自行选择完成任务的工具、方法和工艺。

2. 内容结构上层层深入，从单一到综合

除了内容组织上应该循序渐进地为学生提供任务外，在内容结构上也应呈现逐渐深入、逐渐综合的特点。开始时的任务可能只是一个单一任务，随着学习的逐步深入，任务开始显现出综合性，需要学生综合设计和考量。值得说明的是，不论是简单的单一任务还是复杂的综合性任务，都完整地包含了工作六环节，即咨讯、计划、决策、实施、检查和评价。

3. 体现职业成长规律，从初学者到专家

职业成长往往遵循一定的发展规律，从初学者发展为高级初学者、有能力者、熟练者，直至成为专家。在初学者阶段，需要向对象提供一些定向和概括性的知识，使其能在不太明确的工作情境中利用复杂规律，而对规律的内涵阐释不做要求；到了专家阶段，对象需要在经验的基础上建立起完整的学科系统化知识，对经验和专业知识要求较高的复杂任务有敏锐的感受，并且有能力给出最优方案。可见，随着职业经验的丰富，职业活动的特点发生了改变，逐步从外部指导下的活动升级为在理

论和经验共同导向下的行动，新型工作手册式教材在编写过程中必须重视这些规律。

（六）配套相应的数字化资源

新型工作手册式教材开发不是独立的教材开发，在设计过程中还要充分考虑数字化资源的配套开发，教材中抽象的定义、难以把握的重点和难点、具体的行动示范以及案例应该要借助于微课、图像、仿真等方式更好地展现，并通过二维码与信息化教学资源产生链接。

（1）设计必要的图片、逻辑图、流程图等，呈现必要的知识图表，通过调用学生的视觉器官进一步增强学生对知识的理解，便于学生更好地理解和模仿操作，在头脑中搭建起知识点之间的网状关系图，有助于知识的加工和迁移。针对较复杂的内容，如抽象但必需的概念、典型但难度较大的教学项目、复杂变化的工作情境等，除了通过逻辑图和流程图进行展示外还可链接信息化的学习资源，通过动画、视频、仿真等方式辅助学生学习，一来可以满足现代化信息教学的要求，二来是顺应教材价值的进一步发掘，即教材服务于课程建设乃至专业建设的价值角色变化。[①]

（2）将新型工作手册式教材配套开发为电子版教材，既可以满足碎片化学习的需要，也为学生的个性化学习提供便捷服务。电子版教材与纸质版教材应该是互为补充的关系，其开发并不是为了取缔纸质教材，学生在多种环境中的学习需要是开发电子教材的根本原因，使其可以随时随地服务于学生的个性化学习。在内容组织上，电子教材也应当与纸质教材保持一致，便于学生查阅和学习。

（3）教材一体化设计。在进行教材开发的过程中，配套开发在线课程资源，设计实训手册，实现教材的"一体化"建设。设计"一体化"教材具有合理组织知识与技能、让学生在情境中提高解决问题的能力、使学生

---

① 李政：《职业教育新形态教材：内涵、特征与编写策略》，《职教论坛》2020 年第 4 期，第 21～26 页。

形成综合性学习经验、提高知识迁移的效率等功能。[1] 通过多种资源和内容，教材更加丰富立体，教学模式更加优化，带来一种新的学习体验，达到助学目的。

（4）新型工作手册式教材要配套丰富的数字资源，数字资源设计时需要从教材整体出发，如按照教材中的结构目录设计资源目录，使学习资料与相关的模块、项目或任务呈现逐一对应关系，便于学生查阅。在配套资源中，还应该对任务或案例中涉及的职业技术标准进行说明，与证书考核标准进行关联，并且呈现学习成果的考察设计和学分标准，在教材最后还应该对国家学分银行的使用方法进行说明，总之，凡是与学生学习相关联的内容都应该在教材中以数字资源的形式配套生成。

（七）完善校企双主体联合开发

新型工作手册式教材又一重要特性就是，改变了教材编写的参与人员结构，将企业人员纳入教材开发的全过程，实行双主体共同开发，充分发挥学校和企业的优势，实现优势互补，满足新型工作手册式教材的内涵要求。

首先，新型工作手册式教材内容不是源于学科体系的知识筛选和重新排列，也不是纯工作清单，在内容选择上必然是源于企业又高于企业，针对企业的工作任务，新型工作手册式教材在进行内容组织时主要选择凝练的典型工作任务，并对典型工作任务进行教学化处理，使其呈现高于企业要求的特征。在此过程中，既需要企业提供典型工作任务，又离不开学校教师对典型工作任务的处理和教学化组织。

其次，新型工作手册式教材是以成果为导向的，十分关注学习者的学习结果和学习目标的达成情况，学习者的学习结果不外乎是实现知识和技能的提升，针对学生知识的达成度，学校教师或许已经拥有娴熟的技能对其进行评估，而工作技能的考核则需要企业专家对工作操作过程的要点要

---

[1] 刘晓川：《"教学做一体化"教材设计研究》，《北京印刷学院学报》2019年第S1期，第115～118页。

求进行分析，这样才能有效地对学生技能的学习结果进行合理测量和评估。因此，校企双元合作开发也是新型工作手册式教材坚持成果导向的必然选择。

在实施校企双元合作开发教材的过程中，要进行系统分析，使学校和企业之间分工合理、密切关联，并制定合理的编写流程，明确学校人员和企业人员的科学分工，从而发挥双主体的优势，在最大程度上实现两者有机结合，保证新型工作手册式教材的质量优良，实现对教材内容的优化。

具体而言，教材编写时，要求行业企业专家将行业最新信息和企业用人需求等写进教材；职教领域专家将职教的最新理念写进教材；职业院校各专业教师则根据专业的发展，把最新的专业知识写入教材。[①] 最终实现开发的新型工作手册式教材能够与产业发展要求高度一致，突出理实结合，符合技术技能型人才成长规律。

第二节　职业教育新型工作手册式教材开发的指导思想与原则

进行新型工作手册式教材开发，必须要坚持正确的指导思想和开发原则，这样才能保证其科学性和适用性。指导思想为新型工作手册式教材的开发提供方向指引和价值牵引，开发原则则为具体的开发提供可操作的模范要求，使新型工作手册式教材开发得以在恰当的框架中进行。本节内容将针对新型工作手册式教材的指导思想和原则进行解读，阐明在教材开发过程中应该把握的基本思想和开发准则。

一　指导思想

思想是行动的先导，在新型工作手册式教材开发中，明确了指导思想

---

① 刘芳：《"三教"改革背景下高职院校教材建设路径和策略研究》，《鄂州大学学报》2020年第 6 期，第 82～84 页。

对于教材的精准定位、内容组织、方向选择都起到了关键的作用。树立了正确的指导思想，教材的宏观布局也将初现框架，接下来在框架之下进行教材内容的组织、调整和补充，将使职业教育新型工作手册式教材开发向好向上发展。

（一）以习近平总书记关于教育的重要论述为指导思想

习近平总书记高度重视教育，"教育兴则国家兴，教育强则国家强"，表达出习近平总书记深切关注教育的发展。习近平总书记在党的十九大报告中指出，"建设教育强国是中华民族伟大复兴的基础工程"。在全国教育大会上，习近平总书记进一步提出了"加快推进教育现代化、建设教育强国"的新要求。[①] 习近平新时代教育新理念新思想新观点中，明确提出关于教育强国的论述。

1. 习近平总书记关于新时代教育的重要论述

第一，明确了教育的定位，民族振兴、社会进步的重要根基是教育，应该将教育放在优先发展的战略位置上。[②] 教育作为培养人的社会性工作，肩负着提高人民素质、促进人的全面发展的重要责任，并进一步为社会注入创新创造活力，进而实现中华民族伟大复兴的重要使命。

第二，明确教育目的，我国的教育目的是要培养社会主义建设者和接班人。教育要引导学生树立共产主义伟大理想和中国特色社会主义共同理想，让爱国主义厚植于学生心中；引导学生培育和践行社会主义核心价值观，加强品德修养；要引导学生综合能力的培养，在增长知识见识的过程中加强创新思维的培养；要弘扬劳动精神，引导学生崇尚劳动、尊重劳动。[③]

---

① 《习近平出席全国教育大会并发表重要讲话》，中华人民共和国中央人民政府（http://www.gov.cn/xinwen/2018 - 9/10/content_5320835.htm），2018 年 9 月 10 日，最后检索时间：2020 年 12 月 5 日。

② 范卿泽：《深入学习贯彻习近平总书记关于教育的重要论述》，《今日教育》2020 年第 12 期，第 1~2 页。

③ 《图解：习近平总书记关于职业教育工作的重要指示》，新华教育（http://www.xinhuanet.com/edu/2014 - 07/10/c_126730662.htm），2014 年 7 月 10 日，最后检索时间：2020 年 12 月 30 日。

第三，明确教育的根本任务，教育根本任务是立德树人。从目标来说，要在目标设计时将立德树人融入教育的各个环节，贯穿基础教育、职业教育、高等教育等各领域；从内容来说，要将立德树人融入教材建设、课程实施、教学评价的具体内容之中。

第四，明确了要办中国特色、世界水平的现代教育。在我国继续推行改革开放的措施之下，也应该用不一样的视野来看待教育的发展，既要扎根中国大地办教育，又要走向国际办教育，在这个过程中，最重要的就是要实现教育的现代化，积极与国际教育进行交流与合作，办出新特色，办出新高度。

在教育的诸多类型之中，职业教育更是与经济发展有着深厚的关联，是与经济发展关系最为密切的一种教育类型，一是由于职业教育的人才培养定位是直接面向岗位的，二是职业教育的教育内容是直接面向职业的，三是职业教育的功能定位是服务于产业创新发展的，因此，习近平总书记对于职业教育所提出的精准论述，将成为新型工作手册式教材开发的重要指导思想，为其开发和编制提供引导。

2. 习近平总书记关于职业教育的重要论述

习近平总书记十分重视职业教育的发展，指出职业教育与经济发展之间具有密切的联系，并专门针对职业教育进行了重要的论述。习近平同志早在 2014 年的全国职业教育工作会议上就提出必须高度重视职业教育，引导职业教育发展提速提质，培养坚实的人才队伍，促进实现"两个一百年"奋斗目标和实现中华民族伟大复兴的中国梦。习近平同志还指出，职业教育是国民教育体系以及人力资源开发不可或缺的组成部分，能够帮助广大青年走向通往成功成才的阶梯，职业教育肩负着有利于国家、社会、个人发展的重要职责，具体可从以下方面进行把握。

（1）服务于中华民族伟大复兴战略全局，实现中国梦是加快发展现代职业教育的基本出发点。第一，职业教育是我国教育体系的重要组成部分，现代职业教育为我国建成文化强国、教育强国、人才强国提供优质人才资源支撑。强化校企合作、产教融合，积极鼓励和支持社会力量参与，努力建成一批高水平的职业院校和骨干专业，着力培养具有专业技能与工匠精神的高素质劳动者和技术技能人才。第二，围绕贯彻党中央、国务院重大战略部署，落实新发展理念，切实把职业教育摆在更加突出的位置，加快构建现代职业教育体系。完善国家发展职业教育的法律法规政策，形成德技兼修、产学研结合的育人机制，帮助职业教育形成具有中国特色的育人模式。第三，树立正确的人才观和用人观，营造"人人出彩"的社会环境，进一步打破传统的选人用人壁垒，建立新的用人机制。形成知识型、技术型和创新型劳动者尽展其才的良好氛围，实施更加开放的人才政策，激发人才创新活力。

（2）为中国人民谋幸福、以人民为中心是发展现代职业教育的根本要求。第一，教育要围绕国家发展和民生需求，坚持服务大局。最大限度地发挥职业教育服务职能，满足社会经济发展需求、公民受教育需求以及提高职业技术技能谋求更好职业发展的需要。只有促进现代职业教育成长，建立完善的国民教育网络，才能完整实现教育为人民服务的思想。第二，教育公平是社会公平的重要基石，通过发展职业教育可以促进社会公平。出台一系列政策措施，保证不利人群接受职业教育和欠发达地区职业教育发展。提升技能型人才的社会地位和物质待遇，营造更公平的社会发展环境。第三，贡献职业教育在脱贫攻坚中的力量，推进扶志育才，阻断贫困代际传递。通过建立满足地方发展要求的专门职业院校，满足贫困地区青少年掌握基本生活、生存技能的需求，为个人成长、家庭发展提供更多机会。凭借实施"精准招生""精准培养""精准资助"，有效回应"三扶"问题，发挥职业教育的作用，保障脱贫攻坚的顺利实现。

（3）认识和把握规律，理论与实践相结合、教育与生产劳动相结合是发展现代职业教育的根本原则。第一，发展现代职业教育要坚持工学结合、知行合一，理论与实践相结合。职业院校要培养和提高学生在实际工作中运用知识、分析问题、解决问题的能力，创新各层次类型职业教育模式，发挥行业企业对职业教育教学工作的指导作用，紧贴市场和产业需求，进一步提高职业教育人才培养工作的针对性。第二，习近平总书记强调要崇尚劳动、弘扬"工匠精神"。劳动光荣是中华传统美德，专业技能与精神品质相结合的工匠精神也是中华优秀传统文化，全社会都应该形成尊重劳动模范、弘扬"工匠精神"、诚实劳动、勤勉工作的风气。切实提高劳动者的待遇和地位，力争使劳动者体面劳动和全面发展成为常态，发挥职业教育培养"大国工匠"后备军的保障作用。

（4）坚定社会主义自信，走中国特色社会主义发展道路是发展现代职业教育的根本途径。第一，职业教育要坚持正确的办学方向，践行社会主义核心价值观，落实立德树人根本任务。提高学生思想品德素养，将思想价值引领贯彻教育教学全过程，使思政课程与课程思政同向同行，引导学生有志向、有担当、有修养、有创造、有体魄。第二，建设有中国特色的职业教育体系、网络，提升中等职业教育发展水平，创新发展高等职业教育，优化普职比例，完善人才多样化成长渠道，形成可持续发展的终身学习型社会。第三，坚持以政府办学为主，引导社会各界支持职业教育。提升职业教育发展保障水平，国家教育经费持续向职业教育倾斜，推动建设和完善职业院校生均拨款制度。创新办学模式，支持多元主体参与办学，引导社会力量参与教育教学全过程。第四，拓宽教师来源渠道，建设高素质专业化教师队伍。加强"双师型"教师队伍建设，积极聘请企业技术人员和能工巧匠担任专兼职教师，提高职教教师的地位和待遇。第五，扩大开放，让中国职业教育迈上世界舞台。中国政府积极承办世界性职业教育会议，为交流合作搭建平台，学习借鉴其他国家开展职业教育的优秀经验，向世界提供发展职业教育的中国方案。

习近平总书记关于职业教育的重要论述为职业教育发展指明了道路：职业教育要牢牢把握以服务发展、促进就业为主的办学方向，深化体制机制改革，创新教育模式，坚持校企合作、产教融合，坚持知行合一、工学结合，引导社会各界的多元主体积极支持职业教育发展，努力建设中国特色职业教育网络体系。特别是在少数民族地区、广大农村地区以及相对贫困地区，不断加强对职业教育的扶持力度，努力使每个人都能在生活中获得成功。新型工作手册式教材应该要以习近平总书记对职业教育的定位和精准论述为指导，切实做好内容改革、模式创新、工学结合。

（二）突出职业教育的类型特点

职业教育作为一种类型教育，意味着它是与普通教育同等重要且独立的教育类型，与单纯的教育层次不同，职业教育作为一种教育类型必然有其自身发展的独特范式，在类型教育的定位之下，职业教育的办学模式也要从传统借鉴普通教育转向类型教育，形成系统办学特色。职业教育作为类型教育的探索已经有了一段时间的经验积累，直到《国家职业教育改革实施方案》的颁布，才真正落实了职业教育的类型教育特征，把职业教育改革发展提上日程。职业教育作为类型教育有以下特点。

1. 学校与企业跨界合作

作为一种类型教育，职业教育呈现校企协同育人的办学格局，从单一主体转向多元主体，实现了学校与企业的跨界合作。[①] 在此背景下，职业教育得到进一步发展：首先，摆脱了割裂企业与学校的束缚，因而必须重视现代企业制度与学校制度的融合；其次，破除了分离工作和学习的藩篱，因而必须重视工作规律与学习规律的融合；最后，跨越了教育与职业脱节的鸿沟，因而必须重视职业及职业成长规律与教育以及教育认知规律的融合。

2. 产业与教育需求整合

作为一种类型教育，职业教育发展的生命源泉在于其社会价值的实现，因此职业教育必须由单一的教育需求转向产业与教育双重需求，不仅关注学历提升，也重视能力提升，从而实现经济和社会发展需求与人的个性发展需求的统一。教育范畴和教学内容的选择也要从学科知识扩展到企业岗位知识，将典型工作任务凝练为学习领域课程，使学生不仅成为更完善的"社会人"，也能更好地扮演"职业人"的角色。

3. 共性与个性框架重塑

职业教育既要借鉴共性的普通教育的制度设计，也要进行辩证的兼容并蓄的制度创新，要对公平、价值和内容三大教育焦点有清醒的认识：其

---

① 姜大源：《跨界、整合和重构：职业教育作为类型教育的三大特征——学习〈国家职业教育改革实施方案〉的体会》，《中国职业技术教育》2019 年第 7 期，第 9～12 页。

一，从封闭向开放，要完善职业教育与培训体系，实现横向多类型、纵向多机会的教育；其二，以类型定层次，要健全普职等值而非同类的国家职业教育制度，实现同层次不同类型的教育；其三，由存储到应用，进行职业需求导向的专业建设、课程开发和教学实施，实现从知识存储转向知识应用的教育。既满足学生共性的基本需求，又要服务于学生个性化的学习需要。

基于此，新型工作手册式教材开发首先要遵循双元主体的导向，在内容组织、过程设计、使用评价等环节充分发挥双主体参与作用；其次，扩大内容选择的范畴，在教材中呈现真实的企业工作要求，建设学习领域课程；最后，关注学生个性化发展，实现"教材"向"学材"的转变。

（三）三全育人、立德树人，课程思政与教材有机融合

"三全育人"，即全员育人、全方位育人、全过程育人。"三全育人"是习近平总书记在全国高校思想政治工作会议上讲话精神的凝练，关键在于要利用好课堂教学这个主渠道，以思政课为主导，而其他各门课程都要"守好一段渠，种好责任田"，明确了各门课程都要注意将"三全育人"的理念贯穿到课堂教学之中，形成课程之间的同向协同合力。[①]《国家职业教育改革实施方案》也明确要求，职业教育实施"三全育人"，在职业教育领域推行"三全育人"的改革试点工作，切实做好"三全育人"的工作。职业教育的"三全育人"与普通教育的"三全育人"要求又有所不同，对新型工作手册式教材的要求具体表现如下。

1. 道德养成——质量意识

要求新型工作手册式教材在人才培养过程中将岗位工作规律、业务领域规律和职业成长规律与思政教育规律交互融合，把管理工作、教育教学工作与思想政治教育工作看作整体进行统一规划设计，在设计训练题目时，要体现出质量理念、零缺陷要求社会责任以及创新等内涵要求，使得学生在学校中就能掌握相应的职业道德，明白职业道德承载的企业文化和

---

① 杨健：《基于"三全育人"理念实施课程思政路径探析》，《教育教学论坛》2020 年第 48 期，第 73~75 页。

凝聚力的重要性，为学生由校进企做好思想衔接。[1]

2. 素养提升——爱岗敬业

"三全育人"旨在促进学生的全面发展，不仅教授职业知识和技能，而且还促使职业教育在情感和品质方面高度关注学生的进步发展，因此在新型工作手册式教材设计中，要纳入源于企业的题目，并在题目中渗透职业素养，提倡爱岗敬业的要求。[2]

3. 精益求精——工匠精神

"三全育人"要求对教学工作、实践活动和培养层次进行全方位的审视和调整。职业院校在引领思想、创新活动方式、融合活动内容等方面大胆探索，对学生的知识、技能及精神提出新的更高要求，促进学生对学习和工作越精益求精，反之也促进职业教育的精益发展。因此在新型工作手册式教材的实践训练题目中要体现工匠精神、团队合作、安全、环保等要素。

此外，职业教育的"三全育人"也包括对学生思想、观念、人格等方面的教育与引导，从大的方面来说涉及爱国情怀、社会主义核心价值观等内容，从小的方面来看包括坚持精神、宽广胸怀、孜孜不倦等内容，只要与人的发展有关的精神或情感的培养，都是"三全育人"的内涵要求。因此，新型工作手册式教材开发一定要结合具体内容，为"三全育人"而服务。

新型工作手册式教材开发要注意结合"课程思政"，即在教材开发和编写过程中有机融入"立德树人，课程思政"，在新型工作手册式教材编写过程中应该体现和渗透社会主义核心价值观。在理工类教材的设计和编写中要突出科技自信、科学精神和职业道德等；在医学类课程中要培养学生社会责任意识、文化自信、生命价值与敬畏等；管理类课程教材要启发

---

① 王廷梅、陈艳燕、杨芳：《高端技术技能人才贯通培养"三全育人"模式的研究与构建——以北京市为例》，《中国多媒体与网络教学学报》（上旬刊）2020年第11期，第142～145页。
② 王廷梅、陈艳燕、杨芳：《高端技术技能人才贯通培养"三全育人"模式的研究与构建——以北京市为例》，《中国多媒体与网络教学学报》（上旬刊）2020年第11期，第142～145页。

学生诚信守法、公平公正等。通过综合改革和新教材的编写，各类课程与思想政治理论课同向同行，努力实现职业技能与职业精神培养高度融合，构建共同育人新格局，全面贯彻党的教育方针，切实落实好立德树人的根本任务。教材内容中应该融入社会主义核心价值观，展现中华优秀传统文化、革命文化和社会主义先进文化，弘扬精益求精、爱岗敬业、质量意识等职业精神。

（四）体现出"活动特征"

新型工作手册式教材与活页式教材是在《国家职业教育改革实施方案》中所倡导的两种新型教材，两者之间并不是决然割裂的关系，活页式教材既可以作为一种教材编写组织的形式，也可以是新型工作手册式教材的装订形式。新型工作手册式教材应该要体现出"活动"的特征，一是内容组织和设计要"活"，满足学生学的需要；二是教材使用要"活"，满足教师教的需要；三是注意充分发挥学生的能动性，实现"教材"向"学材"的转变。

1. 内容设计组织"活"

一是情境设计"活"。学习情境即学习的"情形"和"环境"，是在典型工作任务基础上设计的，学习情境以学习任务为载体，从而建立起学习与工作的直接联系，但不一定是企业真实工作的真实再现。新型工作手册式教材使用学生语言灵活设计学习情境，从而提高学习兴趣、吸引力、亲和感，进一步提高学生的学习成效。

二是配套资源"活"。新型工作手册式教材开发不是独立的教材开发，在设计过程中还要充分考虑数字化资源的配套开发，设计必要的图片、逻辑图、流程图等，便于学生更好地理解和模仿操作，针对较复杂的内容应该链接信息化的学习资源，通过动画、视频、仿真等辅助学生学习。通过配套信息化资源，对资源库进行灵活更新，从而适应智慧学习、线上线下结合学习等不同的学习方式，促进学生自学能力持续提升，实现教材灵活使用。

三是内容更新"活"。进行教材组织时，选用的教学内容源于企业又高于企业，呈现的案例、任务和课后训练均来源于企业，并通过整合与凝练，使工作内容转变为学习内容，展现其先进性和适用性。这种内容组织的方式能将企业场景、职业规范、未来工作任务灵活地展现在学生面前，带领学生体验职业工作及氛围，实现与企业接轨。并且教材内容随企业生产变化的要求及时更新，既满足学生现在的学习需要也满足未来发展的需要。

2. 教材使用方法"活"

教师和学生在使用教材过程中发现新技术、新工艺、新方法、新理论等时，必须及时印发给学生，并装订到教材相应的页面中，若发现教材中存在错误、遗漏等，随时将更正、补充页发给学生进行替换，实现教材内容能灵活、实时跟随产业技术发展、企业需求变化进行更新，使教材活学现用。

新型工作手册式教材以成果为导向，因此要根据职业要求逆向构建教材结构，在体例上以模块化课程作为展现，根据学习应达到的结果对教学目标进行合理设计，既遵循学生的身心发展规律，又满足职业成长从"简单到复杂，从单一到综合"的规律。将知识变活，并通过实践项目应用训练内化知识为能力；配合"三教"改革，教材设计要有效满足项目教学、案例教学、角色扮演、任务驱动等行动导向的教学法，实现教学方法灵活使用，充分调动学生学习的积极主动性，实现对学生综合职业能力的培养。

3. 发挥学生的能动性

学生"动起来"，在行动、实践和完成学习成果过程中，将知识"内化"为技能、能力和素养，促进学生自主学习能力提升，提高教育质量水平。首先，在将工作过程系统化的课程组织之下，学生能体验到完整的工作过程，从咨询阶段的获取信息，到自主研究计划、制定决策、实施计划、检查和评价结果，在这一系列工作流程中，学生能极大地发挥自身的能动性，体验自我设计的一个完整的工作流程，并锻炼自身的创造力；其次，学生可以进行拓展学习、深度学习，充分利用教材配套的数字化信息资源进行个性化学习，并将自身的体会和收获及时补充到教材相关的位置，从而丰富自身知识，积累经验，提高技术。

二　职业教育新型工作手册式教材开发原则

（一）目标定位：以职业能力的培养为目标

1. 综合职业能力

职业教育的培养目标是培养学生的综合职业能力，包括专业能力、方法能力和社会能力。专业能力是个体与职业共同体的专业要求相适应的行为，其内容是多层次的，不仅包括对劳动过程的认识、劳动工具的使用，还包括劳动关系的建立；方法能力和社会能力，两者可统称为关键能力，关键能力一般是隐性发展的，对人的职业生涯发展以及终身学习能力有非常重要的价值，它们常常不以外显的形式被人们发觉，而是体现为具体的策略优化、经济效益优化、责任感（环境责任感和社会责任感），甚至是在创造性的问题解决中发挥作用。

2. 职业胜任能力

在以信息技术和数字经济为特征的新经济发展时代，传统的职能体系开始向扁平化方式转变，长期固定就业的岗位将大大减少，职业边界也将逐渐模糊，因此职业教育必须要培养学生的职业胜任能力，熟练掌握"5W2H"分析法（即 what、why、who、when、where 和 how、how much），指导学生在具体工作情境下知道做什么、为什么、和谁、什么时候、什么地点以及怎么做、做到什么程度，进而帮助学生实现职业成功。[①]

3. 职业创造及迁移能力

新型工作手册式教材旨在培养学生的创新精神和创新能力，将创新教育作为教材的重要内容之一，全过程培养学生的创新思维、创新能力，将质疑与创新相统一。主要方式是通过实践训练来培养学生的创业素质和职业素养，并配合数字化资源库建设，充分发挥新型工作手册式教材的"学材"作用。

[①]　林栋：《新就业形态下高职学生以职业胜任力为核心的就业能力培养》，《教育与职业》2020 年第 15 期，第 75～80 页。

职业迁移能力是指学生能快速适应职业变化，顺应职业的变化，及时调整工作态度、工作手段和具体工作能力，从而满足工业 4.0 背景下行业企业动态发展的需求，适应新职业的功能和需求变化。将可迁移技能作为学习成果呈现不同层级标准，培养使学生适应职业岗位快速变化的能力，实现职业生涯可持续发展。[①]

职业能力培养是新型工作手册式教材开发的最终应用目标。职业教育教材建设应凸显新时代职业教育类型特色，实质是突出学生掌握生产、建设、服务和管理一线所需要的专业知识与技术技能。新型工作手册式教材建设必须紧紧围绕职业教育培养目标，这样才能跟随社会经济发展和人才需求变化来转型升级，切实提高学生的职业能力、胜任能力、创造能力和迁移能力，满足日后的工作需要。

（二）开发基础：学习领域课程

学习领域课程的概念来源于德国，是一种以工作过程为导向的课程开发模式。针对德国 1987 年版教学计划存在内容上缺乏与职业和工作的相关性、结构上未体现职业工作的独立计划、实施和检查等工作过程，1996 年前后，德国提出以工作过程为导向开发学习领域课程，学习领域课程在德国课程体系中重要地位的获得也是从这时起步。

学习领域课程建设的核心目标是解决职业工作导向的课程内容与结构问题，基本理念是在教学计划中呈现围绕工作相关、社会相关和主体相关的技术，对课程进行新的设计。德国基于学习领域课程的教学计划包含三个核心内容：目标、内容和建议时间，围绕这三方面的内容也就形成了一个学习单元的教学计划，根据教学计划进行课堂组织，可使基于工作过程的课程得以顺利开展。[②]

学习领域课程实际上是将课程内容按照岗位需求进行重新组织，以工

---

① 刘育锋：《培养具有职业迁移能力的技术技能人才》，《职业技术教育》2020 年第 25 期，第 1 页。

② 谢莉花：《德国职业教育作为一种类型教育的学科基础——"职业科学"的关联与挑战》，《中国职业技术教育》2020 年第 27 期，第 38～46 页。

作过程系统化为重要手段，在企业真实的工作环境中进行调研，并对工作领域中的典型工作任务进行提取，整合形成多个学习领域。利用教育教学的技术对学习领域课程进行加工和修饰，从而形成学习领域课程，而学习领域课程包含多个教学项目或学习情境，这些项目或情境，是工作过程系统化标准下的教学体系的基础。

可以说，新型工作手册式教材开发以学习领域课程开发为切入点。以解决问题为导向的综合任务要求技能型人才必须具备综合职业能力，必须构建以学习领域为代表的理实一体化的综合课程。新型工作手册式教材以学习领域课程为基础，确立了学生的主体地位，强调学生专业能力的提升，注重对学生关键能力的培养。专业能力提升使学生能满足企业行业的工作需求，关键能力的培养则使学生积累职业发展潜力的基础，两者协调增强学生对工作岗位和工作环境的适应性。

（三）开发顺序：从初学者到专家的课程内容

职业成长往往遵循着从初学者到专家的发展规律，共包括五个阶段：初学者、高级初学者、有能力者、熟练者、专家。在进行新型工作手册式教材开发时，要遵循职业成长的规律，在内容组织上依据职业能力成长从初学者到专家的成长规律，合理安排教材内容。在任务呈现时，也要结合学生职业成长所处的具体阶段，依据该阶段对工作任务工作条件的需要合理呈现任务。

在初学者阶段，需要向对象提供一些定向和概括性的知识，使其能利用复杂规律解决问题，而对规律的内涵阐释不做要求，亦不用明确规律所适用的工作情境，在此过程中实现初学者向高级初学者的转变；对于高级初学者而言，教材要能为其提供关联性知识，将职业工作情境中的各种因素、模式及规律联系起来，从而认识到工作过程的连贯性和关联性，使高级初学者在此基础上能逐步发展成为有能力者；之后，呈现具体的和原理性的知识，使对象逐步获得学科系统知识，能从容应对无固定答案的、比较复杂的问题情境，实现有能力者向熟练者的转变；当对象能在自身经验基础上建立起有关学科的系统化的知识，即使面临对经验和专业知识要求较高的复杂任务也能准确感受并做出正确处理时，此时，可以说个体的职业能力就达到了专家的水平。可见，随着职业经验的丰富，职业活动的特点发生了改变，逐步从外部指导下的活动升级为在理论和经验共同导向下的行动，新型工作手册式教材编写要遵循从初学者到专家的课程内容要求，对以往学科体系的知识进行重新组织，改变其不合理的结构。

遵循从初学者到专家的顺序是新型工作手册式教材开发的内在要求和前提条件。课程组织形式、教学方法和教材内容必须相互协调配合，遵循职业成长规律，进行统筹安排，这样才能最大限度地发挥职业教育的功能。新型工作手册式教材根据学生认知规律来选择内容，由浅及深、由易到难，最大程度上夯实基础知识的学习，达到能力螺旋式提高，使新型工作手册式教材更具有科学性、工具性、艺术性。

（四）开发依托：行动导向的教学过程

行动导向教学改变了传统的教师教授、学生学习的教学模式，将学习过程建立在具体情境之中。在行动导向的教学过程中，师生需要共同确定学习任务，并在具体的职业情境中，教师指导学生对完整的工作过程进行独立的操作学习，从而使学生的专业知识和技能得到新的提升，并在学习过程中同时达到脑力劳动和体力劳动的双重锻炼，实现两者的统一。[1]

首先，行动导向教学要对"行动"和任务进行有意识的、情境化的设计，从而更好地实现学习目标的达成。教学要针对具体的工作任务而展开，因此在教材设计过程中要关注职业情境的构建，让学生在工作情境中进行有意识的行为操作，并且以构建合理情境为重要准则。

其次，行动导向教学是整体设计的教学活动，教学要充分关注学生的学习过程，以学生为主体，教师的角色则发生相应的转变，成为学生学习

---

① 钟远红：《基于行动导向教学法在财务基础知识教学实践的思考》，《广东职业技术教育与研究》2018 年第 4 期，第 115～118 页。

的指导者、观察者和评价者。并且，行动导向教学强调对学生的评价，既要关注学生的工作质量也要关注学生工作过程中展现出的学习态度、工作态度等。行动导向教学也十分强调工作过程的完整性，从咨讯、计划、决策到实施、检查和评价，这一系列过程都需要学生的积极参与。

最后，教学方法采用行动导向教学法，教学一般以提出引导性问题开始，在理论与实践一体化的具体情境中展开学习；学习形式采用分组学习的方式，促进学生的积极参与，提倡成员之间的信息交流；主体的角色在行动导向教学法中也发生转变，学生是学习的主体，教师仅作为指导者、观察者而存在。但值得说明的是，使用行动导向教学法并不意味着完全舍弃传统的教学方法，传统的教学方法只要是适用于教学的，也应该在行动导向教学中使用。

新型工作手册式教材在开发时要以行动导向教学的要求为重要的原则之一，关注真实情境的设计，并从整体性出发，对工作过程进行充分的设计，并配套有针对性的评价体系建设，及时让学生获得反馈信息。

行动导向教学是新型工作手册式教材开发的依托和要求。新型工作手册式教材要配合行动导向教学法，内容上明确具体任务和情境，转变主体角色，让学生在工作情境中进行有意识的行为操作。以行动导向为依托的新型工作手册式教材具有职业性、可行性、针对性等特点，通过学生积极主动的学习，达到脑、眼、手、口并用，主体意识增强，综合素质与职业能力提高的效果。

第三节　职业教育新型工作手册式教材开发的关键术语

新型工作手册式教材在开发过程中还涉及许多关键的术语，它们或关联密切，容易使人对其产生误解；或角色重要，需要进一步加深理解，深入把握。本节内容将对新型工作手册式教材开发的关键术语进行概念界定，使教材开发能更加顺利地进行。

一　学习领域与学习情境

（一）学习领域

"学习领域"一词，是德文组合词 Lernfeld 的意译，即 Lern（学习）与 Feld（田地、场地）的综合。根据德国各州文教部长联席会议的定义，学习领域是指基于学习目标描述的主题学习单元，是建立在教学论基础上的、以职业任务设置与职业行动过程为取向的。[1] 一个学习领域至少包含学习目标、学习内容和学习时间规定。学习目标根据职业能力要求拟定，学习内容则根据工作任务进行组织，学习时间规定保证教学高效推进。一般来说，一个专业的课程由 10 ~ 20 个学习领域所组成。

学习领域的开发步骤如下：首先，举行"专家—技术工人访谈会"，根据行业专家和熟练技术工人的建议，开发出能够代表某一职业的一系列典型的职业工作任务；其次，针对开发出来的典型的职业工作任务，按照个人职业能力的成长规律，即从初学者到专家的规律，对典型工作任务的学习进行合理的序列排序；最后，由于某一典型的职业工作任务往往是由几个具体的工作任务所组成，所以在这一环节就要采用"职业工作任务分析法"，针对具体工作任务所必需的工作过程、工作内容、工作方法、工作要求、劳动组织、劳动工具及与其他工作任务的相互关系等进行深入分析，从中找出符合该职业的技术知识，并进一步破译出其中隐藏的工作过程知识，最终形成以工作任务为核心的技术知识组织和工作过程知识组织。[2]

学习领域的特征包括以下几点。

（1）以行动导向为实施原则。学习领域的最大特征在于不采用学科体

---

① 尹俐：《关于"学习领域"对职业教育教学的促进作用》，《职教论坛》2011 年第 32 期，第 46 ~ 47 页。

② 徐涵：《德国学习领域课程方案的基本特征》，《教育发展研究》2008 年第 1 期，第 69 ~ 71、77 页。

系，而是通过整体、连续的"行动"过程来组织学习，与专业紧密相关的职业情境成为确定课程内容的决定性的参照系。并且，在组织教学、选择教学方法时，也要基于"行动导向"，按照完整的"行动"方式进行教学，即咨讯—计划—决策—实施—检查—评价。

（2）以建构理论为理论基础。学习领域是建立在课程论基础上的跨学科的课程计划，也就是从整体出发，不再受制于学科和学年的限制，针对职业行动领域实施整体的教学设计。在此基础上，学生若想获得完成某一职业的一个典型工作任务的能力，需要学习该工作任务的学习领域课程；想要获得从事某一职业的工作能力和从业资格，则需要完成该职业所有学习领域课程的学习。

（3）知识学习与专业实践的系统辩证。学习领域集专业知识系统学习和专业实践案例学习为一体，通过职业情境中的典型职业活动，实现专业知识的习得和职业实践技能的掌握。保持理论与实践之间的辩证关系，将两者作为职业教育中的一个整体来系统看待。[1]

（二）学习情境

学习情境是在典型工作任务的工作情境基础上设计而来的，将工作情境进行合理化设计，最终得到学习情境，因此既满足工作要求，又满足学习需要，是学习的具体"情形"和"环境"，也就是学习领域课程中的一个教学单元。[2] 在职业教育中，脱离具体、真实情境的学习是毫无意义的，学习者只有在与学习情境的互动中才能完成学习过程、培养学习能力。职业学习并不是一种学习者独立的个人行为，而是发生在具体情境中的具体行为。因此，只有将学习镶嵌于具体的学习情境中，学习者的职业学习才能成立，并从中获得意义。学习情境的特征包括以下几点。

---

① 姜大源：《"学习领域"课程：概念、特征与问题——关于德国职业学校课程重大改革的思考》，《外国教育研究》2003 年第 1 期，第 26~31 页。

② 《赵志群博士讲座：职业教育学习领域课程及课程开发》，人人网，https://www.renrendoc.com/p-20769050.html，最后检索时间：2020 年 12 月 7 日。

1. 富含情境知识

情境知识直接构成学习情境，是学习情境构建的基础，就学科知识而言，情境知识注重对学科知识的动态化处理，使观念性、理论性、言说性的知识落实在具体的学习情境之中，针对应用型知识，情境知识可被视为应用型知识的重要构成部分，可被描述的应用型知识就形成了情境知识。

2. 满足实践共同体合法的边缘性参与

职业教育实质上应该为学生的合法的边缘性参与创设条件，学习情境就是为学习者提供必要的实践资源，使其在面向具体岗位的职业教育情境中获得实际工作岗位所需的知识、技能和技巧，并完成从生手到专家的职业成长。

3. 构建职业学习"实习场"

学习情境强调职业学习的情境化，注重将学习活动嵌入真实的应用情境之中，学习情境则是应用情境或者工作情境的模拟"实习场"，要完成对具体工作的高度仿真，实现学习者经验、操作、技能和实习任务的有机整合，使学生通过在"实习场"中自主的活动探究，逐步了解和适应职业情境的相关要求。[①]

（三）两者关联

从概念内涵上来说，"学习领域"中的典型案例学习，往往需要在以项目教学为主要特征的"学习情境"中展开实施，因此，可以说学习领域包含学习情境。那么具体而言，要想实现学习领域到学习情境的转变，就要以职业工作为基础，在工作任务和工作过程中完成转变。转变过程中，要牢牢把握学习领域的目标表述和学习内容，将教学手段、教学方法进行拆分组合，最终形成若干学习情境，一般来说，一个学习领域由 3 个以上（一般为 5 ~ 7 个）学习情境构成。因此，学习情境实则是学习领域课程的

---

① 　王红雨、张瑞中：《情境学习理论关照下职业教育之课程实践探究》，《职业技术教育》2019 年第 31 期，第 25 ~ 29 页。

具体化，可看作是实施学习领域课程的一个个具体的教学方案。具体的"学习情境"是通过教师的职教教学论分析及整合构建而成的，通过在学习情境下的学习，学习领域以一种全新的方式与企业的职业行动逻辑，即与实际的工作过程序列实现"同步"，从而使得职业教育更加贴近职业实践。新型工作手册式教材开发就是基于两者的相关关系，从学习领域开发到学习情境设计，使学生在基于行动导向的教学之后，获得职业综合能力。[①]

二　典型工作任务

典型工作任务（Professional Tasks）是真实职业情境下的具体工作领域，涉及一次完整的工作过程和工作行为，因此也被称为"职业行动领域"，具有极强的代表性与综合性，能够反映该职业典型的工作内容和工作方式。[②] 典型工作任务来源于企业实践，是针对具体职业而言的，如商业专业的"采购过程的计划、控制与监督"、电子技术专业的"电子系统的设计与制作"等，它与实际生产服务中出现频率最高的岗位工作任务不同，如"点钞"和"产品包装"等。通过典型工作任务的完整过程训练能够促进从业者的职业能力发展，完成任务的方式和方法不做限制，可以拓展工作思路，也能得到开放性的工作结果，为筛选最优化的工作流程创造了可能。典型工作任务的基本特征包括以下几点。

1. 过程完整

一项典型工作任务要包括完整的工作过程和步骤，如获得信息、规划、执行和评估，而不仅仅是一个复杂的职业活动中特定的职业工作环节或部分。

---

① 姜大源：《"学习领域"课程：概念、特征与问题——关于德国职业学校课程重大改革的思考》，《外国教育研究》2003 年第 1 期，第 26 ~ 31 页。

② 《基于工作过程导向的课程开发的方法与探索》，百度文库（https://wenku.baidu.com/view/8ad216db50e2524de5187ecb.html），最后检索时间：2020 年 12 月 7 日。

2. 内容完整

一项典型工作任务要有明确的任务要求，工作结束后应达到的目标也要予以规定，即工作成果的评估与检验，还应该对工作中需要使用的工具、建议的工作方法进行完整表达。

3. 需要知识和技能的支持

需要有相应的专业知识、技能和通识作为支持，进行典型工作任务的完成。

4. 典型性

典型工作任务是对一类工作任务进行职业分析，并对其进行筛选和精练，它既有代表性，又有典型性，而不是把实际工作生搬硬套过去。

5. 符合职业成长规律

典型工作任务的设计过程符合由简单到复杂的过程，符合技能型人才成长的阶段特征，是职业能力成长的基础，也是专业学习领域设计的基础。可见，典型工作任务对于培养人的职业能力非常重要，对学生进行典型工作任务训练是使其获得职业能力的重要途径。

三　工作过程系统化

对职业行为这一复杂系统进行分析需要利用系统化思维，对工作过程进行系统分析和处理，对职业工作中的各个过程要素进行组织，并合理排序，分析其相互关系。通过将职业行为进行工作过程系统化，学生可以更好地接触工作过程，并且获得高于操作技能的、结构完整的、职业工作所必需的"工作过程知识"。

工作过程系统化是基于典型工作任务的课程开发方法，包括内容组织、目标设计、教学实施和评价一系列的课程开发内容。

首先，对职业进行工作过程系统化，要以"完整的行动"为基础，即以工作过程完备的典型工作任务为分析基础，强调工作过程的完整性以及综合职业能力的培养，并强调以学生为中心，其目的在于实施基于典型工作任务的完整工作流程，使学生掌握问题解决能力。[①]

其次，对工作过程进行专业教学论层面上的分析，对如何认识工作过程的形式、如何认识工作对象的行动和具体功能、如何认识和评价工作效果、如何描述工作过程和组织学习等方面进行逐一分析，将工作过程进行充分的教学处理。

最后，新型工作手册式教材开发往往需要以工作过程系统化为方法，对实际的典型工作任务的具体过程进行处理，通过 3 次以上的教学化处理，形成学习领域课程，并演绎为 3 个以上的有逻辑关系的、可用于教学的工作过程，即将每一个学习领域至少划分为 3 个学习情境，每一个学习情境都是独立的完整的工作过程，各学习情境之间还应具有"平行"、"递进"或"包容"的逻辑关系。[②]

概括来说，工作过程系统化的基础是典型工作任务，最终目标是职业能力的培养；主要特点是以学生为中心，具体策略是使学生参与完整的工作流程；工作过程系统化所形成的最小单元是学习情境。

四　项目与任务

通常来说，项目与任务都是学生在实践教学中进行的具体实践学习活动，人们往往认同"大项目"的概念，即认为项目包含任务，一个项目可由多个具体的任务构成。

教学项目是指具有清晰轮廓的工作/学习任务，它通常有清晰而具体的结果呈现，工作过程完整，可以用来学习特定的教学内容。[③] 搭建项目时，要把某一教学主题的理论知识和实践技能结合起来，表现出该项目与企业实际生产过程或商业活动之间的直接关系，具有一定的应用价值。

①　丁才成：《成果导向与工作过程导向课程开发异同分析与融合应用——基于〈悉尼协议〉范式研究》，《中国职业技术教育》2019 年第 32 期，第 30～34 页。
②　王雯、韩锡斌：《工作过程导向的职业教育课程混合教学设计》，《中国职业技术教育》2020 年第 5 期，第 68～78 页。
③　《赵志群博士讲座：职业教育学习领域课程及课程开发》，人人网，https：//www. renrendoc. com/p－20769050. html，最后检索时间：2020 年 12 月 7 日。

在项目教学的课程中，学生有机会独立地安排自己的学习活动，在一定的时间范围内自行组织和安排自己的学习行为，并且完成该课程有一定的难度，不仅要运用已有的知识、技能，还要在已有的知识的基础上，在特定的时间范围内学习新的知识、技能，用以解决以前没有遇到过的实际问题。项目学习结束后，教师与学生一起评估工作成果及工作学习方法。

教学任务可视为教学项目中的理论结合实际操作的具体要求，以任务为核心，学生需要首先了解任务的目的，探索完成任务的方式，解决任务中的难题，实施任务并反思任务，进行任务评价。[1]

从学习领域课程开发的角度来说，学习领域课程可划分为具体情境和教学项目，教学项目又由多个任务组成，所以，任务是学习领域课程的最小单元。通过在学习情境中完成任务，学生获得知识和工作技能，促进学生职业能力的培养。

项目与任务的关系还可通过比较项目教学和任务教学得以进一步确定。项目教学是围绕实践性、真实性或者接近真实的任务展开，使学生相对独立地确定学习目标、制订具体计划、逐步实施并且检查和评价，最终完成一个具有实际价值的教学产品。[2] 项目教学基于具体任务展开，需经历收集资料、制订计划、确定方案、实施项目、项目评价等系列流程，具有典型的行动导向教学特征。强调通过项目学习，学生能在教师指导下，在追求项目成果的过程中，通过项目实践系统掌握知识技能。任务教学指教师将教学内容循序渐进地安排在若干个任务中，以完成任务作为教学活动的中心。学生在任务驱动下，通过应用学习资源，对任务进行分析、讨论，在师生多向交互的过程中，找出完成任务的方法，最后，通过任务的完成实现教学目标，与项目教学不同的是，任务教学的最终成果不一定是一个实际的产品。可见，项目教学

---

[1]　李鹏军：《高职旅游管理专业实施任务教学的设计策略》，《教育与职业》2012 年第 11 期，第 154～156 页。

[2]　陈金国：《中职数学活力课堂的基本特征与实施策略》，《中国职业技术教育》2019 年第 11 期，第 10～14 页。

与任务教学有所差异，比起任务教学，项目教学是一个更为宏大的概念，耗费时间更长，完成难度更大，甚至一个项目的完成将贯穿整个课程学习过程。

五　行动导向教学

行动导向教学的起源要追溯到 19 世纪末 20 世纪初，是由德国改革教育学派首创的，自 20 世纪 70 年代以来，随着关键能力逐步成为职业教育的重要培养目标，行动导向教学在德国实行"双元制"职业教育的实践中获得了新的内涵意义，并在实践中获得了广泛的认同，逐渐形成了富有特色的"行动导向"教育思想、教学模式和教学方法。从教育思想来看，行动导向教学的目的是实现职业教育培养学生的关键能力，包括培养学习者的自我判断能力、负责任的能力和职业能力；从教学模式来看，行动导向教学是基于工作过程的，课程组织通常是基于学习领域课程而展开，代替原有基于学科的课程结构；从教学方法来看，行动导向教学还形成了一个教学方法体系，即行动导向教学法，常见的行动导向教学法包括项目教学法、任务驱动教学法、引导文教学法等。[①]

行动导向教学往往是根据职业工作活动而设计的，围绕完成此项工作所需要的行动、行动的产生和维持、工作开展所需要的环境条件，乃至从事此项职业活动的人员所必备的内在调节机制对教学活动进行设计、实施和评价。行动导向教学有两大重要特征："为了行动而学习"和"通过行动来学习"。"为了行动而学习"是指行动导向教学是以培养学生的关键能力为最终目标，为了实现这一目标，行动导向教学要求在教学组织和教学方法上转变教师的角色，教师成为教学的引导者和组织者，使学生通过主动和全面的学习，可以身体力行地参与到职业活动之中，体脑并用，协调

---

① 张启富：《行动导向：从"讲授—领悟"到"行动—建构"——关于高职行动导向教学改革的思考》，《中国职业技术教育》2019 年第 32 期，第 65～69 页。

发展。通过使用行动导向教学法对课堂进行组织，学生得以主动参与、积极构建。"通过行动来学习"则意味着教学的内容是职业工作活动所需的具体行动，涉及行动规范和行动组织流程，因此设计一系列有目的、成系统的职业活动过程，帮助学习者发现、探讨和解决职业问题，最终获得完成相关职业活动所需要的知识和能力。[①]

行动导向教学具有整体性。首先，行动导向教学具有针对性，主要依据具体的工作任务展开，在进行教学设计时更充分考虑情境教学，以情境教学为根本指导；其次，开展行动导向教学要把学生的学习过程放在首要位置，学生的主体地位得到强化，教师退至学习过程的组织者、主持人和伴随者的位置，在此过程中，学生可以得到专业能力和跨专业能力的双重发展；最后，行动导向教学还注意为学生提供解决问题和"设计"的空间，学生可以自行监测和评价自己的学习效果，对自己和他人的行为进行评价，通过行动导向教学，学生的学习成果可以在一定程度上得到保证。

行动导向教学还提倡使用行动导向教学法。行动导向教学改变传统教学方法对学生的知识灌输形式，变学生被动学习为主动学习，在使用程序和规范上也表现出不同。使用行动导向教学法首先要提出引导问题，在引导问题的指引下开展知识学习；学习的主要内容是要做到理实一体化，学习流程更是要做到层次递进，归纳发展；在行动导向的教学下，教师的角色和作用发生巨大的变化，教学组织形式主要采用分组学习，以促进学生之间的互相交流，教师还将借助于多种参考资料，引导学生逐步学会分析复杂任务。但是从本质上来说，行动导向教学法主要是为了改变教师和学生在课堂上的相互作用模式，将由教师控制的课堂转交或部分转交给学生，学生成为课堂的主体；将教师示范教学转变为学生实践学习，必要时，教师则利用讲解法、示范法给予学生提示。因此，传统的教学方法并不被排斥在行动导向教学体系之外，而是灵活使用，适当使用。

---

① 刘邦祥、吴全全：《德国职业教育行动导向的教学组织研究》，《中国职业技术教育》2007年第5期，第51~53、55页。

六　陈述性知识、程序性知识和策略性知识

根据安德森的知识分类，依据知识的状态和表现方式的不同，知识可以分为陈述性知识和程序性知识。[①] 陈述性知识是显性知识，即理论性知识，主要解决"是什么"和"为什么"的问题，"是什么"一般涉及事实、概念，"为什么"一般涉及原理和规律。程序性知识需要在实践情境中不断构建，是以过程逻辑为中心的行动体系，一般是隐性知识。程序性知识也可称为经验，并可能得到进一步发展成为策略，形成策略性知识，主要解决"怎么做"和"怎样做得更好"的问题。

在安德森的基础上，梅耶（R. E. Mayer, 1987）将陈述性知识称为语义知识，并将程序性知识分为两类，一类是"程序性知识"，用以调节有机体与外部对象之间的活动，往往在具体的情境中使用；另一类是"策略性知识"，用以调节有机体内部的认知过程，从而对自身的认知活动进行指导，比如指导如何学习、如何思考、如何解决问题等，是一种优化策略。[②] 因此，从知识的内涵概念上来说，知识可分为陈述性知识、程序性知识和策略性知识。

新型工作手册式教材开发必须要处理好陈述性知识、程序性知识和策略性知识的关系，对两者有充分的界定和认识，需要把握以下几点内容。

（1）职业教育强调应用性和实践性，但并不意味着职业教育中不需要陈述性知识，"适度够用"的陈述性知识是工作岗位所必需的，理应让学生掌握，并在教材中予以呈现。"适度够用"体现为以程序性知识为主，以陈述性知识为辅；以经验和策略的知识为主，以概念、论证的知识为辅；或者以"怎么做"和"怎样做得更好"的知识为主，以"是什么""为什么"，特别是理论上的"为什么"为辅。

[①] 刘辉、李德显：《理解作业：知识分类视角下作业的审思与启示》，《当代教育科学》2020年第 5 期，第 25～29 页。

[②] 刘辉、李德显：《理解作业：知识分类视角下作业的审思与启示》，《当代教育科学》2020年第 5 期，第 25～29 页。

（2）职业教育教材要以程序性知识为主，强调应用性，但在真实的工作情境中，即使是纯粹的程序性知识，也就是俗称的技术型知识，也不能与陈述性知识截然分割开来，必要的陈述性知识与具体实例相结合，展现在学生眼前时，可以帮助学生获得程序性知识。

（3）新型工作手册式教材在内容选择上要充分满足职业要求，以程序性知识为主，选择约50%左右的程序性知识，配置约25%必要的陈述性知识，以及不可缺少的策略性知识，约25%。

第三章

职业教育新型工作手册式
教材开发过程分析

新型工作手册式教材，既要具有工作手册的特点，同时又要具备教材特点，这两个特点要求新型工作手册式教材的开发需要以工作过程为基础，它强调对学生综合职业能力的培养，让学生在近乎真实的工作情境中获得工作过程知识、掌握操作技能。在职业教育教学过程中，新型工作手册式教材不仅仅是学生所学知识的主要来源和学习指导，同时也是教师教学的主要依据，其开发质量直接关系到学生学习技能的提高、知识的构建以及能力的培养，那么究竟如何开发出适合教师和学生的一套新型工作手册式教材？

第一节　职业教育新型工作手册式教材开发的基本流程

为了更好地实现学生培养的目标，新型工作手册式教材的开发人员要按照"企业岗位调研与工作分析—典型工作任务分析—确定学习领域—学习情境与学习任务开发—新型工作手册式教材开发"的思路来进行开发设计。

一　企业岗位调研与工作分析

岗位调研，就是对每个员工从事的工作进行的调研，因此也叫工作（工作任务）分析。岗位调研是行动领域开发的重要一环，通过搜集各种与岗位有关的数据、资料，系统、全面、深入地对岗位进行描述。岗位（工作）任务与胜任能力调研是岗位调研最为重要的一个环节。岗位调研一般最终形成岗位说明书。教材开发人员在进行新型工作手册式教材开发之前，需要开展企业岗位和工作任务的调研分析，弄清楚该项工作过程的六要素，即工作环境、工作内容、工作对象、工作组织、工作手段和工作产品，从而为典型工作任务的设计以及新型工作手册式教材的开发编写奠定基础。

（一）调研对象

开展企业岗位调研，一般是以行业中的龙头企业为主，对 5~7 个企业相同或类似的岗位进行调研分析。

（二）调研内容

主要包括人才类型与需求量、对职业能力的要求、对知识的要求、职业素养要求、岗位的工作内容等。

（三）调研方法

充分利用文献法，在文献能提供的精确数据之外，开展问卷、访谈调研，也可采用观察法，深入工作现场去了解完成整个工作任务的详细过程。

文献法：教材开发人员在开展企业工作任务的调研之前，可通过查阅文献获取一定的数据资料，为其真正深入企业调研打好基础。

问卷法：教材开发人员可以利用提前设计好的问卷对工作任务进行分析。

访谈法：教材开发人员和企业的实践专家或者企业经理等进行访谈，获取有关工作任务的相关信息；也可和实践专家一起工作，在工作中，对其进行相关的交流与询问，从而获取有用的信息。

观察法：教材开发人员可深入工作现场观察，在此过程中，针对有疑问的地方向工作人员提出自己的问题，该方法有利于教材开发人员了解详细具体的工作过程，从而为后续学习目标等内容的设计及编写奠定基础。

（四）调研论证

对企业岗位进行调研分析之后，教材开发人员要将获得的信息和调查结果形成报告，初稿撰写之后，要组织相关人员和行业技术专家对其进行论证，论证内容主要包括行业现状、行业人才需求现状、教学改革建议等方面。

（五）工作分析

1. 对工作六要素的分析

在以上对企业岗位调研的基础上，对所调研的岗位进行分析，分析内容主要包括工作对象、工作内容、工作手段、工作组织、工作产品和工作环境六个方面，又称为工作六要素。

（1）工作对象：指完成该项任务所用的材料。教材开发人员要弄清楚完成该项任务需要用到哪些材料或工具，例如，需要做一顶帽子，那么我们需要毛线、针、剪刀等材料。教材开发者要按照工作过程的前后顺序来梳理需要用到的工具或材料。

（2）工作内容：指工作人员在工作过程中所要做的具体事情。对于教材开发人员来说，需要清楚该岗位的工作内容是什么，即工作人员在工作中要做的具体事情，一般按照工作过程的顺序来进行分析梳理。

（3）工作手段：指完成整个工作过程所要采用的方式和方法，它不仅包括作为初学者所要掌握的方法，还包括在职业成长后，面对工作过程中出现的问题，所要使用的问题解决方法。教材开发人员在分析完成整个工作所采用的手段方法时，同样也是按照工作过程的先后顺序来进行。

（4）工作组织：指完成该项工作所采用的组织方式，包括合作完成和单独完成两种方式。教材开发人员要确定完成该项工作所采用的工作组织是什么，这不仅能够帮助他们理解整个工作过程，同时也有利于后续学习情境和学习任务的开发设计。

（5）工作产品：指该项工作完成后所形成的最终结果或产品，教材开发人员也要弄清楚，该项工作完成后所生产出来的产品是什么，这有利于教材开发人员明确该项工作的任务目标，同时也为后续学习目标的设计奠定基础。

（6）工作环境：教材开发人员在进行工作分析时，还要注意对完成该项工作所处的环境进行分析描述，了解清楚完成该项工作需要什么样的环境、哪些环境是有利的、哪些环境对未来可能进行该项工作的学生有伤害。对工作环境进行分析也有利于教材开发人员后续开发设计学习情境。

2. 形成岗位说明书

经过调研，对从事某一职位的人应当具备的受教育程度、技术水平、工作经验、身体条件这些信息进行文本化说明，具体来说，岗位说明书包括以下几个方面的要素。

（1）岗位标识：包括岗位名称、任职者、上级职位名称、下级职位名称。

（2）岗位目的或概要：用一句话说明为什么需要设置这一岗位，设置这一职位的目的或者意义何在。

（3）主要职责：岗位所要承担的每一项工作责任的内容以及要达到的目的是什么。

（4）关键业绩衡量标准：应当用哪些指标和标准来衡量每一项工作职责的完成情况。

（5）工作范围：本职位对财务数据、预算以及人员等的影响范围有多大。

（6）工作联系：职位的工作报告对象、监督对象、合作对象、外部交往对象等。

（7）工作环境和工作条件：工作的时间、地点、噪声、危险等。

（8）任职资格要求：具备何种知识、技能、能力经验条件的人能够承担这一职位的工作。

（9）其他有关信息：该岗位所面临的主要挑战、所要做出的重要决策或规划等。

表 3 - 1 以某银行的调查统计处下属的企业景气调查岗位为例，来说明岗位说明书的主要内容。①

---

① 刘昕编著《薪酬管理》（第四版），中国人民大学出版社，2014，第 73 页。

表 3 - 1　企业景气调查岗位说明书

岗位编号	DT - 003	岗位名称	企业景气调查	所属部门	调查统计处
岗位类型	业务技术类	直接上级	调查科科长	编制日期	2005 年 5 月 17 日

岗位使命	汇总、审核中心支行上报的各种企业数据以及企业家调查结果，开展专题调查，并对上述数据和调查结果进行统计分析，撰写报告，上报总行及分行，从而为中国人民银行判断、分析和预测经济运行情况提供依据

履行职责及考核要点

关键职责	主要工作内容	频率	工作量比例	权限	考核要点
1. 企业景气分析	• 收集、汇总、审核企业月度财务报表；撰写月度数据变动说明及简要分析，按时上报总行，从而为总行判断、分析和预测总体经济运行情况提供依据 • 定期走访被调查企业，以深入了解企业实践运行状况，密切与企业之间的联系，保证相关信息收集及时、准确 • 根据实际情况进行调查样本企业的更换和调整，以确保调查对象的代表性	月	30%	报科长审核	• 数据及时、完整、准确 • 分析说明及时、重点突出 • 走访企业的次数和收集的有效信息量 • 企业样本选择合理
2. 企业家问卷调查	• 收集、汇总、审核企业家问卷调查结果，了解工厂生产、经营及资金供求态势，以及企业经营管理者对经济形势的判断和预测情况，并结合当季财务报表撰写季度分析，及时上报总行，从而为总行制定货币信贷政策和调控经济运行提供准确、及时的信息 • 定期走访被调查企业家，以深入了解企业实际运行状况，密切与企业家之间的联系，保证相关信息收集及时、准确 • 根据实际情况进行调查样本企业的更换和调整，以确保调查对象的代表性	季	15%	报科长审核	• 数据及时、完整、准确 • 分析说明及时、重点突出 • 走访企业家的次数和收集的有效信息量 • 企业样本选择合理
3. 专题调查	• 根据实际调查分析结果发现的问题以及总行和分行的安排，密切关注企业生产经营活动发生的突出变化，并开展相应的专题调查，分析原因，为总行和分行提供对策建议 • 根据上级安排，承办或参与对相关经济或金融问题的专题调查	不定期	40%	报科长审核	• 调查主动、及时、针对性强 • 对策建议明确、可行

履行职责及考核要点

关键职责	主要工作内容	频率	工作量比例	权限	考核要点
4. 制度建设	• 根据总行下发的企业景气调查相关文件，结合本大区的实际情况提出具体的实施意见 • 根据分行的实际情况，制定或修订关于企业景气调查的相关制度	不定期	3%	报科长审核	• 及时 • 全面 • 可操作
5. 数据维护	• 维护景气调查系统软件，更新和管理企业信息库和历史数据库，并及时备份数据，以保证数据的安全、完整、准确 • 对相关制度文件以及企业档案等资料进行收集、整理、归档以及管理，确保其安全性和完整性	月	3%	自主完成	• 数据安全、准确、完整 • 文档齐全、管理完善
6. 业务指导	• 指导分支机构的企业景气调查业务的开展，制定大区内景气调查工作考核办法，并开展检查、评比工作，以提高大区内各中心支行的企业景气调查工作质量 • 完成对大区内景气调查员的业务培训工作，以提高相关人员的工作能力	日常	4%	报科长审核	• 指导正确、及时 • 分支机构满意度 • 培训数量和质量
7. 其他	领导交办的其他事项		5%		• 领导满意度

工作关系	直接下属人数		间接下属人数		
	内部主要关系	• 处内各科 • 金融研究处、货币信贷处、金融稳定处 • 大区内各中心支行、总行调查统计司			
	外部主要关系	• 被调查企业 • 省统计局、发改委			

工作条件	工作场所	• 固定
	工作时间	• 固定（每周五天，每天八小时）
	使用设备	• 分行提供的计算机、电话等办公设备

续表

任职资格要求				
一般条件	最佳学历	硕士	最低学历	本科
	专业要求	基准1：计量经济、统计类 基准2：财务、会计类 基准3：计算机应用类		
	资格证书	无		
	身体条件	健康		
	外语要求	了解		
	计算机要求	熟练使用专业计算机应用软件以及常用办公软件		
	工作经验	相关领域1年以上工作经验		
必要的 业务培训	● 调查制度和调查方法培训 ● 调查分析软件使用培训 ● 财务分析方法培训 ● 宏观经济分析方法培训			
其他事项				

任职者（签名）： 日期：	直接上级（签名）： 日期：

二　典型工作任务分析

新型工作手册式教材能够较好地解决教学内容和工作间的关系，传统教材中的很多教学内容是学生在未来的工作岗位中用不到的，而实际工作过程中需要用到的工作方法、操作技能又是传统教材所缺失的。为了使学生获得真正的工作过程知识，教材开发者在编写教材时需要进行工作分析与典型工作任务分析，了解并弄清楚工作任务的整个工作过程、采用什么技术方法和劳动组织方式以及需要满足哪些工作要求等，然后再去考虑创设什么样的情境、引入什么样的学习任务，从而开发编写出真正适用于职校学生的教材，提高学生的综合职业能力。

（一）实践专家研讨会

典型工作任务是从职业岗位任务中提炼出来的，具有完整的工作过程结构。在对工作任务的六要素进行分析后，需要确定典型工作任务是什么，可通过实践专家研讨会这一方法来分析获得。

实践专家研讨会的主持人请在座的各位实践专家回忆并讲述自己的从业经历、列出具有代表性的工作任务，并归纳总结出典型工作任务的基本框架，这里的代表性工作任务主要是指实践专家经历过的、认为较为重要的、有挑战性的、对发展和提高职业能力有帮助的工作任务。其会议流程具体如下：

（1）介绍参会的实践专家、会议的目的和背景；

（2）向参会人员解释清楚典型工作任务等相关概念；

（3）组织实践专家回忆并讲述自己的从业经历；

（4）组织实践专家列出具有代表性的工作任务，一般为 3~5 个；

（5）在主持人的引导下，与会代表一起检查所列出的代表性工作任务是否正确，并给典型工作任务起一个标题，编上序号；

（6）典型工作任务分析：对典型工作任务按难易程度进行分类；

（7）结束。

需要注意的是，实践专家研讨会的主持人和与会专家一样也要满足一定的选聘条件。研讨会的主持人应具备职业教育教材开发的相关知识与技能、丰富的生活经验和作为主持人应有的基本素质如自信心、良好的表达能力、随机应变的能力等，并且能够组织与会人员有效参与讨论；选聘的实践专家大多数应是来自不同类型代表性企业的一线工作人员，同时要具有丰富的工作经验和较高的技术技能水平，也要有一定的理论知识基础。另外，研讨会应选聘 10~20 人的实践专家，从数量上保证一定的覆盖面。

（二）典型工作任务分析的方法

进行典型工作任务分析，除了可以组织实践专家研讨会外，还可以采用调查法、访谈法、观察法、岗位问卷分析法、资料收集法等一些较为经典的工作分析方法，具体如下。

（1）岗位问卷分析法：对工作岗位进行问卷调查和分析，调查内容主要包括任务决策、操作技能、信息的加工等。

（2）访谈法：该方法主要包括两种，一种是教材开发人员直接对实践专家进行访谈获取有关信息；另一种是行动导向的研讨，即教材开发人员和实践专家一起工作，在工作的过程中，针对实践专家的一些做法进行询问，从而获取信息。在访谈的过程中，教材开发人员要对相关信息做好记录，从而方便后续典型工作任务的分析。

（3）资料收集法：在企业允许的情况下，教材开发者可以对被调查岗位的工作职责、工作规范、质量标准、任务书、工作过程记录等相关的文字资料进行收集，或者拍摄一些反映企业设施设备、工作流程、产品和成果等的照片和视频，在后续编写新型工作手册式教材时，也可将这些照片或视频插入教材中去。

（4）工作抽样法：对工作岗位进行随机抽样调查，通过分析调查结果获取工作岗位的有关信息。

虽然进行典型工作任务分析的方法有很多，但这些方法也存在很多的缺点和不足，教材开发人员要根据情况选择合适的工作分析方法。另外，需要注意的是，为了使获得的相关信息更加全面可靠，教材开发人员在分析典型工作任务时，一般不单独使用访谈法、资料收集法等方法，而是深入工作现场，和实践专家一起工作，从专业角度去观察并解释实践专家的工作行为，这也有助于教材开发人员真正理解工作任务及工作过程的内涵。目前学者们也正在完善典型工作任务分析的方法和工具，将人的主观能动性考虑在其中，甚至有的科学家还尝试利用计算机信息技术开发能力编辑器，这不仅在一定程度上为新型工作手册式教材的开发人员提供了便利，同时也使得教材开发人员在做典型工作任务分析时获取的信息更加准确全面。

（三）典型工作任务的分析与描述

职业院校教师和实践专家要共同对典型工作任务进行分析，然后用一段话对其进行描述，其分析的主要内容和描述步骤具体如下。

1. 典型工作任务分析的内容

（1）工作岗位。在分析典型工作任务时，应清楚该典型工作任务是由哪些岗位合作完成的、岗位人员的具体分配情况、核心的工作岗位是什么、岗位的工作环境怎么样等。工作岗位分析能够使新型工作手册式教材的开发人员明确后续典型工作任务分析应针对哪些人员进行，而对工作环境的描述也可以为专业教师在教学实践过程中创设学习环境提供帮助。

（2）工作过程。新型工作手册式教材强调引入真实或模拟的工作任务，让学生在教师的指导下经历完整的工作过程，因此，教材开发者要对任务的整个工作过程进行系统分析，梳理其中的工作过程知识，这不仅有助于教师创设完整的学习情境从而设计学习任务，同时还有助于教师设计具体的教学实施过程。

（3）工作对象。主要是指工作人员在工作过程中所做的事情。对工作对象进行分析有助于教材开发者清楚为完成典型工作任务具体需要做哪些事情，那么在分析工作对象时，教材开发者要明确工作对象的事物本身及其在工作过程中的功能，然后按照工作过程的顺序（即工作过程中的工作对象）来逐一进行分析。

（4）工具和材料。主要是指在完成这项工作中需要用到的设备设施和文字资料等，比如操作说明和器材等。对工具和材料分析时，要按照工作过程的前后顺序，厘清完成该工作任务所需要用到的工具和材料，并弄清楚在工作过程中如何使用这些工具和材料以及使用的标准与要求。对工具和材料的分析有助于在后续的教学设计与实施中，让学生明确其规范的使用方法。

（5）工作方法。主要是指学生在进行工作的过程中使用的技术层面或者其他层面的方法。进行工作方法分析时要梳理出工作过程中所用到的方法类别，并调查清楚如何应用这些方法完成工作任务。在描述完成任务所采用的工作方法时，一般也按照工作过程的前后顺序来进行。工作方法的分析有助于通过教学设计与实施引领学生应用这些方法完成工作任务，从而在此过程中掌握这些方法。

（6）劳动组织方式。主要是指学生完成工作任务的方式，包括独立完成和合作完成两种。新型工作手册式教材的开发者需要弄清楚完成该任务整个的劳动组织方式，它不仅涉及岗位间的关系，还包括岗位内部的工作分配和相关责任，只有弄清楚劳动组织方式，才有可能了解工作任务的整个过程，从而建立全局意识、工作责任心和质量意识。厘清劳动组织方式，有助于任课教师在后续的教学过程中建立相应的学习情境。

（7）工作要求。是指完成这项工作任务需要达到什么要求、什么标准、什么规程，主要包括企业、社会和个人等相关利益群体对这项任务的要求，有时这些要求之间可能存在矛盾，因此需要区分清楚企业要求、社会要求和个人要求之间的差异。厘清工作要求，有助于后续学习目标的确定。

教材开发者在对典型工作任务进行分析时，需要问题的引导，具体如表 3－2 所示，同时也要注意填写典型工作任务分析记录表，如表 3－3 所示，方便后续对典型工作任务进行归纳总结和描述。

表 3－2　典型工作任务分析的引导问题

分析内容	引导问题
工作岗位	被分析的岗位在哪里？照明条件如何？环境条件（如温度、辐射、通风、灰尘等）如何？有哪些肢体活动？
工作过程	该任务的工作过程如何？生产什么产品或提供哪些服务？怎样获得原材料？怎样获得合同？顾客是谁？产品如何得到再加工？
工作对象	工作任务中的操作对象是什么（如技术产品和技术过程、服务、文献整理、控制程序等）？在工作过程中的角色如何（操作或维修设备）？
工具和材料	完成该任务需要用到哪些工具（如机床、计算机、软件）？如何使用这些工具？
工作方法	如何完成工作任务（查找故障、质量保证、加工、装配）？
劳动组织方式	如何组织安排（如单独工作、团组工作、部门）？哪些级别对工作有影响？与其他部门或职业有哪些合作及界限？同事有哪些能力？

续表

分析内容	引导问题
工作要求	完成任务时必须满足企业提出的哪些要求？顾客提出哪些要求？社会提出哪些要求？必须注意哪些标准、法规和质量规格？同行业界默认哪些潜规则和标准？工人自己对工作提出什么要求？
区分点	与其他典型工作任务有哪些联系？与其他的任务分析有何不同？与其他岗位的相同任务有何共同点？本岗位有培训的可能性吗？

表 3 - 3　典型工作任务分析记录

典型工作任务名称	
工作岗位	
工作过程	
工作对象	
工具、方法与劳动组织方式	
工作要求	

2. 典型工作任务描述

在分析完典型工作任务后，教材开发者要在多个典型工作任务分析记录表的基础上对其进行归纳总结，然后用一段话对其描述，描述的内容应涵盖这类工作的名词含义与特征、在实际工作中存在的价值、工作流程和工作标准四个要素。

对典型工作任务进行描述，不仅会使教材开发者对典型工作任务有更加清晰明了的认识，同时也为后续新型工作手册式教材的开发奠定基础。典型工作任务各类要素描述的标准写法如下所示。

（1）这类工作的名词含义、特征。标准写法："这类工作中的名词部分指的是什么，这类工作的名词特征有哪些。"这类工作的名词含义、特征是合理选择学习任务来支撑这门课程和确定课程总目标的依据。

（2）在实际工作中存在的价值。标准写法："这类工作在什么情况下会发生，由什么人交付给谁来完成什么具体工作。"在实际工作中存在的价值是再现工作情境和教学价值设计的依据。

（3）工作流程。标准写法："按照工作过程中'明确任务、制订计划、做出决策、实施计划、检查控制、评价反馈'六步确定工作环节，并描述每个环节由谁完成什么。"工作流程是工作内容分析的基础。

（4）工作标准。标准写法："这类工作所依据的是国家、行业、企业的标准、规范或合同中规定的要求。"工作标准是工作要求、课程目标、考核评价的依据。

同时，根据从新手到专家的职业演进过程可以对典型工作任务的难度等级进行分类。根据典型工作任务分析的结果，按照"定向与概括性知识""关联性知识""具体与功能性知识""学科系统化深入性知识"四个学习难度范围予以归类。

表 3 - 4　典型工作任务的四个难度等级

学习难度等级	工作任务的特点	完成任务的方式	学习的难度范围
1	职业定向的工作任务	指导下的任务处理	定向与概括性知识
2	系统的工作任务	系统化（基于规律）的任务处理	关联性知识
3	蕴含问题的特殊工作任务	理论导出的任务处理	具体与功能性知识
4	无法预测的工作任务	经验导出的任务处理	学科系统化深入性知识

三　确定学习领域

对典型工作任务即行动领域进行分析描述后，需要对其进行教学化处理，转换为学习领域配置，即确定学习领域，确定了学习领域后，通过全方位职业行为以及能力的描述，使学习领域具体化，以职业的过程情境为导向，确定学习情境。具体步骤可简述为"行动领域—学习领域—学习情境"，如图 3 - 1 所示[①]。

---

① 刘彩琴等编著《职业教育工学结合课程开发与实施》，北京师范大学出版社，2014。

图 3 - 1　学习情境转化路径

(一) 学习领域

学习领域是德文 Lernfeld 的意译,所谓学习领域是"以职业任务和行动过程为导向的,通过目标、内容和基准学时要求描述的课题单元",包括实现该职业教育培养目标的全部学习任务,通过行动导向和学习情境使其具体化。一个学习领域由能力描述的学习目标、任务陈述的学习内容和总量给定的学习时间(基准学时)三部分构成。它源于德国的一种跨学科的课程模式,是以一个职业的典型工作任务为基础的专业教学单元,强调以工作过程为导向,基于工作过程来组织学生的学习活动。一般来说,一个专业的课程由 10 ~ 20 个学习领域组成,如德国的机电一体化专业由 13 个学习领域组成,而每一个学习领域又包含多个学习情境,学生通过这一系列学习领域的学习,便可以获取某一职业的从业资格。

(二) 学习领域的名称

所确定的学习领域名称要能够让学习者理解工作关系的内涵,同时要表明一个综合性的工作任务及其所包含的完整工作过程。因此,教材开发者在确定学习领域名称时,要注意强调动作导向,把动作放在后面,具体可以采用"动作对象 + 动作 + 补充或扩展"的格式来为学习领域命名。

例如,正确的学习领域名称:室内综合布线;自动化生产设备电气检修;销售过程的计划、实施与监督;银行往来业务处理;库存商品管理。

而教材开发人员在确定学习领域名称时也要注意避免出现以下情况:

学科化专业表述:电子技术基础。

对工作的简单描述：更换轮胎。

表述一个部分任务：砌一面单体外墙；点钞。

按专业知识命名：金属材料成型。

同时，还要注意避免出现"职业入门、与顾客交流、成本意识教育、合作能力教育、最优化策略、服务经济发展"等学习领域的名称。

（三）转换配置学习领域

根据学习领域开发路径，需要先确定行动领域，再将行动领域转换为学习领域，具体转换如表 3-6、表 3-7 所示。

表 3-5　典型工作任务与行动领域

典型工作任务	行动领域	典型工作任务	行动领域
收付现金，登记每日现金流变动	现金管理	编制各类企业纳税申报表	税务申报
盘清库存现金，核对现金日记账	现金管理	独自或协助主管完成企业纳税申报工作	税务申报
保管公司现金、票据及银行存款	现金管理	使用会计软件处理相关税务	财务软件使用
点钞、识别真伪钞票	点钞、计算器	运用会计软件计算各项目成本	财务软件使用
翻打传票	点钞、计算器	使用财务软件对企业物资进行核算统计	财务软件使用
保管会计凭证、账簿、报表和其他会计资料	会计凭证、票据管理	审核各类凭证和账簿	财务核算工作
完成单据整理、装订、归档以及保存	会计凭证、票据管理	协助主管处理公司的全盘账务	财务核算工作
编制记账凭证、登记各类账簿	会计事项登记	核算原材料成本，收集相关原始凭证并处理财务	企业财务处理
编制资产负债表、利润表及现金流量表	编制会计报表	处理税务的相关凭证	企业财务处理

典型工作任务	行动领域	典型工作任务	行动领域
协助主管建立和完善财务管理制度和相关工作程序	财务制度及工作程序的制定	协助主管编制公司年度财务工作计划及财务分析报告	财务计划与报告编制
协助会计主管拟定公司各项核算办法		协助财务主管拟订企业整体税务计划	

表 3 - 6　行动领域到学习领域的转换

行动领域	学习领域	课程名称	行动领域	学习领域	课程名称
现金管理	点钞、验钞		税务申报	税收基础知识	《纳税实务》
	现金、银行业务处理			税收制度	
	货币资金的核算与管理		财务软件使用	用友、金蝶财务软件使用	《会计电算化》
计算器	翻打传票				
会计凭证、票据管理	原始凭证填制与审核	《会计基础知识与核算技能》《出纳实务》	财务核算工作	会计基本业务核算	
	记账凭证填制与审核			成本核算	
会计事项登记	会计基本业务核算			辅助核算功能与管理	
编制会计报表	编制 Excel 会计报表			系统初始化	
财务制度及工作程序的制定	会计工作规范	《财经法规与会计职业道德》	企业财务处理	账务处理系统	《会计岗位核算技能》
	会计法律制度			分组分岗综合应用	
	财政法律制度		财务计划与报告编制	会计报表的设置与管理	
	会计职业道德			财务会计报表	

表3－7　典型工作任务—行动领域—学习领域的转换

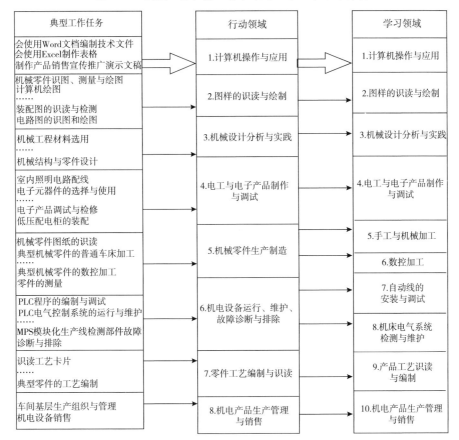

（四）学习领域的分析结果

转换配置学习领域后，紧接着需要对学习领域进行分析，即对学习领域的基本要素进行描述。以学习领域"用数控铣床加工零件""营销活动方案的策划"为例，如表3－8、表3－9所示。

表3－8　学习领域描述

学习领域9	用数控铣床加工零件	时间：110学时

职业行动领域描述：
机械零件生产过程中，常使用数控铣床对非回转体零件的轮廓、沟槽、曲面等进行加工。工作过程是根据零件图纸要求和工艺要求来确定整体的工作计划和安排，然后再进行数控程序的编制与加工。加工完成后进行逐项检查，并对工作过程进行检查与评价

续表

学习领域 9	用数控铣床加工零件	时间：110 学时

学习目标描述：

学生能够正确地分析零件图纸，并能按照操作说明书来进行操作，其过程中还能够熟练地使用各种操作工具如量具、量仪等。

学生在完成以上内容的基础上，能够根据要求加工零件和安排完整的工作计划、检查项目，并能够进行数控程序的编制和加工。进行平面、沟槽、二维轮廓、孔加工、箱体加工。

学习与工作内容

对象： 零件数控加工工艺 零件数控加工程序 零件毛坯 数控铣床	工具： 零件图 安全操作规程 机械加工手册 机床操作与编程说明书 量具、量仪 机床夹具 刀具	方法： 分析图纸 编制数控加工工艺 编制数控加工程序 工艺系统的准备与调整 加工操作 检验	要求： 加工工艺编制正确 加工程序编制正确 正确使用机床夹具、合理选择刀具 符合安全文明生产要求和成本节约要求 成品符合零件图纸要求

表 3－9　学习领域举例（北京商贸学校）

课程名称（学习领域）：营销活动方案的策划
教学时间安排：132 课时

对典型工作任务的描述（职业行动领域）：

市场营销工作人员根据本部门的年度策划工作计划、相关部门或经销商提出的策划要求以及上级根据市场临时机会提出的策划任务，结合企业总体发展目标、根据市场发展变化，采取灵活的工作组织方式，依据公司的相关工作手册，在规定时间内完成营销项目的策划。策划方案应符合行业规范和国家相关法律法规，并具有创新性、可操作性、经济性、完整性。

策划过程：营销策划人员接受任务后，根据任务要求以策划方案负责人为主成立策划工作小组，制订策划工作计划，明确成员分工；此后，分别收集与分析市场相关信息，形成自己的创意设想，主策人员积极吸收领导、相关人员的意见，产生多种创意，选出最有价值的创意；集中大家智慧设计营销方案，主要内容包括营销目标与营销战略、策略、市场营销计划、团队工作流程等，同时考虑未来市场可能的变化提出备选方案；将策划方案向领导及相关人员进行说明，吸收各方意见修改方案；待方案由领导及相关人员确认后，交付、指导实施并跟踪调整。在上述整个过程中对工作文档及时记录、整理与保存

学习目标：

通过本学习领域的学习，学生应当能够：①分析所接受的策划任务，明确任务要达到的目的、完成时间、审核标准、任务预算及由此带来的收益；②制订策划工作计划，要求人员分工明

续表

课程名称（学习领域）：营销活动方案的策划
教学时间安排：132 课时

晰，任务、时间分配合理，计划周密，符合"SMART 原则"；③根据策划任务确定信息收集的对象和范围，选择合适的渠道和方式收集信息，所收集的信息真实、完整且分类规范，能够满足策划活动项目对信息的要求。

学习完本课程后，学生能够进行市场营销活动的策划，包括：①促销活动方案策划；②庆典活动方案策划（包括公关、广告宣传、促销等）；③新产品开发与市场推广方案策划

工作与学习内容

工作对象/题材：	工具：	工作要求：
➢ 明确营销策划任务；	➢ 策划任务要求、企业网站、策划工作手册及各种参考资料；	➢ 自觉保持安全作业及 5S 的工作要求；
➢ 制订项目策划任务计划；	➢ 以前的策划方案；	➢ 正确理解策划任务传达的信息；
➢ 调查市场信息和客户消费行为；	➢ 互联网、计算机和相关软件、各种影音设备；	➢ 借助策划工作手册及参考资料，制订可行的工作计划；
➢ 参考前期策划方案；	➢ 市场调研工具。	➢ 采取恰当的信息收集途径和方式，收集真实、准确、完整的相关市场的信息；
➢ 制定营销方案；	工作方法：	➢ 设计出富有创新性、可行性、格式规范、内容完备的营销策划方案；
➢ 培训指导策划方案执行人员；	➢ 市场调研方法；	➢ 进行有效的方案展示沟通，积极吸收各方意见和建议完善方案；
➢ 协调参与营销策划活动实施的各方人员；	➢ 市场信息处理办法与 SPSS 软件使用；	➢ 对方案执行人员进行有效的培训指导；
➢ 记录、整理和保存工作文档	➢ 创意方法；	➢ 对方案实施中遇到的问题，提出有针对性的解决办法
	➢ 制定备选营销方案；	
	➢ 依据任务要求及经济性、有效性等标准选择营销方案。	
	劳动组织：	
	➢ 从相关部门领取工作任务；	
	➢ 根据任务要求，采取灵活的工作组织形式；	
	➢ 与销售部等相关部门做前期沟通；	
	➢ 与设计部就平面、包装设计等进行沟通；	
	➢ 指导执行人员实施方案	

学习组织形式与方法：

学生以小组为单位，模拟公司运行，接受并实际完成营销策划工作任务。

具体：学生承接策划任务后，分析策划任务，成立策划团队，成员分工合作，实际走访与调研企业、顾客、市场，进行个人和团队创意，集众人智慧设计策划方案

四　学习情境与学习任务开发

确定了学习领域和课程标准后，按照上述内容，教材开发人员要紧接着进行学习情境和学习任务的开发。

（一）学习情境的开发

学习情境是在工作任务及其工作过程的背景下，将学习领域中的能力目标和学习内容进行基于教学论和方法论转换后，在学习领域框架内构成的"小型"的主题学习单元，例如项目、任务、案例、产品等。学习情境是组成学习领域的结构要素，是学习领域的具体化结果，一个学习领域包含多个学习情境。学习情境也是实现学习领域目标的具体实施方案，是基于典型工作任务来进行开发设计的，能全面反映出典型工作任务所包含的职业信息。学习情境的开发对于职业教育新型工作手册式教材的开发设计来说尤为重要，它是实现和提高职业院校学生综合职业能力的具体方案，教材开发人员要基于典型工作任务分析和学习领域开发设计来确定具体的学习情境。

那么一个学习领域具体可以划分为几个学习情境呢？这主要是由教学时间、教学条件、教师的教学经验等多种因素决定的。一般来说，学习情境越丰富，其对学生综合职业能力的促进作用也越大，对教师指导教学的要求也就越高，同时学生也要有较好的知识和技能基础；但相反，学习情境越少，其对学生的要求就越低，教师组织教学也更加容易。因此，对于低年级教学，设计的学习情境要多一些，使学生更快掌握相关的知识与技能，而对于高年级有专业知识和技能基础的学生，他们具有较好的学习能力，可以设计数量少一些但综合程度较高的学习情境，这有助于培养学生解决综合问题的能力。

另外，教材开发者在设计学习情境时，应为学习情境设计具体的学习任务，这是学习情境设计的重点，明确所设计的学习情境和其他情境的界限，确定学生所要学习的具体内容，确定好教学时间和教学环境等条件，为后续进行教学设计和教育教学奠定基础。

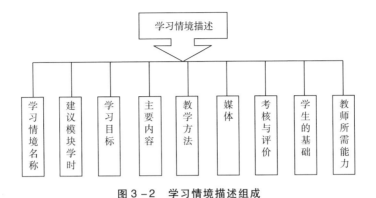

图3-2　学习情境描述组成

（二）学习任务的开发

学习任务又称为"工作与学习任务"，即学习的任务是工作，学生通过工作来学习，学习任务在工作和学习间建立起沟通的桥梁，让学生通过完成一定的学习任务来获得相关的专业理论知识和操作技能知识，并逐渐形成与人沟通交流、团结合作等能力。

学习任务主要以典型工作任务为基础进行开发设计，教材开发人员在开发设计学习任务时不仅要考虑学生学习的特性、知识基础、学习能力等，还要考虑教学环境、设施设备、安全防护等条件，从专业角度上来看，还要能够满足一定的质量标准和技术要求。需要注意的是，设计好的学习任务首先要具备典型性；其次，作为学生学习的内容或材料，要具有一定的教育价值，让学生在完成学习任务后从中获取一定的知识和能力；最后，依据新型工作手册式教材的本质特征和学习任务的设计要求，学习任务要与工作过程相联系，从一定程度上反映出真实的工作情境，脱离真实工作情境的学习，无法较好地培养与提升职业院校学生的综合职业能力。

在确定学习任务后，教材开发者需要按照人的职业能力发展规律，即从初学者到专家的成长规律对学习任务进行合理排序。职业能力的发展主要是指从初学者到专家的整个成长过程，共经历初学者—高级初学者—有能力者—熟练者—专家五个发展阶段，而新型工作手册式教材的开发，就是通过不同难度的学习任务，将人从职业能力发展的低级阶段带向高级阶段，从而提高其职业能力，因此，在对学习任务进行排序时，要按照其难易程度进行。

五　基于学习领域的职业教育新型工作手册式教材的开发

经历过企业职业岗位调研、典型工作任务分析等环节，接下来，教材开发人员可以基于所设计的学习领域来进行新型工作手册式教材的开发。

新型工作手册式教材不仅是引导学生自主学习的一种材料，同时也是教师进行教学设计与教学实施的指导性文件。它主要是基于典型工作任务来划分学习领域，并将学习领域具体化为学习情境和学习任务，学生每完成一个学习情境，便能从中获取相关的理论知识和掌握一定的操作技能，这也是学生理实一体化能力的发展过程。教材开发人员在开发新型工作手册式教材时要注意以下几点：①在教学活动中，要发挥学生的主动性，使学生占据主要地位，教师则是起引导者的作用；②学习环境要尽量接近真实的工作环境，让学生在真实或近乎真实的工作环境中体验工作的全过程；③通过完成新型工作手册式教材中的任务内容来保障学生的学习效果；④让学生有机会参与到学业评价中。

对新型工作手册式教材进行开发设计之后，教材开发人员要进行编写工作，在编写新型工作手册式教材时，要注意突出重点，其编写也要准确规范，对学习情境的要素描述要齐全等。

（1）突出重点主要是强调教材开发人员在编写新型工作手册式教材时，要注意处理好解决问题与规范化地设计学习流程的关系，这是培养学生职业能力的核心，即让学生在完成工作任务的过程中解决出现的问题，这不仅使学生掌握了解决问题的程序和标准，还在一定程度上锻炼了学生分析问题和解决问题的能力。

（2）编写准确规范主要体现在：①学习任务名称规范，要能够准确地概括出任务情境；②问题的判断和分析要规范，要有理有据；③要规范学习任务的方法与步骤；④要明确工作过程的操作规范和要求；⑤工具设备的使用要正确规范。

（3）对学习情境的要素描述齐全，这主要是指描述学习情境时，其中的每个要素必不可少，内容要完整，能够体现完整的工作过程。让学生在完整的工作过程中，感受近乎真实的工作状态，在进行实际操作的过程中获得程序性知识。

第二节　职业教育新型工作手册式教材开发体例

职业教育新型工作手册式教材应构建以学生为主体的教学，尽量给学生创造真实的工作环境，让学生在教师的指导下经历完整的工作过程，并从中获取相关的程序性知识，提升分析和解决问题的能力，养成认真敬业的精神和态度，形成质量意识、环保意识，从而提高学生的综合职业能力。

一　新型工作手册式教材的内容体例

新型工作手册式教材以培养学生的综合职业能力为目标，它主要是依据具有完整职业功能的典型工作任务来确定理实一体化的学习任务和学习项目，让学生在完成该任务和项目的过程中获取方法、技术等一些关键能力，从而达到理论学习和实践学习的统一。因此，教材开发人员在设计新型工作手册式教材的内容结构时，首先要按照项目和任务来进行宏观把握，再将典型工作任务按照工作程序、技术标准、操作规范等来进行微观层面的设计。

职业教育新型工作手册式教材的内容体例主要包括宏观和微观两个部分，宏观体例是从项目、任务出发对其内容进行设计，项目和任务是学生在实践教学中从事的具体的实践学习活动，主要通过典型工作任务分析来确定学习项目和学习任务，一个项目可包含多个任务；而微观体例则是把完成某一项典型工作任务的过程或步骤作为主要内容，供学生学习和动手操作，学生在按照工作步骤进行具体操作的过程中获得专业方法、操作技能等。

根据典型工作任务开发出的新型工作手册式教材和一般的学科教材有区别，更注重学生职业能力的培养，而不是只让学生学习理论知识。学生按照新型工作手册式教材进行相关的学习与操作，所获得的技术、方法以及操作能力，也将推动学生更快地适应未来工作岗位的需要。

二 新型工作手册式教材的体例结构

新型工作手册式教材应满足构建以学生为主体的教学，尽量给学生创造真实的工作情景。强调让学生在教师的指导下经历完整的工作过程，从而在此过程中获得专业方法、专业技能，形成质量意识、环保意识，提升沟通交流能力等，而非只强调让学生掌握理论知识，造成理论与实践的脱节。

（一）新型工作手册式教材的体例结构

基于前文对新型工作手册式教材内容体例的分析，可知新型工作手册式教材是依据典型工作任务来确定学习项目和学习任务，并让学生经历、体验、完成这些项目和任务，进而在此过程中培养学生的职业能力，因此教材开发人员在对新型工作手册式教材的体例结构进行设计时，要基于典型工作任务，再以项目、任务、步骤为主线来进行设计，强调理实一体化或以实践为主。新型工作手册式教材的各级目录如下所示：

一级目录（项目或模块）

二级目录（任务）

三级目录（步骤）

新型工作手册式教材的开发人员在编写各级目录及内容时，可参考以下体例：

项目一 轴类零件的加工

项目导读

学习目标

项目实施

任务一

工作任务说明

学习目标

完成任务准备

任务实施

步骤 1

步骤 2

……

任务拓展与巩固训练

任务二

……

项目一的学习成果实施与测评

创新研究与巩固训练

……

项目二

……

项目三

……

项目三的学习成果实施与测评

创新研究与巩固训练

……

项目 N

……

课程学习成果

课程学习成果测评方法

X 证书标准及考评

国家学分银行学习成果及考评

（二）新型工作手册式教材体例结构存在的问题

在《国家教育改革实施方案》的号召下，各级职业院校开始开发和编写新型工作手册式教材，但其开发出的新型工作手册式教材却存在各种各样的问题，如新型工作手册式教材中各级标题名称的表述错误，不符合项目和任务名称的基本构成；编写出的新型工作手册式教材看似以工作过程为导向，但仍是以传授实际存在的显性知识即陈述性知识为主，解决"是什么"（事实、概念等）和"为什么"（原理、规律等）的问题，最后编写出的新型工作手册式教材仍属于学科体系。

1. 各级标题的命名问题

新型工作手册式教材的体例结构一般包括项目、任务和具体的实施步骤三个部分，这三部分标题的命名尤其重要，其命名要让人们容易了解并把握其基本内涵，但目前职业院校开发出的新型工作手册式教材多数存在标题命名不当的问题。

项目、任务和具体的实施步骤三部分的标题都应是行动导向的语句，教材开发人员在对新型工作手册式教材的各级标题命名时，应该采用"动词＋名词＋（定语、状语等修饰词）"的格式，动词要运用准确，行动导向标题的内涵也要清晰，名词即行动对象的名称，原则上是相对具体的产品、过程，在具体内容中可针对该产品进行扩展性、普及性陈述和举例说明。

2. 学科体系问题

有些职业院校编写出的新型工作手册式教材，从表面上看是项目和任务，但实际上仍属于学科体系的教材，例如教材《运动控制系统安装调试与运行》目录：

模块一　绪论

　　任务一　运动控制系统类型

　　任务二　运动控制系统特征

模块二　伺服电动机的认知和应用

　　任务一　伺服控制系统概述

　　　　一、伺服控制系统的概念及组成

　　　　二、伺服控制系统的基本要求

　　　　三、伺服控制系统的控制方式

四、伺服控制系统的分类

任务二　伺服电动机的认知

一、伺服电动机的概念及分类

二、交流伺服电动机

三、直流伺服电动机

在教材《运动控制系统安装调试与运行》中，运动控制系统的类型、特征等都属于陈述性的知识，其命名不符合"动词＋名词＋（定语、状语等修饰词）"的格式，仍然属于学科体系。

事实上，现在职业院校使用的教材多数是以陈述性知识为主，程序性知识为辅，基本没有或很少有策略性知识。新型工作手册式教材应是由实践情境构成的以过程逻辑为中心的行动体系，强调的并非是获取陈述性知识，而是涉及经验、策略方面的过程性知识，要回答"怎么做"（经验）和"怎样做得更好"（策略）的问题。[①] 因此，新型工作手册式教材的编写人员在设计内容知识时，应以程序性知识为主（占50％左右），配置必要的陈述性知识（占25％左右）和不可缺少的策略性知识（占25％左右）。

第三节　职业教育新型工作手册式教材开发主体

《国家职业教育改革实施方案》提出，"建设一大批校企'双元'合作开发的国家规划教材"，要求学校和企业共同参与教材的开发，合作进行教材编写，满足产业升级背景下进行职业教育教材改革的需要。学校教师与企业人员所掌握的生产信息、技术信息是不平等的，在产业转型升级的背景下，企业生产技术不断更新，对于如此迅猛的变化，只有企业人员才更加了解技术发展现状和发展趋势。但是企业人员长期居于生产一线，

---

① 姜大源：《职业教育学基本问题的思考（一）》，《职业技术教育》（教科版）2006年第1期，第7页。

对于教学相关规律并不熟悉，因此，需要发挥学校教师的专业能力，双方合作，实现课程及教材内容的动态调整。

在教材编写过程中要真实做到校企双元主体开发的优势互补，制定合理的编写流程，明确学校人员和企业人员的科学分工，充分发挥双主体的优势，并最大限度地实现有机结合，保证新型工作手册式教材的质量优良。另外，《职业院校教材管理办法》提出，让技术人才、能工巧匠也参与到教材编写之中，这些技术人员和工程工艺师的参与，能够有效地提高技术类课程开发的实践性和适用性。[①]

一 "双元合作"的内涵

编写人员双元合作是指学校和企业共同合作编写。《职业院校教材管理办法》第16条指出，"包含相关学科专业领域专家、教科研人员、一线教师、行业企业技术人员和能工巧匠等"，具体参与编写新型工作手册式教材的主体如表3-10所示，这看起来似乎超出了"双元"的内涵，但事实上并非如此。从职业教育教材的开发过程来看，在教材编写过程中主要是学校和企业人员的参与，而专家指导发生在"培训研讨"阶段，教材指导委员会的指导则在"指导评审"阶段进行，因此，"双元合作"中的双元就是指学校人员和企业人员两大主体。

表3-10 新型工作手册式教材的参与编写主体

教材开发过程	主要内容	参与主体
1. 制定激励政策	明确激励政策	国家
2. 培训研讨	教材开发的培训与指导	学科/行业领域专家
3. 校企合作	学校和企业进行双元开发	学校、企业
4. 指导评审	教材指导委员会进行评审和指导	教材指导委员会
5. 示范引领	优秀主编进行交流示范	优秀主编

---

① 《职业院校教材管理办法》，http://www.gov.cn/zhengce/zhengceku/2020-01-07/content_5467235.htm，2020年1月7日，最后检索时间：2020年12月30日。

续表

教材开发过程	主要内容	参与主体
6. 内外合作	学校与学校、团队与团队之间沟通交流	学校与学校、团队与团队
7. 试用评价	教材试用和评价	一线教师（试用）、专家（审核）
8. 规划教材	国家层面改进和规划出版	国家

作为双元主体中的一方，不论是学校还是企业，都不是以单一单位的形式参与的。在新型工作手册式教材编写中，学校主体是由 3 ~ 5 所学校共同组成的，企业主体也是由 3 ~ 5 个企业共同组成。学校和学校之间的合作，至少是基于其具有专业相关，课程体系类似，两者兼有对某一专业人才的培养，这样合作才能顺利开展，充分发挥各学校的专业特色；3 ~ 5 个行业企业是同行关系，拥有相似或相关的生产岗位，能够代表行业特色和行业规范。双元主体进行优势互补，主体与主体之间协作沟通，实现群策群力，这是双元合作的重要内涵。

二　采取"双元合作"的优势

（一）服务于教材内容的动态调整

在产业转型升级的背景下，技术、工艺、行业企业的职业规范都发生了极大的变化，职业教育的发展与企业发展密不可分，表现为职业教育培养的人才将服务于企业的转型发展，另外，企业转型发展也反作用于职业教育的改革，对人才培养提出新要求。《国家职业教育改革实施方案》提出，教材内容要及时吸收"较为成熟的新技术、新工艺、新规范"。[①] 然而由于学校和企业之间的信息不对等，要想实现教材内容的及时更新、有效对接科技发展的趋势和市场的需求，就必须采取学校和企业双主体进行教材开发的方式，实现教材内容的动态调整和及时更新。

[①] 《国家职业教育改革实施方案》，http：www. gov. cn/zhengce/content/2019 – 02/13/content5 365341. htm，2019 年 2 月 13 日，最后检索时间：2020 年 12 月 30 日。

（二） 实现编写人员的优势互补

在社会分工中，学校和企业肩负着不同的职责，学校作为培养人的场所，主要进行教育教学相关工作，缺乏企业工作的实践经验；企业作为市场经济的重要组成部分，肩负着生产制造和发展经济的社会职责，缺乏教学组织技巧和教育教学方法。新型工作手册式教材在开发过程中，一方面，由企业人员负责确定企业工作领域、分析系统性的工作任务，确定工作过程中的相关职业能力，提供技术标准、质量标准和工作标准，对工作程序进行说明；另一方面，由学校教师对工作模块和职业能力的要素进行系统分析，产生既基于职业逻辑又遵循教学逻辑的模块化课程。双方优势互补，这样才能真正设计好新型工作手册式教材。

（三） 更好地实现内容的任务导向

教材内容的任务导向，主要是对行业企业的实际工作过程进行调研与实践学习，对行业岗位进行系统分析，建立典型工作任务，并在此基础上通过合理的教学处理，形成学习领域课程，并对课程进行模块化课程设计，针对每一模块课程的学习任务、学习步骤、学习情境要素进行设计。在这个过程中，既需要企业人员的参与，也需要学校人员的参与，可以说，两者缺一不可。

三　"团队负责"的新型工作手册式教材编写

《职业院校教材管理办法》规定，职业院校教材实行单位编写制，也就是说，编写单位既要组织编写团队，也要审核编写工作人员的资格，还要协调和保障教材的编写修订工作。因此，在新型工作手册式教材开发过程中，编写形式也主要采用团队负责制。

（一） 团队组建的基本要求

成员体现双主体特征，既包含学校编写人员，也包含企业编写人员；

学校人员以来自 3～5 所学校为宜，企业人员来自 3～5 个同行企业。一个团队中有 7～10 名成员较为合适。

（二）团队组建基于模块化课程的编写要求

（1）组团范围。以专业群为基本单位，按照模块化课程组建教学团队。

（2）团队负责人。模块化课程团队负责人也是模块化课程的负责人，负责系统策划和成员分工协作。

（3）教师分工协作编写。每位教师负责 2～4 门模块化课程的 2～6 个模块课程的教学任务。

（4）系统策划。专业群和专业负责人要科学设计模块课程，系统构建专业群中各模块化课程。

四 新型工作手册式教材编写人员的具体要求

（一）教材编写人员的基本要求

1. 基本条件要求

新型工作手册式教材的编写应实行双主编的团队管理，既有学校主编，又有企业主编。对于新型工作手册式教材的主编而言，需要满足《职业院校教材管理办法》中的第 14 条和第 15 条要求，具体如下：

第 14 条：

①政治立场坚定，拥护中国共产党的领导，认同中国特色社会主义，坚定"四个自信"，自觉践行社会主义核心价值观，具有正确的世界观、人生观、价值观，坚持正确的国家观、民族观、历史观、文化观、宗教观，没有违背党的理论和路线方针政策的言行。

②熟悉职业教育教学规律和学生身心发展特点，对本学科专业有比较深入的研究，熟悉行业企业发展与用人要求。有丰富的教学、教科研或企业工作经验，一般应具有中级及以上专业技术职务（技术资格），新兴行

业、行业紧缺技术人才、能工巧匠可适当放宽要求。

③遵纪守法，有良好的思想品德、社会形象和师德师风。

④有足够的时间和精力从事教材编写修订工作。

⑤编写人员不能同时作为同一课程不同版本的教材主编。

第15条：

①坚持正确的学术导向，政治敏锐性强，能够辨别并自觉抵制各种错误政治观点和思潮。

②对本学科专业有深入研究、有较高的造诣，或是全国知名专家、学术领军人物，在相关教材或教学方面取得有影响的研究成果，熟悉相关行业发展前沿知识与技术，有丰富的教材编写经验。一般应具有高级专业技术职务，新兴专业、行业紧缺技术人才、能工巧匠可适当放宽要求。

③有较高的文字水平，熟悉教材语言风格，能够熟练运用中国特色的话语体系。

④审核通过后的教材原则上不更换主编，如有特殊情况，编写单位应报相应的主管部门批准。

⑤对于一般的编写人员，满足第14条即可，并且，编写人员中要有高级职称人员。

2. 政治审核要求

新型工作手册式教材的编写人员要有坚定的政治立场。《职业院校教材管理办法》要求，教材编写人员要政治立场坚定，拥护中国共产党的领导，认同中国特色社会主义，坚定"四个自信"，自觉践行社会主义核心价值观，具有正确的世界观、人生观、价值观，坚持正确的国家观、民族观、历史观、文化观、宗教观，没有违背党的理论和方针政策的言行，并且强调教材编写人员要遵纪守法，有良好的思想品德、社会形象和师德师风。[1]

---

[1]　《职业院校教材管理办法》，政府网，http：//www.gov.cn/zhengce/zhengceku/2020 - 01 - 07/content_5467235.htm，2020 年 1 月 7 日，最后检索时间：2020 年 12 月 30 日。

（二） 教材编写人员的具体要求

1. 生产一线的专家型实践者

参与新型工作手册式教材编写的生产一线专家型实践者需要满足以下五点要求：①具有丰富的职业经验，了解企业的不同部门，参与过革新项目；②在工艺先进性的工作岗位上工作，在灵活的劳动组织下工作；③所从事的专业劳动的任务是完整的并不断地更新，有持续设计的可能；④所从事的专业劳动与他最初的培训有紧密的关系，并在他所在的职业领域不断地接受继续教育；⑤能够从未来和专业的角度描述、评价现实的专业劳动，并能把包含在专业劳动中的职业工作任务系统化。

2. 教学一线的专家型教学者

参与新型工作手册式教材编写的教学一线专家型教学者需要满足以下四点要求：①具有丰富的教育教学经验，了解教学的各个环节，参与到教学改革中去；②在教学一线的教学岗位上工作，积累了许多课程建设、教学建设的经验；③对所教授的课程有深刻的认识，从知识逻辑上建立了深厚的认识基础；④对于"三教改革"有明确的认识，赞成对教材进行改革和开发，具有一定的关于教材设计的科学理念。

五 新型工作手册式教材编写的职责分工

（一） 企业人员的职责分工

1. 确定行业企业工作领域

提供职业教育校本课程开发中需要的工作知识，确定行业企业工作领域，展现工作任务及过程的系统性，根据实际经验对工作任务的节点和程序进行划分。

2. 确定职业能力要素

分析在实际工作岗位中需要完成的任务，以及完成任务所需要的职业能力，清晰地展现完成工作所需的职业能力要素，形成程序性的活动步骤和规范，并对工作任务所需的资源、仪器、设备进行阐明和介绍。

3. 提供工作模块标准

行业企业专家为教师提供岗位的工作任务要求以及任务所需的职业能力要求。结合企业生产实践的具体情境、具体任务详尽描述岗位能力需求。如同一岗位不同工位对同一零件的加工要求；不同技术岗位的加工要求等，都要有详细说明。

（二）学校人员的职责分工

1. 理解工作模块的相关内容

教师要根据行业企业专家提供的岗位信息和工作任务，对相应的工作模块有所了解，把握企业工作的程序性和系统性要求。

2. 确定知识点和学习成果

以行业企业专家要求的职业能力为标准，结合职业院校教育规律和学生的学习特点，确定学生切实可达到的课程目标，并尽可能清晰地阐述课程目标；在课程目标之下，还要对模块化的课程的知识点进行分析，明确学生学习的知识内容以及对学习之后的结果有清晰的预判。

3. 将工作标准转换为学习标准

教师在新型工作手册式教材开发的过程中，要建立起课程内容与工作岗位之间的联系，根据学生的学习特点和学习能力，将工作标准通过教学手段转换为学习标准，使学生的知识和技能的发展在学习标准上得以体现。

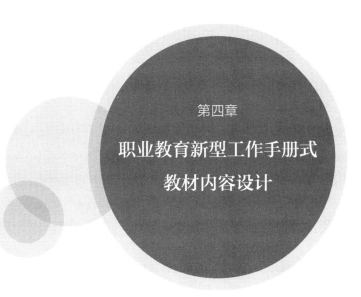

第四章

职业教育新型工作手册式
教材内容设计

新型工作手册式教材的定位是将工作过程教学化，工作过程包括对工作对象、工具和材料、工作方法、劳动组织方式和工作要求的描述；而教学化则意味着教材内容的组织与表达符合学生的认知与理解。可以说，新型工作手册式教材在内容上是教材与学材的结合体。在设计编写教材内容之前，需要先进行学习目标的设计，学习内容和学习目标之间有一定的对应关系，在确定了学习目标之后，再根据学习目标要求与学生学习基础之间的差距来确定各个学习任务的学习内容，最后才能设计具体的内容。

第一节 职业教育新型工作手册式教材学习目标设计

学习目标设计是教材编写的重点，但在目前教材编写中却是一个薄弱的环节，存在各种各样的问题，如学习目标的结构不完整；对于职业精神、专业精神等职业态度方面的目标没有进行详细具体的描述；所描述的知识目标也不够精准，无法准确描述出专业知识的掌握程度；价值观目标过于笼统，没有对工匠精神、环保意识、质量意识、安全意识进行具体化的表述；等等。

一 学习目标三大特性

学习目标是指学生通过教学，预期产生的思想、情意、认知和行为的变化，主要具有以下特性。

（1）整体性。主要是指职业性目标与教育性目标相统一、就业性目标与终身性目标相统一、通用技能与专业技能相统一。

（2）可操作性。是指教学目标中的认知行为动词必须是可操作的或者是可计量的，如知道、熟悉、说出、判断等动词。以"建筑施工图识读"一节为例描述其学习目标，比如学生能独立说出建筑总平面图的图示内容及作用。

（3）适切性。是指学习目标的制定要接近学生的"最近发展区"，即学生现有水平与潜在水平之间的差距，它是教学发展的最佳期限，教学过程要建立在最近发展区，这样才能激发这两种水平之间的矛盾，产生水平差距，从而引起学生心理机能间的矛盾，最终使学生的潜在发展水平不断提高，因此学习目标不能超出学生的能力范围，但同时又不能过于容易实现，要符合学生的最近发展区，这样才能更好地促进学生的发展。

二 新型工作手册式教材学习目标设计

（一）职业教育学习目标的分层

学习目标的本质是可观察的行为变化，其基本要求是可观察和可测量，因此大多数的学习目标可以是一个行为目标，根据职业教育的特点，学生的学习目标的表述一般通过以下步骤来进行。

首先，明确可以观察的学习结果是什么；

其次，提出学生进行预期学习的条件；

最后，界定规定的水平，即教学后预计产生的行为数量和质量。

通过以上目标表述的三个步骤，可以看出学习目标的表述主要由行为、条件和标准三个部分组成。

那么我们在设计描述具体的行为主义学习目标时，一般采用以下三种方式：

二段式：行为＋结果，如"学生应能制作一个台虎钳"；

三段式：行为＋标准＋结果，如"学生应能根据引导课文的要求制作一个台虎钳"；

四段式：行为＋条件＋标准＋结果，如"学生应能利用各种工具根据引导课文的要求制作一个台虎钳"。

职业教育领域学生的学习目标的分层主要是通过选择不同的行为动词来实现的（见表4-1）。

表4-1 学习目标的分层和常用行为动词

学习目标层次	目标内涵	行为动词举例
再现	通过提示性的词语复述已学过的内容（知识或技能）	认识、命名、复述、举例、识别、标明、查到
重组	不仅是记住多少知识，而且能根据自己的理解和已有经验对这些材料进行加工和整理	理解、阐述、描述、确认、区别、归类、讲解
迁移	把所学的知识、技能和经验运用到相似的情境中解决类似的问题	对比、充实、利用、表明、执行
应用	创造性地利用所学的知识、技能和经验，解决从未遇到过的新问题	判断、得出结论、找出根据、推导、评价、拟定

（二）布卢姆的学习目标分类

需要注意的是，用"掌握""了解""熟悉"等动词来表述学习目标会使其非常模糊，从而使教材目标只停留在文本层面，无法对教学产生实质性的指导作用。因此为了准确表述学习目标，避免教材目标之间的重叠，确保衔接顺畅，教材编写者将其分为认知、动作技能和情感三个领域。对学习目标的准确表述，实际上也就是弄清楚某一学习任务所必需的知识、技能和态度目标。

1. 认知目标设计

（1）认知目标分类

对知识领域分类后，教师要开始编写知识目标，即学生对每一个知识点所应掌握的程度。根据从"基本知识"到"更高水平的批判性思维"的演进，布卢姆等人把认知目标分成了六级[1]，如表4-2所示。在设计知识目标时，不应只停留在"知道"的水平上，而要注重对学生智力技能的培养，提升学生的认知水平。因此，对重要概念或原理进行教学时要分级设

---

[1] B. S. Bloom, et al. (1956), Taxonomy of Educational Objectives: Cognitive Domain. New York: Longman - Mckay.

定不同的知识目标。由于某些知识点不一定要求学习者进行分析、综合和评价，因此，我们不要简单照搬，应视具体情况而定。

表 4－2　认知目标分类

层次	解　释
记忆	指对所学过知识内容的回忆，包括对方法的回忆、对理论内容的回忆，如记忆名词
理解	主要是指对知识内容或事物材料的领会能力，即弄清楚事物本身的意义是什么，可以通过转换、解释和推断三种方式来领会知识内容或者事物的含义。转换，即对于某个知识点，能够用自己的话来表达；解释，即能够对某一事物或图表加以说明；推断，即能够对事物的发展进行预测
运用	主要是指学生在知道和理解的基础上将所学知识运用到其他情境中的能力，可以是方法、原理和概念的运用
分析	分析这一层次的能力高于运用能力，主要是指学生能够将知识分解为几个部分，并对各部分知识结构进行联系和分析的能力，包括关系分析、组织结构的分析、所包含要素的分析，如能识别并分析论文中的观点等。分析能力要求学生不仅要理解知识内容，还要理解其结构之间的关系
综合	在分析水平的基础上，将知识形成一个整体，重新组合知识的各个部分进行综合的理解。如制订一份工作计划或者在刊物上发表文章等。综合强调个人的创造能力
评价	主要是指学生具有了对某个知识点或观点的判断能力，它不仅能够对观点内在的组织结构进行判断，还能对整个观点的外在的一些标准进行判断，如评价一篇论文的水平，或者某个论点的论据是否充分等。评价是属于认知领域中最高级层次的认知水平，它要求学生综合多方面的知识来进行判断
创造	将分割的概念进行重新组合并创造出新事物的能力

（2）布卢姆认知目标动词①

如何在知识目标中表述行为呢？我们主要是采用"行为动词 + 宾语"这样的动宾结构短语来表述知识目标的行为，其中行为动词用来描述学生的学习类型，宾语用来说明学生的学习内容是什么，比如用行为动词"说出"，再加上宾语"英语句子中各句子的名称"，即"说出英语句子中各句子的名称"。需要注意的是，教师在表述目标行为时，行为动词要与目标层次相对应，具体如表 4－3 所示。

---

① 〔美〕L. W. 安德森等编著《学习、教学和评估的分类学——布卢姆教育目标分类学（修订版）》，皮连生译，华东师范大学出版社，2008，第 78 页。

表 4 - 3　编写认知目标可供选用的行为动词

认知水平	认知行为动词
记忆	定义、识别、列举、指出、回忆、认出、记录、联系、重复、强调
理解	选择、引用、展示、描述、区分、辨别、讨论、说明、表达、给予、识别、解释、查找、挑选、报告、重申、评论、认出、讲述、翻译、反应、练习、模仿
运用	应用、证明、改编、使用、归纳、举例、解释、操作、实施、练习、叙述、编排、使用、运用、开动
分析	分析、鉴别、计算、分类、推断、对比、关联、批判、推论、辩论、检测、确定、开发、诊断图、区分、辨别、得出结论、估计、评估、检查、试验、识别、视察、盘存、预测、质疑、叙述、解决、测试
评价	鉴别、评估、选择、比较、评论、估计、判断、测量、认为、修正、评分、挑选、验证、评价、测试
创造	安排、集合、收集、构成、建造、创造、设计、开发、制订、管理、修改、组织、计划、准备、生产、提议、预测、重建、合成、系统化、发明

2. 动作技能目标设计

（1）动作技能目标分类

在创立教育目标分类时，布卢姆等人认识到动作技能领域是存在的，但并未提出具体的目标体系。1972 年，哈罗（A. J. Harrow）对动作技能进行了不同程度的划分，共将其划分为六级[1]，但由于反射动作和基础性动作并不是通过后天的学习而来，而是随着身体发育自然形成的，所以在教学中不设定反射动作和基础性动作这两方面低层次的目标，另外四类动作技能分别是知觉能力、身体能力、技能动作、有意交流（见表 4 - 4）。1970 年学者们在著作中，对布卢姆的技能分类进行了修订，形成了表 4 - 5 的结果[2]。教材编写人员在设计动作技能目标时可按照哈罗的分类标准来进行。

---

[1] 〔美〕A. J. 哈罗、E. J. 辛普森：《教育目标分类学·第三分册：动作技能领域》，施良方译，华东师范大学出版社，1989，第 27 页。

[2] 〔美〕洛林·W. 安德森等编著《布卢姆教育目标分类学修订版（完整版）——分类学视野下的学与教及其测评》，蒋小平、张琴美、罗晶晶译，外语教学与研究出版社，2018，第 124 页。

表4-4 动作技能领域目标分类

层次	解释
知觉能力	主要指学生通过对环境中某事某物或某种活动的理解，将其转化为自己的行动，如听觉、视觉等
身体能力	主要是指学生身体各部分机能之间的相互协调能力，具体表现为学生行为敏捷、有力量等。身体能力是习得高难度动作的基础
技能动作	以基础性的动作为基础，主要是指完成某个具有难度的动作的能力，需要结合知觉能力、身体能力等低层次的能力，通过一定的锻炼来习得动作技能
有意交流	主要是指个人身体各部分之间的沟通，包括面部的表情和身体各部分的动作，这些动作可以是反射性的，也可以是后天习得的，如眨眼、舞台表演等

表4-5 修订版的布卢姆的学习技能分类

分类	定义
本能内化	在策略层面上，自动的、无意识地掌握学习活动和相关技能
衔接	适应和整合专业知识，以满足一个非标准的目标
精确	可靠地执行技能，独立地帮助
控制	根据指导和记忆重现活动
模仿	复制另外一个活动，观察和重复

（2）常用的行为动词

根据从"基本知识和技能"到"复杂与核心技能"的演进，对于动作技能目标行为的表述，其基本方法同认知目标的表述一样。同时，在表述目标行为时，也要注意行为动词与目标层次相对应，具体如表4-6所示。

表4-6 编写动作技能目标可供选用的行为动词

技能水平	可参考选用的行为动词
模仿	复制、跟随、重复、重做、追随
控制	重新创造、构建、表现、执行、实施
精确	示范、完成、展示、熟练、调整、控制
衔接	建造、解决、结合、协调、整合、适应、开发、构想、调整、掌握
本能内化	设计、详细说明、管理、发明、项目管理

3. 情感领域目标设计

（1）情感目标分类

情感是一个人情绪的外在表达，如对某人或某物的喜欢与讨厌等。一个人的情感会对其行为造成一定的影响。在学校教育中，情感方面的学习和教育是不容忽视的，情感学习能够帮助学生提升自己的情操、改变自己对事物的看法与选择，同时也有益于个人未来的发展，但情感更多的是一种内部心理活动，无法将其具体化，因此，对于教材的编写人员和教育者来说，情感目标的编写也存在一定的难度。

关于情感领域目标，克拉斯伍（D. R. Krathwohl）对其进行了分类，他把情感目标划分为接受、反应、评价、组织和个性化五个层次①。那么教师在设计编写情感目标时，可参考克拉斯伍的情感态度分类体系，该分类体系如表 4-7 所示。1964 年，克拉斯伍、布卢姆、马西亚在著作中，对布卢姆的情感领域目标进行了修订，修订的结果如表 4-8 所示②。

表 4-7 情感领域目标分类

层次	解释
接受	接受属于情感领域目标的较低层次，是一种低级的价值内化水平。它主要强调学生从主观上愿意注意某一事物，具有主动性的特点，例如学生上课时认真听讲
反应	反应是情感领域目标的第二水平层次，比接受稍高一级。在接受某一事物或活动后，学生会产生一定的反应。如学生在上课认真听讲之后，会对其做出反应，完成老师布置的作业。比如学生热心参加书法大赛、认真和同学讨论等，都是学生对外界事物做出的反应
评价	评价是一种内部价值观的体现，主要是指学生在看到某一事物或活动的价值时，主动表示追求，并且态度较为坚定，例如学生刻苦练字、早晨跑步等
组织	组织主要是指学生在遇到多种价值观时，会对他们进行比较，然后选择一个自己认为较为重要的价值观。如学生在做作业和看电视之间进行比较，认为先完成作业更重要，因此先写作业后看电视
个性化	个性化是情感领域的最高水平目标，主要是指学生经过价值观的组织、比较和选择，最终内化为个人的一种品格，形成了自己的价值观和人生观。如学生养成了锻炼身体的好习惯

---

① 〔美〕洛林·W. 安德森等编著《布卢姆教育目标分类学修订版（完整版）——分类学视野下的学与教及其测评》，蒋小平、张琴美、罗晶晶译，外语教学与研究出版社，2018，第 136 页。

② D. R. Krathwohl, et al.（1964），Taxonomy of Educational Objectives：Affective Domain. New York：Longman - Mckay.

表 4 - 8　修订版的布卢姆的学习情感分类

分　类	行　　为
形成特质	在不计不适之处和成本的前提下，学生把一贯的行为整合为本能内化的价值观，价值观被认作是人的个性的组成部分
整　理	学生决定一个新的、重要的或优先的价值观和行为
价值判断	学生确认价值观，并通过参与和贡献展示出此价值观
反　应	作为暴露出态度、行为或价值观的结果，学生做出反应或改变
接　收	学生意识到态度、行为或价值观

（2）常用的行为动词

对于情感目标行为的表述，其基本方法同认知目标和动作技能目标的表述一样。在表述目标行为时，也要注意行为动词与目标层次相对应，具体如表 4 - 9 所示。

表 4 - 9　编写情感目标可供选用的行为动词

情感水平	行为动词
接　收	接受、参加、描述、解释、定位、观察、意识到、接收、识别
反　应	表现、遵守、合作、讨论、测试、跟随、树立榜样、介绍、反应、展示、研究
价值判断	接受、适应、平衡、选择、区分、辩护、影响、更喜欢、识别、寻找、评价
整　理	调整、对变化保持警惕、定制、发展、提高、操纵、修改、联系、修正
形成特质	鉴定、塑造、辩护、表现、体现、习惯于、内化、产生、代表、验证、核实

综上，按照上述学习目标设计的标准与要求，以学习任务"手动变速器总成修理"为例，设计该任务的学习目标。

完成本学习任务后，你应当能：

（1）认识手动变速器的组成部分；

（2）能够正确叙述出齿轮变速变扭的原理；

（3）能够叙述换挡操纵机构与同步器的工作原理；

（4）在教师指导下分析手动变速器的动力传递路线并绘制示意图；

（5）在教师指导下实施手动变速器的解体维修与装复检查；

（6）在教师指导下对手动变速器的零件进行检查，并独立判断变速器零部件的可用性；

（7）能够利用所学知识阐述造成手动变速器故障的原因。

（三）德国职业教育的学习目标分类

对职业能力的研究是德国职业教育的亮点，所谓专业能力、社会能力、方法能力三大能力目标，是德国特有的一种职业能力理论，反映了德国职业能力理论的整体性、综合性特点，这也是遵循德国教育塑造人这一基本原则而确立的。在设计新型工作手册式教材时，这三个目标既可以作为职业教育的目标，也可以作为教师的教学目标、学生的学习目标。

1. 德国职业教育的目标分类[①]

专业能力即获得专业方面的知识和能力，强调专业的应用性、针对性，它注重专业技能的掌握，和职业直接相关，通过专业教育而获得，具有职业特殊性；专业能力是指职业业务范围内的能力，包括单项的技能与知识、综合的技能与知识。在职业教育中，人们主要是通过学习获得某个职业（或专业）的专业知识、技能、行为方式和态度。

新型工作手册式教材与传统教材不同，是以工作过程为导向开发的一种教材，强调让学生在近乎真实的工作环境中体验并感知工作过程、获得工作过程知识。新型工作手册式教材以培养学生的综合职业能力为目标，其目标的实现需要教材开发者对专业能力、社会能力和方法能力三大能力目标进行深入分析，使任课教师和学生清晰地认识到教和学要达到的目标是什么，从而更好地实现学生综合职业能力的发展。

2. 新型工作手册式教材对三大目标的应用

在设计新型工作手册式教材时，应该对这三大目标进行进一步的分析，教师和学生清晰地认识到教和学要达到的目标是什么，有助于综合职业能力的目标达成。

教材开发者在设计新型工作手册式教材时，要基于对专业、社会和方法三种能力的充分理解，按照工作过程的先后顺序梳理出完成工作任务所

---

① 姜大源主编《当代德国职业教育主流教学思想研究——理论、实践和创新》，清华大学出版社，2008。

需要的知识和技能，并据此设计出相应的三种目标，这三种目标要能够满足学生在行动中进行学习和思考的要求，从而使学生在经历"咨讯、计划、决策、实施、检查、评价"这一个完整的工作过程后获得综合职业能力的提高与发展。

通常，专业能力包括工作方式方法、对劳动生产工具的认识及其使用和对劳动材料的认识，是对专业本身的认识和了解；方法能力是指具备从事职业活动所需要的工作方法和学习方法，能够独自负责完成工作的一种能力，它特别指独立学习，获取新知识的能力，如决策能力、自我学习能力，是学习者特有的一种思维方式；社会能力是指具有承担和建立社会关系的能力，它包括人际沟通能力、与他人合作、职业道德和社会责任感，是学习者体现出的与他人的关系。

方法能力和社会能力不是某种职业所特有的，它们能在不同职业之间广泛迁移，具有职业普遍性，是适应不同工作岗位及环境的一种综合职业能力。由于这种能力是从事任何职业都需要的，所以也常常被称为关键能力。

第二节　职业教育新型工作手册式教材内容模块设计

新型工作手册式教材主要是基于工作过程来编写，强调培养学生的综合职业能力，其内容应呈现完整的工作过程，让学生在教师的指导下经历"明确任务、制订计划、做出决策、实施计划、检查控制和评价反馈"这六个阶段，因此新型工作手册式教材具体的内容模块设计如下所示。

一　项目背景描述

项目是指以生产一件具体的、具有实际应用价值的产品为目的的工作任务。在现代职业教育中，教师颠覆了传统传授者的形象不再为学生提供所有的信息，不再始终监督学生的活动，而是要求学生尽可能独立地进行项目的操作实施、监控与评价。因此，新型工作手册式教材的编写人员在开发设计教材内容这一模块时，首先需要进行项目背景的描述，让学生在项目操作前了解有关项目的各种信息，达到对项目整体宏观的认识和把握。

　　这里项目背景描述的主要内容是"在实际工作过程中完成该项目所需要的知识、技能和能力"。以项目"展厅接待与需求探寻"为例，进行项目背景描述。

　　汽车4S店真实工作中需要的知识、技能和能力，具体包括：迎接客人的礼仪、展厅接待寒暄（破冰）和客户需求探寻。礼仪、展厅接待和需求探寻是汽车4S店每个汽车销售顾问日常工作中每天用到的知识和技能，因此，是必须掌握的岗位技能。

二　任务书与相关资料分析

　　描述完项目背景，教材编写者要进行任务书和相关资料的设计与分析。任务书主要是对学习任务进行描述，在以学生为中心的教学中，任务书的设计尤为重要，它能让学生清楚所要完成的任务及要求，并引导学生完成某个学习任务。

（一）任务书

　　学生完成任务书内容的过程是一个理论实践一体化的能力形成与发展过程，任务书主要包括任务名称、任务描述、任务目标、任务要求和任务评价等主要内容。任务描述即对学习任务进行描述，如"请根据图纸要求，合理制定加工工艺，安全操作机床，达到规定的精度和表面质量要求"；任务目标主要是指完成某项任务后，希望学生达到什么样的目标水平，这里任务目标的确定和表述可参考前文"学习目标的设计"；任务要求即学生在操作项目任务的过程中具体要做什么，例如让学生制作焊接头若干根等；任务评价主要包括结果评价和过程性评价，具体如表4-10所示。学生通过查看任务书，明确学习内容，了解学习任务。

表 4 - 10　项目任务书

任务名称			班级	
实施时间		实施地点		
小组名称		组长		
组员				
任务一				
任务描述、任务目标、任务要求				
任务二				
任务……				

任务评价	评价载体				
	评价指标	结果评价	任务完成	总分数	每一项的分数
			过程分析		
		过程评价	教师评价		
			学生评价 同组评价		
			自评价		

（二）相关资料

为了帮助学生更好地完成任务，实现对其综合职业能力的培养，新型工作手册式教材编写人员还需要呈现相关的学习资料来支撑学生的任务完成过程，例如微课、动画等，让学生通过观看微课、动画来了解与项目任务相关的操作知识。需要注意的是，在呈现相关学习资料前，教材编写人员需要先对所有学习任务的行为活动进行分析，获得完成这些任务必需的工作过程知识，然后让所呈现的资料内容尽可能地涵盖这些工作过程知识。

另外，为了保证这些工作过程知识的系统性和延伸性，教材编写人员还可以在学习资料中加入相关的拓展内容，这也有利于学生后续课程学习和能力空间的发展。要注意的是，任务书和学习资料的设计与呈现需要和教学方法相结合，即配套使用相关的任务书和学习资料。

三　操作过程与要点

在设计了任务书后，新型工作手册式教材的编写人员还要说明某一项目的具体实施流程，即项目实施的六个环节，"明确任务、制订计划、做出决策、实施计划、检查控制、评价反馈"，并描述每个环节由谁完成什么，使学生在经历从明确任务到评价反馈这一整个解决专业问题的过程中，获取工作过程知识并掌握操作技能。另外，为了达到操作效果，教材编写人员还可将二维码、AR技术等数字化资源运用到新型工作手册式教材的开发与编写中。

（一）项目实施的六个环节

基于工作过程开发的新型工作手册式教材应提供结构完整的工作过程，让学生通过完成工作任务获取专业知识并构建自己的知识体系，同时获得处理信息、整体化思维和系统化思考等关键能力。在学生完成工作任务的过程中，教师作为学生的咨询者和引导者，也应按照完整的工作过程来组织引导学生实施项目和任务。具体的项目操作流程如下。

（1）明确任务/获取信息，即明确工作任务和目标，并获取完成工作任务所需要的概括性信息。

在此阶段，学生必须独立实现一个给定的目标，或者独自提出一个学习性工作任务的目标，例如开发某种产品的个人版本、根据已有的材料改变给定的设计方案、提高装配技术或改进劳动工具、制定装配货物的时间等，教师则规定活动的范围、使用的材料和完成的时间，并帮助学生或提供提示使其找到自己的目标。

在该阶段，操作项目的学生还需要搜集与完成该项目相关的资讯信息，为顺利完成工作任务做好充分的知识准备，包括理论知识、通用或专用工具、安全要求和注意事项等相关内容。知识准备主要涉及一些理论储备、技能准备和任务描述等。学生在制订工作计划前也要明确项目的实施要点和教师对其的素质要求，实践要点包括面向项目的工作任务、工作重点、工作难点、关键技能和操作要点等；教师对学生的素质要求体现为让学生了解实践操作中的规范操作注意事项、现场6S管理和团队协作等。

工作任务和工作目标的明确可以让学生知道自己要做什么以及要达到的结果是什么，这些与项目相关信息的获取不仅使学生掌握了更多的理论知识，同时也能帮助他们解决在项目操作过程中遇到的问题。

（2）制订计划，即根据明确的任务设想出工作行动的内容、程序、阶段划分和所需条件，然后列出多种可能性。

在该环节，主要由学生制订小组工作计划或制定独自工作的步骤，着手制作几个不同的计划方案；教师给出一些引导性的问题来提示引导学生有目标地在学习资源中查找到所需要的专业知识，独立思考并解决专业问题。需要注意的是引导性问题的设计，引导性问题是新型工作手册式教材开发的关键内容，其设计主要是依据学习任务的不同类型和学习目标的总体要求，从职业院校教学资源与学生的实际出发，注意设计的方法和技巧，从而更好地传递工作所需要的知识。引导性问题可通过文字、图表、信息、视频等多种方式来呈现，例如"作为销售接待，可能的几种破冰方法是什么？""销售接待的角色目标是什么？"等。

其他教师也可在必要时进行授课，让学生获得完成工作任务所需要的专业知识。

（3）做出决策，即从计划阶段列出的多种可能性中确定最佳解决途径。

在上一环节，学生制作了几个不同的计划方案，那么在此环节，学生需要在自己制订的几个计划方案中选择一个并告诉教师，教师则要对该计划方案中的错误和不确切之处做出指导，并对计划的变更提出建议，学生在教师的指导下修改计划方案，从而为下一步计划的实施做好铺垫。

但需要注意的是，这里确定好的计划方案并非不再存在问题。在项目的具体实施过程中，还需要参与者对计划方案进行实时的控制和调整。在修改计划方案时，必须要给出令人信服的理由，并且应得到小组成员的一致同意，否则项目工作就会面临不可控制的风险。

（4）实施计划，即按照确定的最佳途径开展工作。

实施是项目任务完成的重要环节。通常项目的实施是有计划的，且在上一阶段，学生已对将要做的事情达成一致即确定了计划方案，因此在该阶段，教师要指导学生按照已经确定好的计划方案实施具体的工作。

实施过程总会受到外界刺激或不可控因素的干扰，如相关设备的准备情况、学生思维在实施过程中所发生的变化等，这些刺激和因素既可以推动项目的发展，也可能带来一些无法预测的困难，所以实施过程相较实施计划会存在一定的偏差。面对这种情况，教师要指导学生做好记录，分析产生偏差的原因，并帮助学生对其过程进行调整，从而顺利完成该项工作任务。

（5）检查控制，即在开展具体工作任务时，为了能够成功实现预设目标，选用最佳的实施方法来保证工作过程中的质量。

在具体的实施过程中，往往会出现各种各样的情况，在出现如下情况时，教师可以干预学生的某些操作行为：学生在操作过程中，未遵循要求的规章制度；出现使用机器不规范、不安全的行为，导致与期望不相符的结果。此外，教师也要及时帮助学生处理这些意外情况，使学生能够按时完成整个工作过程，并达成自己的预设目标。

（6）评价反馈。评价反馈是多维度的，是工作过程与工作结果的结合，可以从宏观的经济、社会发展等入手，也可以从微观的技术、学生的思维发展等入手。

学生在完成一项工作任务之后，教师要指导学生对他们的实施过程及结果评价反馈，评价方法可以是教师评价与自我评价相结合。对学生学习过程与结果评价的目的是发现操作过程出现偏差的原因，并做出相应的修正，从而帮助学生加深对专业知识的理解以及对工作过程的认识。

新型工作手册式教材的编写人员在设计项目的实施环节时，可参考以上内容。但是有的项目，其计划阶段和决策阶段无法分别设计，或者实施阶段和检查阶段需要同时进行，因此，教材编写人员应视具体情况具体分析。

（二）数字化资源

在项目实施的过程中，新型教材的开发者需要紧密联系数字化资源，将教材的展示层、平台层以及资源层三者进行深度融合，以便取得高质量的操作效果。首先，展示层的表现形式是纸版教材加电子资源。纸版教材基于工作过程导向进行编写，形式有工作流程索引页、评价页、项目任务书等；电子资源不仅包括内部资源，比如课程本身开发的微课、练习库，还包括外部资源，如国家、社会以及市场上的视频资料、网站、动画等。其次，平台层是指技术上使用的平台是什么，平台上可以实现什么功能。最后，资源层是利用课程本身设置在线教学视频库等进行传播，表现的形式主要是动画、视频音频、微课等。

四　学习成果设计

欧洲终身学习资格框架（EQF）中谈到，学习成果是学习者结束一轮学习过程后大脑中自己的一套体系，学习者不仅知道这个知识、技能和能力的定义是什么，还可以理解并操作[①]。学习成果的形式是预设学习成果、实际学习成果、主要学习成果以及具体学习成果螺旋式的递进过程。学习成果是实施成果导向教育（OBE）课程教学模式的主要内容，学生提供完成相应层级的学习成果以获得相应学分，课程的学习目标、课程内容与教学实施都按照学习成果的要求进行策划和设计。

（一）学习成果层级体系的设计

1. 学习成果层级体系的设计目的

职业教育中人才培养目标分为学习培养目标、专业群培养目标、专业

---

① 阙阅：《欧洲资格框架解析》，《教育发展研究》2009 年第 19 期，第 64 页。

培养目标三个层级，培养目标是指学生在毕业 3 至 5 年内能达到的职业和专业成就及水平的总体表述。学生在毕业前完成要求的课程体系，达到毕业的要求，从而实现职业教育的培养目标。

为了有效实现培养目标和毕业要求，需要系统策划，设计不同层级的学习成果，通过测评学生完成学习成果的情况，来推测、判断培养目标和毕业要求的实现程度。

2. 学习成果层级体系与基本要求

不同层级的学习成果构成职业教育专业学习成果体系，具体如表 4 - 11 所示。

表 4 - 11　学习成果层级体系与基本要求

层级	学习成果类别	目的	基本要求
学校级	学校学习成果	通过学校学习成果的实现预测学校培养目标的实现程度	包括学校通识课程群学习成果和通识课程学习成果
专业级	专业群学习成果	通过专业群学习成果的实现预测专业群培养目标的实现程度	包括专业群基础课程群和专业群学习成果、课程学习成果
专业级	专业学习成果	通过测评毕业要求的实现程度预测专业培养目标预期实现程度	整合性课程和毕业设计可作为专业学习成果的主体部分。通常将专业学习成果分解为课程群学习成果进行学习训练和测评
课程级	课程群学习成果	通过专业课程群学习成果学习训练与测评，确定各专业课程群的学习目标的实现程度	根据专业课程体系和专业方向情况，确定 3~5 门课程为一个课程群，确定课程群学习目标
课程级	课程学习成果	通过学习训练和测评每门课程、每个学习项目的学习成果，确定各课程、项目的学习目标实现程度	根据课程学习目标设计课程学习成果
课程级	课程单元学习成果	对于内容复杂的课程，可分解为 3~5 个单元学习成果进行学习训练，通过测评确定课程学习目标的实现程度	对于相互关联不密切、难度高的多单元课程，按单元设计学习成果。单元学习成果之间有纵向递进关系或各自独立。课程学习成果应涵盖各单元学习成果

（二）学习成果内容的设计

各层级的学习成果内容应与教学过程、实践条件、学生学习的基础和学习成果考核评价密切关联，设计的学习成果应具备可实施性、可测评性和相应的质量水平等级。通过设计适宜的考核评价方法能够准确评价学生获得的知识、技能、能力和职业素养及其相应的质量水平等级。

教师在设计各层级的学习成果前，需要弄清楚以下六个问题：①需要学生在学习后达成什么样的目标；②设置这样的学习成果目标原因是什么；③怎样才能高质量地完成这些要求的学习成果；④怎样清楚地了解学生获得的学习成果；⑤学生自身对获得学习成果的评价；⑥学生能获得这些学习成果的方法。

分析完以上六个问题之后，开始进行学习成果的设计，此时需要充分考虑各学习成果的内涵和特点，注重学习成果内容与未来职业岗位要求的关联性，满足职业要求，不应出现不符合职业岗位要求、不符合职业规范的内容。各层级的学习成果具体内容差异较大，但在设计知识、方法与技巧、社会能力、个人能力等方面可参照表 4 - 12 的要求，结合具体学习成果特点进行设计。

表 4 - 12　学习成果设计内容的参照要求

类别	专门知识	方法技巧	社会能力	个人能力	组织实施能力
主要知识和能力要素	一般知识 专业知识 组织能力 IT 知识 专业技能和能力 语言技能	分析思维 概念技能 构建思维 认识关系和互动 整体思维 感受未来的发展 创造力和创新	团队 同理心 沟通技巧 愿意合作 冲突解决方案 准备就绪 以合作伙伴为中心的互动	自我发展意愿 自我反思准备 愿意表现 愿意学习 开放性 冒险 恢复力 可信度	决策能力 创意意志 能量 恢复力 乐观 持久性 流动性 主动性

五　学习成果反思与评价

在项目操作完成后，教师应组织学生进行学习成果的反思与评价。学习成果的反思不仅能够增强学生对某一项目任务的认识，如在项目工作过程中掌握了什么、不足之处是什么、产生不足的原因、如何改进等，还有助于教师了解学生对技能方法的掌握情况。评价主要指教师组织学生对学习过程和结果的质量进行评价，包括自评和任课教师评价，制定一套应对相似工作任务的方法。

（一）学习成果反思

在新型工作手册式教材中，"学习成果反思"这一环节必不可少，它能帮助学生更加明确在完成工作任务过程中的收获和不足。

在这一环节，教师应要求学生对整个工作过程进行回顾，将获得的学习成果与他们的初始期望值进行比较，使学生清楚他们获得了什么技能，在完成该项工作任务的过程中有什么不足、如何改进，以及个人工作感悟等。学习成果反思可以采取现场小组汇报和书面总结的形式。以书面总结为例，主要让学生反思以下三个问题，新型工作手册式教材编写人员在设计这一环节时可参考如下。

（1）与自己的初始目标对照，你学到什么技能？有什么不足，以后如何有针对性地提高 xxx 的技巧？

（2）下一次怎么开展，有什么好建议？

（3）个人在工作内容、责任、职业活动、困难时的决策、时间要求、工作过程等方面有什么收获、感悟？

（二）学习成果评价

在对学习结果进行反思后，教师需要组织学生对学习成果进行评价，主要包括自我评价和任课教师评价。自我评价主要是让学生自我分析、评价在完成任务过程中的成功和不足之处，进一步深化认识，加深对专业知识的理解；任课教师评价主要指教师对学生完成任务的点评，例如所要求的知识点理解掌握了没有、还有哪些没有掌握、有哪些可以再提升，等等。

因此，新型工作手册式教材的编写人员还要进行任课教师评价表和学生自评表的设计，具体设计如表4－13、表4－14所示。

表 4 – 13　自我评价

	职业能力评价	标准分	评分	主要问题
自我评价	与客户沟通	15		
	信息收集	10		
	查阅资料，自学	10		
	相关信息了解	8		
	信息确认	10		
	计划可实施性	15		
	团队合作	10		
	讲演与答辩	7		
	按时完成任务	15		
	合计评分	100		
个人表现加分及理由：				

表 4 – 14　任课教师评价

	职业能力评价	标准分	评分	主要问题
任课教师评价	与客户沟通	15		
	信息收集	10		
	查阅资料，自学	10		
	相关信息了解	8		
	信息确认	10		
	计划可实施性	15		
	团队合作	10		
	讲演与答辩	7		
	按时完成任务	15		
	合计评分	100		
对学生的综合评价与评分：				

六　综合性作业

从职业教育的课程内容上看，职业教育主要是使学生掌握过程性知识，而不是陈述性知识。陈述性知识是指语言信息方面的知识，主要阐述的是"是什么"和"为什么"的问题，是可以量化、编码的，是可以写成具体的可以观看的文字，可以用语言说明的知识。而过程性知识是指怎么做和怎样做得更好的知识。① 过程性知识又包含两种类型：一类被称为程序性知识，是指做什么、如何做的知识，是实践性的知识，包括辨别、概念、解决问题；另一类被称为策略性知识，是指如何学习、如何更好地学和更好地做的知识，让学生学会学习、学会创造。通过经验知识和陈述性知识的学习、训练和相互促进，促进策略性知识的学习，使学生学习能力、方法能力、创新能力得以提升，三种知识之间相互关联、转化升级。最终实现作业训练与学习成果相结合。课程作业的形式分为理论作业、实训作业、以学生自主学习为目的的课外作业以及综合性作业。

（一）以能力本位教育理论为导向：理论作业

能力本位教育理论（CBE 理论），重视学生职业能力的发展。能力本位教育理论认为学生获得的能力尤其是职业能力不是通过教师课堂教学进行讲授获得的，而是学生自己在学习过程中积极主动加工知识，发挥自己在学习过程中的主动性和能动性，从而培养自身能力的过程，通过这个过程开发一系列行之有效的教育和教学方法。②

每节课程结束后，应针对本节课程内容设计 4 ~ 9 个题，包含课程教学焦点和相关知识点、技能点，分为 2 ~ 3 个难度等级，满足不同学生的需求。题型为：选择题、填空题、判断题、简答题，必要时，可设计综合分

① 姜大源：《论高职教育工作过程系统化课程开发》，《徐州建筑职业技术学院学报》2010年第 1 期，第 5 ~ 10 页。

② 胡连奎：《运用 CBE 理论和方法解决我国高等职业教育面临的问题》，《北京青年政治学院学报》2001 年第 3 期，第 42 ~ 47 页。

析题。采用激励方式，实行阶梯式升级考核体系，自动评分，鼓励、促进学生越学越感兴趣。课堂教学平台应具备自动评分、激励、晋级功能，做错提示禁止继续做题，直到全会放行。

此类作业内容首先是陈述性知识的理解训练，帮助学生了解所学内容的基础性概念，并进行相应的理解训练，不是机械性的简单知识点的重复；其次是程序性知识的理解训练，设计的形式多样化，富有弹性，最终使得学习者在自主学习的过程中获得丰富的经验。

（二）以行动学习法理论为导向：实训作业

行动学习法理论，强调在实践行动中进行学习，是有一个预设的目标和相互合作学习的团体，根据团体设定的目标，成员分配任务，解决现实生活中存在的实际问题，是螺旋递进式的解决问题的形式，最终目的是完成预设目标，使团体成员共同进步。实训作业的主要目的是训练学生将灵活运用的能力转变成实际应用的能力，这种实训作业要求学生在解决实际问题时综合运用多种能力。

内容的设计应该呈阶梯形，由易到难，针对学生的不同能力进行设计，简单的作业内容围绕学生所学课本例题进行设计，多以分析、论述题为主，目的是方便学生进行模仿操作，难度较大的作业要求紧跟时事，贴近学生生活，让学生在操作的过程中切实地解决一些问题，多以社会性实践作业、课题、单元形式呈现，最终使学生的实践能力得到提高。

该类课程作业要求教师提供适合学生进行操作实践的问题，分小组进行，并给予及时的帮助。

（三）以人本主义教育理论为导向：以学生自主学习为目的的课外作业

人本主义教育理论强调教育应该是以促进人的全面发展为目标，以学生为中心，让学生成为自我完善发展的人。因此，这类作业设计的主要目的是培养学生自主学生的能力，掌握相应的策略性知识，进而使每位学生都能得到相应的发展，避免学生之间出现两极化。

内容设计来源于行业企业、社会需求等方面的真实课题。开始先设计得简单一些，逐步加大课题难度和应用知识宽度、深度。每门课程安排 8 ~ 12 个创新课堂分阶段进行学习训练。创新型课题通常没有标准答案和解决方案，只有最佳方案。可采取研讨、试验方式或以教师为主进行测评，要注意发现创新点。每个创新课题要写出一份学术报告或论文，培养学术规范和方法。

该类课程作业注重陈述性知识、程序性知识和策略性知识的综合学习，目的是让学生拥有自主学习的能力，同时，因为此类作业强调学生自主学习，因此要求作业能够得到老师及时有效的反馈。

（四）以建构主义学习理论为导向：综合性作业

建构主义的学生观认为学生不是空着脑袋走进教室的，在学习之前，已经形成丰富的知识经验。强调学生的学习是在特定情境下，在教师或同伴的帮助下，主动建构自己的知识经验的过程。因此，此类课程作业强调学生自身的积极主动性，课程作业的内容不再要求老师来进行设计，而是学生根据自己真实的工作岗位出现的问题进行操作，最终形成一套自己知识体系和解决问题的策略。

设计 2 ~ 4 个较为复杂的应用计算、综合分析类作业题，每个题目通常用 10 ~ 15 分钟完成。或者开展实训、实验、实践操作训练。每个题中涵盖两个以上知识点、技能点，包括对应的课程中所有教学焦点和课程以外的一般性相关的知识点、技能点。完成单元学习总结，针对问题提出改进措施；课中未完成的创新课堂可在课后继续完成。原则上分团队进行作业批改，使学生综合素质得到提高。

该类作业不是由老师进行设计的，教师的工作任务是能够及时发现学生出现的问题，并给予合理的帮助，而该类作业是由学生实践的工作岗位决定的，问题的形式也是多样化的，最终呈现的结果也是螺旋式的发展过程，是出现问题、解决问题、总结经验、再发现问题，不断循环往复，不断丰富学生的知识经验，在胜任自己工作岗位的同时，形成针对该工作的知识体系以及经验见解。学生在完成这类作业的时候，是新旧知识的扩充与改组，不是机械化地模仿他人的工作过程。

以上四种课程作业的设计，总的目的是使学生通过完成这些课程作业，实现相应能力的变化，满足社会和劳动力市场的要求，实现自己从学生到职业人身份的转变。

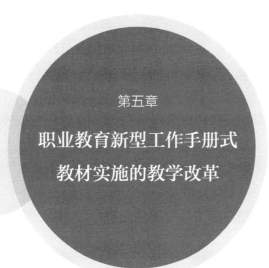

第五章

职业教育新型工作手册式
教材实施的教学改革

新型工作手册式教材满足了职业教育转型升级的需要，具备多种功能和用途，能够有效促进学生自学能力的提升以及满足技术技能训练的需要，是职业教育领域的一次重大改革和重要突破，有利于提高职业教育教学质量和水平，是实现职业教育现代化的必要条件。

教师使用新型工作手册式教材开展教学活动还涉及教学方法、教学组织以及教学模式等多个方面。新型工作手册式教材作为主要的教学内容，它不是单独存在的，与其他教学要素存在密切的联系，每个要素都在教学中扮演着非常重要的角色。新型工作手册式教材作为教材的一次重大创新，它的实施必须要在教学理念、教学方法、教学组织形式等方面做出变革，这样才能有效发挥它的新功能和新内涵，实现学生综合职业能力的发展。同时，新型工作手册式教材实施与教学改革也是相互影响、相辅相成的。对教学的其他方面进行改革，能够使教师更好地使用新型工作手册式教材，使新型工作手册式教材不断完善；在教学中使用新型工作手册式教材会发现教学中的其他不足，弥补发现的不足又会推动学校教学的进一步发展。

因此，新型工作手册式教材已经使得传统教材得到完善，具备了新功能和新内涵，它的实施使得配套的教学改革必不可少。教学改革是一个复杂的过程，存在种种问题，需要在教学观念、教学方法、教学组织以及教学评价等多方面做出改变，只有这样才能够实现教学目标，培养出具备综合职业能力的技术技能人才。

第一节　职业院校教师教学观念变革

新型工作手册式教材的实施对教学方法、教学组织以及教学评价等提出了新的要求，面对这些变化，必须进行教学改革。教学改革能否取得好的效果，取决于教师是否对职业教育的教学理念有深刻的认识，是否具备适合教学实施的新观念，是否能把观念以及目标转化为教师最终的教学行为，毕竟教师是影响教学质量的一个关键变量。

教师的教学观念是在教学过程中形成的关于教学的理性认识，教育观念始终伴随着教学活动，在教师界定行为、组织知识和信息的过程中扮演着关键性角色，并渗透到教学活动的各个方面。在正确教学观念的指引下，教师在课堂中能够发挥自己的积极作用，提高信息感知和加工能力。同时，正确的教学观念能够驱动教师的教学行为，促进教师的专业发展，帮助教师更好地投身于教学实践，并在实践中扩充自己的专业知识，改善自己的知识结构。因此，教学改革是实施新型工作手册式教材必不可少的，而教学改革中的第一步就是对教师的教学观念进行适时改革和创新。

一　教师由"传授者"变为"引导者"

教师对自身角色定位的理解影响着整个教学活动，在传统的教与学的活动中，教师往往负责对学生传授知识，他们是活动的发起人和维持者，在这种情况下，教师对自身的角色定位的认识是单一的。现实情况也是，在教与学的活动中，教师始终占据着中心位置，是教学主体，掌握教学的话语权，具有权威性；而学生则处于从属地位，被动地倾听老师的讲授，动口、动脑、动手的机会甚少。对于传授学科体系的知识来说，这当然有一定的道理，但对于使用新型工作手册式教材来说，教学知识更加突出实用性以及实践性，突出以职业能力为本位，以应用为目的。很显然，这种单向控制型的师生关系就成了新型工作手册式教材实施的挑战。

伴随着新型工作手册式教材的实施，教师需要更新观念，这是职业院校教师实施新型工作手册式教材的前提条件，也是学生获得未来工作所需要的综合职业能力的保障。教师要明确课堂教学不是一场"独角戏"，教师并不是其中的"主角"。在学习活动中，教师的教学目的不是想着控制学生，而是努力提高他们的积极性。教师作为教学活动中出色的学习引导者，应引导和协调学生的各种学习活动，使每一位学生都能有效地参与学习。

在新型工作手册式教材实施的教学活动中，学生才是真正的主体，作为引导者的教师要做的就是帮助学生更好地学习。教师要对学生进行全方位的指导，实施多方面的管理，给学习者提供全面细致的咨询服务。提高学生的学习动机和学习兴趣，引导学生合作完成学习任务，亲自参与学习活动，使学生能够获得综合职业能力与素质，在发展专业能力的同时也能够促进其关键能力的发展。

二　教材由"工具"变为"中心"

教材是教师教学活动的重要依据，教师与教材密不可分，教材通过教师的使用实现价值。在教学过程中，教师决定如何使用教材进行讲课，并且思考怎样能更好地发挥教材的作用，传授学生知识。教师的教材使用能力是影响教师教学活动的重要因素，关系到整个教学效果，关系到教学的成败。

在传统教学中，教师极有可能成为教材的附庸，教师对教材使用在很大程度上是对教材内容的复刻，把教材提供的现成知识"告知"或"灌输"给学生，"使学生掌握或复述指定教材"，可能导致的是"教教材""照本宣科""填鸭式教学"等一系列问题，而这些问题普遍存在于目前的职业院校课堂教学中。[①] 与此同时，在教学中许多教师只是对学生灌输知识，教师在这样的角色定位下，开展教学活动多围绕着教材，教师的教学就变成了教教材的知识，教材成了知识的化身，教师慢慢地习惯教材，依赖教材，自身的思想就被禁锢了，长此以往，教师在教学中对学生的帮助就会大大减弱。

新型工作手册式教材具备了许多新特征和新内涵，教材内容源于企业，且以学生为中心进行系统策划和语言表述，同时还包括了职业道德、

---

① 付雪凌：《论职业教育教师教材使用能力》，《职教论坛》2020 年第 4 期，第 38～42 页。

职业素养、课程思政等内容，具备以德树人的教育功能，是职业教育教材的一次重要变革。因此，新型工作手册式教材实施，需要教师对教材观念做出改变，教材只是教师的教学辅助物，不能代替教师对知识的思考，更不能让教材代替自己而忽略对教学的思考。教师必须在课堂教学中发挥主观能动性，成为课堂的组织者和思考者；同时，教师也要成为教材的编订者，利用自己积累的丰富知识，努力钻研教材，使教材更好地促进自己的教学，为学生提供灵动的教学，使学生获得更好的发展。

同时，教师还要提高对教材的使用能力，如能够正确地理解教材、能够灵活变通优化教材等。而且教师对教材的使用能够在领会课程和教材设计意图的基础上，深刻理解教材中的理论知识、实践知识和经验知识的内涵与关系，借助精心设计的教学活动使学生掌握知识，习得技能，使教材与学生、教学情境互适①。更重要的是，教师也要坚持立德树人这一核心理念，明确立德树人这一根本任务，对学生进行道德教育。无论是理论课还是技术课都要融入课程思政的元素，培育学生的工匠意识、合作意识、劳动意识等道德品质。

三　新型工作手册式教材实施以学生自主学习能力为前提

无论是国家出台的各种职业教育政策法规，还是职业院校的各种改革，最终的目标都是更好地促进学生的发展。学生是一种独立的个性化的存在，是具有生命独特性的人，在学校教学活动中的地位非常重要。在学习情境中，学生的学习状态取决于教师的教学理念与教学设计，这决定着学生主动性的发挥、学习态度、知识的掌握等。

在传统的教师教学观念中，学生在统一的课标、课程、教材、时间、进度等方面的严格制约下，进行着统一的学习活动。学生被看作是一个被动的知识接受者，是一个容器。教师在教与学的活动中一直处于主体地位，而学生一直是接受教育的对象。教师在教学中只要按照统一的标准讲

---

① 付雪凌：《论职业教育教师教材使用能力》，《职教论坛》2020 年第 4 期，第 38～42 页。

授，学生按部就班地接受知识，就能达成既定的教学目标。教师教学成了一个标准化的教学过程，学生就成了标准化教学的产物。

新型工作手册式教材，与传统教材有非常大的不同，它是按照以学生为中心、学习成果为导向、促进学生自主学习的思路进行教材开发设计的。在教学内容选择方面，是源于职业典型工作任务，除了具备一般教材具有的知识传授外，更突出了思想品德教育、职业引导以及创新创业教育；新型工作手册式教材坚持了以职业能力为本位，以应用为目的，非常符合学生的认知规律和技能养成规律。它能帮助学生了解未来工作，学习如何完成专业中重要的典型工作任务，促进学生综合职业能力发展，并为学生的职业成长提供帮助，奠定坚实的职业生涯基础。

想要让新型工作手册式教材在教学中发挥这些功效，就需要以学生自主学习为前提，更加注重学生的自主学习能力和团结协作能力，使他们养成理论与实践紧密结合的习惯。在新型工作手册式教材的引导下，学生要能够设想出最终工作成果并进行自我控制的独立学习或者小组合作学习，能够制订可行的学习计划与工作计划，合理安排学习与工作时间，分工协作、互相帮助，广泛开展交流，按时、保质、保量地完成任务。

四　教学过程中注重成果导向

新型工作手册式教材是以学习成果为导向设计的教材，并以学生为中心进行系统策划和语言表述，充分体现了成果导向的教学理念。因此，教师在使用新型工作手册式教材进行教学活动时，要能够更注重对学生行为结果的测量，注重学生学完之后能真正做什么，而不是学了什么。教师不再关注学生获得的考试分数，而是学生在接受完一段时间的教育体验之后，能达到的心灵与技能上的新高度，强调教育的结果，重视毕业生能力的达成，以及综合素质等的塑造与培养。

很显然，教师若具备成果导向的教学理念，更有利于新型工作手册式教材的实施，更有利于教学目标的实现。因此，在新型工作手册式教材实施的教学改革中，教师对教学的观念必须变革，在教学的各个要素中都要体现成果导向的教育理念，从理论与实践两个层面指导教学实践活动，使整个教学系统成为完整相协调的整体。成果导向的教学理念主要有以下三个概念，教师要在教学活动中贯彻好它们。

（一）以学生为中心

在整个教学的全过程，不论是最初的确定教学目标、教学方法，还是教学实施的全过程都要把握好以学生为中心的理念。在以学生为中心的理念下，教师教学有了更高的要求，他们要善于教学，教学任务不再是控制学生，而是想方设法地提高他们学习的积极性。他们要作为学生学习的引导者与组织者，指引学生参加学习，兼顾他们学习的差异，注重他们能力的培养。尤其是在新型工作手册式教材实施的教学活动中，学生才是学习的中心，作为引导者的教师要做的就是帮助学生更好地学习，引导学生合作学习，完成布置的学习任务，使他们能够获得综合职业能力。

（二）注重学生成果产出

注重学生成果产出，就是教师在教学活动中，不论是最初的教学设计还是教学实施的全过程都要把握好学生取得的学习效果，在他们的每个学习阶段都要明确必须达成的能力目标，并且在结束后进行评价，检验是否达成目标。教师将学生的能力作为培养目标，进行教学时，根据教学目标，循序渐进地反向进行教学设计，而具体教学实施则是按照正常的环节进行，教学要始终围绕学生的学习效果开展。新型工作手册式教材使用的目标是培养具有综合职业能力的技能人才，是具有实际操作能力的人，这需要更加注重他们学习目标的达成以及课程结束后对技能的掌握；教师在教学中必须重视学生成果产出，确保他们学习的目标与学习效果的一致性。

（三）持续改进教学

持续改进教学就是在教学中，教师要善于评价，利用评价结果发现教学中遇到的新问题，并及时改进教学。在传统的教学中，职业院校教学不重视评价，发挥的教学评价功能也主要是鉴别，其他功能常常被忽略。但使用新型工作手册式教材一定少不了教学评价的支持。除了对学生是否达成学习目标的结果进行评价外，对他们学习的过程也要全面评价。同时，学生在某一阶段学习结束后进行评价总结时，教师能够及时利用上一阶段的评价信息，作为下个阶段的教学补充。这样就能使得教学向着良性循环的路径发展下去，进而能够帮助学生，促进他们不断进步。

第二节　教学管理层观念变革

学校管理工作是学校的核心环节，管理工作涉及多个方面，不仅包括教学工作的安排，还包括行政工作的日常管理，是学院开展教学和行政工作的根本保障。更重要的是，新型工作手册式教材的实施离不开教学管理层的支持，需要教学管理层为其营造良好的教学环境，制定完善健全的制度，提供满足教学活动的各种教学资源。同样新型工作手册式教材实施的教学改革的多个方面也离不开管理层的支持，由教学管理层主导开展，由教学管理层牵头完成。

教学管理层在新型工作手册式教材实施以及教学改革中都发挥着重要角色，教学管理层的看法尤为重要，决定着新型工作手册式教材能否发挥功效，教学改革能否取得成功。因此，新型工作手册式教材的实施需要教学管理层摒弃陈旧的观念，提高对新型工作手册式教材的重视程度，提高对新型工作手册式教材实施的教学改革的重视程度，为新型工作手册式教材的实施提供支持。

一　提高对新型工作手册式教材的重视程度

学校的教学管理层要提高对新型工作手册式教材的重视程度，把新型工作手册式教材的使用放到工作日常中来。我们都知道教材是职业教育的关键，《国家职业教育改革实施方案》明确提出了"三教"（教师、教材、教法）改革的任务，显示出国家对职业教育非常重视，对教学中的教师、教材和教法非常重视。

在"三教"改革中，教材是基础，解决的是教什么的问题。随着国家对职业教育的重视以及其无法替代的作用，关于职业教育使用的教材开发具有更为重要的意义，职业教育新型工作手册式教材的使用影响着职业教育转型升级以及专业型人才培养质量要求。面对这些状况，迫切需要对教学进行变革，满足学生学习需要以及教师教学需要。新型工作手册式教材就是教材改革的最新成果，它的内容来源于真实的工作岗位，以"企业岗位认知要求、职业标准、工作过程或产品"为主要内容，在关注"量"的同时，也更关注"质"的提升；同时，新型工作手册式教材编写模式和组织方式均遵循成果导向，以学生综合能力的提升为功能关注点，并根据学习应达到的结果进行合理设计，使其满足学生的发展要求，达到以行动为导向、以学习成果为导向、可实践性强的目的，能较好地满足学生学习和教师教学的要求。

因此，职业院校的教学管理层，更要明白教材改革对职业教育的重要性，新型工作手册式教材的编写以及实施对教学的重要性、对实现教学目标使学生具有综合职业能力的重要性。只有学校的管理层对新型工作手册式教材有清晰的认识，认同新型工作手册式教材实施对职业院校人才培养的重要性，才能够在日常的教学管理中，处处为新型工作手册式教材实施着想，为其实施提供便利条件。

二 提高对教学改革的重视程度

新型工作手册式教材对职业院校人才培养的重要性无须过多赘述。想要发挥它的重要性，实现人才培养目标，不是无条件的。新型工作手册式教材只是教师开展教学活动的一部分，在实现高技术技能人才的培养过程中，还需要使用正确的教学方法、合适的教学组织形式、有效的教学媒体等。新型工作手册式教材在教学活动中与其他教学要素密切联系、相辅相成，共同完成教学活动，实现人才的培养目标。

在教学中，教师如果还是使用传统的教学方法、教学模式、教学组织等，那么即使使用最先进、最符合人才培养要求的新型工作手册式教材，教师的教学目标也不能够达成。所以，必须在教学观念、教学方法、教学组织以及教学评价等多方面做出改变。比如，在教学方法方面，使用最符合要求的行动导向教学；在教学组织形式上也进行适时的调整，改变传统课堂教学的组织形式；在教学模式上，必须使用教、学、做一体化的教学模式以及线上和线下相结合的教学模式。

在教学活动中要使用新型工作手册式教材开展教学活动，并同时进行教学改革，这样教学目标才能够达成。基于新型工作手册式教材实施的教学改革的重要性应该引起学校管理层的重视。教学改革本身就是一个复杂的发展过程，存在种种问题，不是单一的学校教师就能够解决的。没有教学管理层的支持，教学改革的各个方面就无从落实，教学改革只是空想，成为空中楼阁。

为了职业教育新型工作手册式教材实施的教学改革顺利进行，整个学校从管理层到教师、学生需要团结一心，从上到下，为教学改革努力。尤其是教学管理层扮演着重要角色，发挥着主导作用，教学改革的许多方面需要教学管理层牵头完成。同时，教学管理层在教学改革的过程中，要做好顶层设计，带领整个学校为实现教学改革而努力，需要从制度、资源、组织、监督等方面为教学改革提供各种支持和保障。

（一）校领导发挥教学改革的指挥作用

职业院校的校领导团队首先要更新观念，先进的理念是教学改革的保障，只有对新型工作手册式教材实施的教学改革有正确的认知，具备先进的理念，才能够指导改革行动，确保改革取得效果。其次，学校领导作为职业院校教学改革的主要负责人，要起到带头作用，在教学改革的各个方面提供强有力的支持，包括人、财、物等方面。为了使教学改革取得成功，学校必须成立相关的部门，选出教学改革的负责人。其中，负责教学改革的相关部门小组成员应该由不同类型的人员构成，包括学校教师、企业技能大师、行业相关专家等，这样才能够充分听取不同的建议，确保改革取得成功。最后，也要制定相关的规章制度，明确不同人员的任务，制定和实施好教学改革的相关规划。

（二）建立相应的教学改革工作制度

职业教育新型工作手册式教材实施的教学改革一定要建立相应的管理制度，让参与教学改革的所有成员能够按照规定的章程进行活动。建立教学改革的工作制度能够使教学改革任务规范运行，顺利完成。首先，在进行改革前要出台合理有效的改革行动方案，在改革行动方案中明确学校教学改革的具体内容，为教学改革提供总的指导。其次，逐步建立和完善教改管理体制；改革行动方案中一定要细分、明确所有人的职责，使大家都能够参与到改革中，但不影响学校正常的教学任务；要明确学生的任务，进一步明确学生应遵守的纪律等，以保证教学改革的顺利进行。最后，除了制定相应管理制度外，还要制定参与教学改革的奖励制度，对参与教学改革并做出重大成果的工作人员进行奖励。教学改革能否顺利进行并取得一定的成果，需要师生共同努力，共同发挥作用。因此，制定教师参与教学改革的奖励制度，能够使教师把职业院校的教学改革作为重要工作。

（三）提供充足的财力资源支持

职业教育的特殊性使得职业院校教学改革需要资金支持，若缺乏充足的资金支持，教学改革就会举步维艰。学校在教学改革过程中出现的种种问题，很大一部分原因是与经费相对匮乏有关。职业教育新型工作手册式教材实施教学改革必须依靠财政支持，随着社会经济的不断发展，职业院校的许多设施设备也要不断更新换代，同时，随着互联网在职业院校的使用，职业院校引进相关产品更加需要资金支持。而现实情况是，职业院校资金投入不足，这成为教学改革难以取得成功的一个重要阻碍。只有拥有雄厚的资金，改革才能走得更远，这就需要职业院校设立专项经费，寻求政府的大力支持，积极与企业开展交流合作，提升教学改革效果。

（四）建立强有力的组织机构

职业院校开展教改工作，必须建立健全强有力的组织机构，充分发挥组织的作用。与此同时，教学改革也需要多方共同努力，在校长的领导下，成立由学校各部门负责人、企业技术人员和实践专家等组成的教学改革领导小组，共同参与教学改革工作。同时，动员党、政府以及学校各方面的力量，将它们有效地结合在一起，形成推进职业教育教学改革的重要力量，要听取不同人员的建议，充分发扬民主，集思广益，为教学改革提供组织保障。在日常的工作中，要不定期地开展讨论会，听取改革的工作汇报，分析讨论改革中出现的问题，提出的相应的解决措施。提出新的教学改革意见时，必须经过大家反复讨论和研究才能够采取，推进教学改革有序进行。

（五）健全监督反馈机制

学校的教学改革行动方案在学校实施一定需要相关的组织以及相应的制度对其监督，确保其顺利进行。如果缺乏完善的机构或没有制定相应的规章制度，在这种改革环境中，就容易产生消极情绪，教学改革肯定会出现问题。因此，想要改革有效果，监督机构以及相应制度必不可少。首先就是设立监督组织，对其实施进行调控和检查。其次要不断增强师生的监督意识，只有确保师生都有这样的素质和意识，才能够为改革监督创造优良的制度环境，调动他们参与改革的积极性。[①]

第三节 教学实施过程改革

倡导使用新型工作手册式教材满足了职业教育转型升级对教材的新要求，彻底解决了目前教材存在的主要问题。新型工作手册式教材具备了新功能和新内涵，能够有效沟通学校教学与企业工作，突出了职业教育教材的类型特征。

[①] 王倩：《中等职业学校教学模式改革保障机制研究》，西南大学硕士学位论文，2014，第50~56页。

新型工作手册式教材具备的新功能和新内涵更能够吸引学生，激发学生的创新能力，提高职业教育的质量和水平。但是，想要实现这些目标，仅仅只有新型工作手册式教材是不够的，更为重要的是对新型工作手册式教材的使用。对新型工作手册式教材使用的教学过程是复杂的，要能够使用正确的教学方法、教学组织形式以及教学模式等，这样才能形成有效的教学过程，在学生完成学习的过程中使学生具备综合的职业能力。

一 基于行动导向的教学方法

新型工作手册式教材是根据最新指导思想编写的，但作为教材也只是教师开展教学的一部分。而事实上整个教学过程是非常复杂的，涉及许多方面。在教学活动中，教师采用什么样的教学方法，学生就使用什么样的学法，学生受教师教法的影响，进而影响学生学习知识的速度和质量效果。因此，要完成一定的教学任务，达成教学目标，就要有相应的教学方法。离开了教学方法，教学任务就无法完成，学习者也无法掌握知识技能、养成良好的思想品德，最终使得教学目标无法实现。开展教学活动，应综合考虑教学过程各要素及其相互关系，要采用适合的教学方法，使教学方法与新型工作手册式教材相匹配，并与其他各要素匹配。

在传统的教学中，学生学习是以老师为主导者，老师通过讲授课本的知识让学生学习。这就导致了不管面对什么样的教学内容，什么样的学习者，以及学习者在学习不同教学内容时的知识基础和技能水平如何，大多数教师还是采取课堂讲授的方式。在实际学习过程中，教师讲，学生听，这样讲课十分枯燥乏味，缺乏活力，学生学习没有积极性。其结果就是在教学活动中，教师一直处于中心位置，是教学主体，掌握话语权；而学生则处于从属地位，被动地倾听老师的讲授，他们就是一步一步地完成学习。对于传授学科体系的知识来说，这当然有一定的道理，但在职业教育中，使用新型工作手册式教材，教学知识更加突出实用性以及实践性，学生的实践技能十分重要，学生学习了大量的理论知识，需要通过实践课，把书本知识转换为解决问题的技术和技能。

很显然，传统的教学方法不适合新型工作手册式教材的实施，也不适合职业教育的人才培养，存在很多问题。职业教育培养的具有综合职业能力的学生不是靠教师讲出来的。因此，要想使用好新型工作手册式教材，在教学中充分发挥学生的主体地位以及教师主导作用，通过问题的引导，促进学生进行主动的思考和学习，最值得倡导的就是行动导向教学法。整个教学过程要按照"咨讯—计划—决策—实施—检查—评估"这个完整的行动方式来进行教学；具体的教学方法包括项目教学法、角色扮演法以及小组合作法等。

（一）行动导向教学法的概念

德国的职业教育领域最先产生了行动导向教学，并且在其实行的"双元制"实践教学中得到印证，并获得了广泛的认同，逐渐形成了富有特色的"行动导向"教育思想和教学方法。行动导向教学法不是单独某一项具体的教学方法，而是各种教学方法的综合体，是一个教学方法体系。[①] 行动导向教学法强调以人为本，注重对学生综合职业能力的培养，认为学习是一个自己控制的过程，其目的是实现学生的关键能力。同时，行动导向教学法改变传统教学方法对学生的知识灌输形式，使学生从被动学习变为主动学习。

（二）行动导向教学法的特点

1. 学生自主活动

在学习中，需要以自主学习为前提，更加注重学生的主动学习和团结协作能力，使他们养成理论与实践紧密结合的习惯。在新型工作手册式教材的引导下，教师要创设情境，学生带着教师发布的任务，制订可行的学习计划与工作计划，合理安排学习与工作时间，分工协作、互相帮助，广泛开展交流，按时、保质、保量地完成任务。教师只是作为咨询者和引导

---

① 孙天彦：《基于行动导向教学法的中职学校电工技能与实训课程教学案例设计》，长春师范大学硕士学位论文，2020，第9页。

人辅助学生，主要通过活动引导学生进行自主学习，把书本知识与教学实践活动相结合。

2. 培养学生综合能力

在整个行动导向教学过程中，学生的一切学习活动都是以提高能力为目标，强调能力型人才的培养。行动导向教学法，本身就是一种实践的模拟，除了对教学结果重视外，对过程也十分重视。在教学活动过程中，利用行动导向过程培养学生具有方法能力、行动能力和社会能力等综合职业能力。行动导向教学是学校的教学实际和企业的生产实际以及学生个人发展前景的实际需求的有机结合，这是一个动态的过程，并非只是满足企业和社会当前对技术、人才阶段性和暂时性的需求，而是重在对学生终生学习能力和职业生涯的可持续发展能力的培养。行动导向教学法的教学过程融合学生所需要的方法能力、行动能力以及社会能力等综合职业能力，使其成为一个整体。

3. 利用学习领域课程

传统教学是按照学科体系，让学生学习很多门相互独立、自成体系的课程，这样的学习重记忆，学生负担重，学生学习的知识容易遗忘；学生接受这样的教学，无法掌握实践技能，缺乏实践能力。这显然与职业教育要求的具备综合职业能力的人才培养目标不相符。而学习领域的课程是按照实际工作行动的过程编排的。在教学过程中，教师创设情境，以活动为导向，按学习领域的教学要求开展学习活动，学生在学习中就能更快地把知识内化为能力。

4. 实施探究型教学

研究性的教育过程意味着在整个学习过程中，学生要主动地进行学习，全神贯注地投入，在老师的指导下，自主或小组合作，发现并解决问题，以获得知识和提高能力，同时掌握科学的研究方法。尤其是，职业教育区别于普通教育，它更加注重学生综合职业能力的培养，这就需要动手操作。在实际的学习过程中，学生学习需要教师为其创设情境，他们根据方案，带着教师发布的任务，制订可行的学习计划与工作计划，动手解决问题，学生在探索解决问题的过程中，充分体现了研究性。[①]

表5－1　行动导向学习的层次

学习层次	内　涵
实验导向性学习	主要过程为制定实验计划、进行实验和检验评价结果，目的是解决实际技术问题，适合实现较为单一而明确的学习目标
问题导向性学习	主要过程为厘清问题实质、确定结构、解决问题和实际应用结果，目的是培养技术思维能力，典型的如头脑风暴法、思维导图法（mind - map）和优劣势分析法（SWOT）等
项目导向性学习	按照完整的行动模式，全面培养技术、社会、经济和政治等方面的能力，促进创新精神的发展，典型的如项目教学法和引导课文教学法（德文 Leittext）等

二　以小组活动为主的教学组织形式

职业院校的教师使用新型工作手册式教材进行教学，必然会面临教学组织形式的问题，思考师生如何结合、如何相互影响、如何有效地控制和利用时空条件。它对教师开展教学有重要影响，是教学活动的纽带，在一定程度上也制约着教学方法以及教学模式能否发挥最佳功效。对于教学，教学组织的重要性就体现在，它是灵活的，需要教师能够根据不同的学习对象、学习内容以及学习环境等，采取恰当有效的组织形式。只有这样，师生才能够完成既定的目标，从而更好地完成学习任务，获得好的学习效果。同时，职业教育更强调同学们学习的主动性，这就要求改变传统的组织形式，根据学生的不同要求，让他们灵活地选择自主或小组学习，从而实现个性化学习。

而在传统的教学中，无论教授什么知识，都采取以班级讲授为主的组织形式，虽然这样能够使教学计划有组织地进行，发挥教师的主导作用，

[①]　徐书芝：《基于行动导向教学的中职学校教学改革研究》，河北师范大学硕士学位论文，2012，第9页。

但是班级讲授也存在许多不足，在实际教学过程中，教师始终处于中心位置，使用相同的教材，在相同的时间内教授相同的知识，学生处于从属地位，被动地倾听老师的讲授，对于传授学科体系的知识来说，这当然有一定的道理，但对于使用新型工作手册式教材来说，则很难让学生掌握解决实际问题的知识和技能。同时，使用新型工作手册式教材的教学活动需要采用行动导向性教学，学习过程包括学习准备、计划与实施和评价反馈。面对教学方式的新变化，要想发挥它的功效，就要选用合适的组织形式。学生在教师的指导下，制订合适的学习计划与工作计划，合理地安排学习与工作时间，分工协作、互相帮助，广泛开展交流，确保在规定时间内按照要求完成任务，在这一过程中，学生逐步掌握工作所需要的技术，提高自身的综合职业能力。[①]

小组活动很好地解决了新型工作手册式教材使用中的教学组织形式。美国心理学家林格伦认为："学习是学生与教师以及学生与学生的共同活动，学习活动的目的不仅是学会知识与技能，而且也是形成交往合作的关系。"小组合作学习的教学模式改变了单一的"老师讲学生听"的形式，师生间的互动呈现多向化和多元化。在小组合作性科学教学中，教师在布置完任务后，通常穿梭于各小组之间，进行旁听（观）、指导、帮助或纠正，这样的学习气氛显得轻松、活泼而又团结互助，有利于学生顺利完成学习任务，有利于师生间的有效沟通，有利于学生间的彼此了解，有利于学生相互帮助、相互支持、相互鼓励，从而促使他们亲密融洽的人际关系的建立，进而培养合作能力和团队精神。

小组合作学习能为学生提供一个较为轻松、自主的学习环境，提高学生创造思维的能力。合作性的课堂教学中，师生、学生和学生之间的交互活动是多边进行的，学生有更多的机会发表自己的看法，并且学生能充分利用自己的创造性思维，形成相同问题的不同答案，学生的学习环境更为宽松，自主发挥的空间更为广阔；另外，在小组的合作学习中，同伴之间相互帮助，动手实践，探究科学的奥秘，提高学习兴趣，通过满足学生的

---

① 蔡跃：《职业教育活页式教材开发指导手册》，华东师范大学出版社，2020，第67页。

各种内在需要激发他们的参与意识，并能使他们在参与学习的活动中得到愉悦的情感体验。

三　理实一体化的教学模式

新型工作手册式教材是基于工作过程系统化开发的教材，这是与传统教材最大的不同，新型工作手册式教材的实施需要在教学方法和教学组织上做出改变，在教学模式上也同样需要改变。在教学过程中要营造氛围创设情境，采用合适的教学模式在课堂上激发学生学习的兴趣，让学生在真实的学习情境中学习。学生在教师的指导下，制定合适的学习计划与工作计划，合理地安排学习与工作时间，分工协作、互相帮助，广泛开展交流，确保在规定时间内，按照要求完成任务，在这一过程中，学生逐步掌握工作所需要的技术，提高自身的综合职业能力。

但传统的教学模式都是以教师为中心，他们作为教学主体，掌控着整个教学，非常注重学生分数的取得，而忽略学生的学习主动性，缺乏对他们专业技能的重视，也不重视对技术技能的培养，同时，忽视对学生发展所需要的各种能力的培养，如协作能力、沟通交流能力等，严重阻碍学生的发展。这显然与职业院校的人才培养目标相违背，不能满足国家和社会对高技术人才的需求。职业院校按照人才培养目标教学，应该以就业为导向，充分考虑学生主体，着眼于学生职业生涯发展，注重学生职业素养和职业能力的培养。新型工作手册式教材解决了多年来职业教育教学与专业技能人才培养相脱节的问题，解决了现行职业教育教材的众多弊端。教师使用新型工作手册式教材进行教学的教学模式，应该是在实际的工作情境中，立足于实际工作过程，这样有利于提高职业院校教学过程的综合性与实践性，使得职业院校课堂与企业、行业一线工作环节相融合，从而激发职业院校学生的学习兴趣和主动性；在教师教学与工作过程相结合的方式下，学生能够更好地学习，使实践能力获得提高，更快地掌握技能，在步入社会后，迅速地适应工作岗位。

最符合新型工作手册式教材实施的教学模式就是理实一体化教学模

式,它是在职业院校当前对理论与实践教学高度重视的大背景下实施的一种教学模式。将传统的理论与实践教学有机结合,形成了"理实一体化"的教学模式,它的最大优点就是,教师能够根据实际需要,采用合适的教学手段,在真实的工作情境中,立足于实际工作过程,同时进行理论与实践教学。打破了传统教师的"一言堂",形成了以学生为主体的模式。[①] 学生从以往的被动地位转变为确立主体地位,在理实一体化教学模式下,教师能充分地调动起他们学习的积极性,让学生能够在这种学习模式下,通过做中学,使学生学习到技能和吸收知识,获取方法、技术等一些关键能力,学生带着学习兴趣边学边做能够取得良好的学习效果,从而达到理论学习和实践学习的统一,这样既能发展专业能力又可以促进关键能力发展,既能满足企业行业需求又能获得职业发展潜力。[②]

四　充分利用数字资源,形成线上线下混合式教学模式

职业教育转型升级要适应互联网 + 职业教育的发展需要,《国家职业教育改革实施方案》倡导使用新型工作手册式教材并配套开发信息资源。因此,新型工作手册式教材的编写也就有别于传统教材,在教材中加入了数字化资源。

一是将二维码应用在教材中,可以起到对教材内容的扩展和延伸。传统教材呈现的内容太少且不能更新,而采用二维码的形式,学生只要轻轻扫一下,内容就能及时呈现,这样可以方便学生学习。同时还可以和教学平台以及互联网相关联,及时更新教学内容,补充多样的知识点。利用互联网,可以及时更新教材最新视频、图像、动画等,还可以直接下载资源。

二是将微课视频加入教材中,尤其是在信息化技术的帮助下,微课能够有效地将信息技术与课程融合,实现教学创新。制作的微课视频,应符

---

① 李文君:《理实一体化教学模式的教学方法研究与实践》,天津职业技术师范大学硕士学位论文,2020,第 7 页。

② 冯静:《"教学做"一体化教学模式在高职导游专业课程中的应用研究——以 J 职业学院〈模拟导游〉为例》,南昌大学硕士学位论文,2017,第 1 ~ 3 页。

合学生发展水平，时间一般为 8 分钟左右。微课视频的内容，应该突出主题、体现出课程的重点、难点，或者作为教学中的一个重要补充。而且，视频存放在电子设备中，这样不受时空限制，便于学生在学习过程中有自主学习的空间。同时，学生能够更好地适应信息化，具备信息化能力和思维。

2012 年被誉为"中国微课创始人"的胡铁生教授的微课实践引起重视，从此全国中小学以及高校启动了各种形式的微课大赛并且中国微课网站随之正式开通；到 2013 年微课网站已经有了遍地开花的势头，微课成为教育信息化热点和最有前景的教育技术应用形式。但此时职业教育的微课教育还处于起步阶段，2013 年仅有两篇关于中职微课研究的有效文献。随着 2014 年教育界微课发展的井喷之势来临，加上翻转课堂对微课发展的推动效应、中国职业教育微课及 MOOC 联盟的成立，中等职业教育微课研究也开始了加速发展。

"微课""慕课""在线开放课堂"等，是在继承和发扬博客、微博、微信的优点之后，在当前信息化教学技术以及社交媒体的平台基础上，结合理实一体化教法和专业特性衍生出的一种新的教育模式。虽然微课制作理念及技术已被教师们所熟悉，但在微课开发过程中，仍存在开发路线单一、内容选取偏重理论、没有很好地对接企业岗位技能等问题，难以体现职业教育的职业属性。在校企融合共建共享课程资源的背景下，如何让企业导师参与到教学过程中，与学校教师共同选定教学内容，合作进行教学设计和开发制作微课，从而向学生展现真实的工作情景，遵循工作过程导向，是未来微课资源建设需要关注的一个问题。

"双导师"微课教学模式旨在逐渐解决这一问题，让企业导师将平时的工作内容录制成微课，由学校教师结合具体教学实际，利用适当的教学方法展现微课。通过这样的教学模式，学生能够了解到真实的工作情景，企业"导师"能将实践经验和最新技术带入教学，学校教师则能及时地对教学内容进行调整以符合企业、行业的发展要求，实现校企深度合作，体现工作过程导向的人才培养要求。

三是将 AR 技术应用到教材中，职业院校中有许多专业，比如机械加工制造，这类专业有大量图纸、机械运转流程等。这样的教材存在两个问题，一是教材比较过时，展现的图纸等不能及时更新，可能许多已经被淘汰；二是许多纸质的教材，无论是图片还是流程图都比较模糊不清晰。使用 AR 可以及时直观地呈现书本中的图片知识。这样的形式学生更加喜欢，能够给学生带来许多便利。

职业院校招收学生的生源比较复杂，随着高职扩招 100 万人，招收的学生除了普通高中毕业生、中职的注册入学学生外，还有退役军人、农民工等。① 因为学生生源不同，学生知识结构也不同，就需要教师使用互联网注重对学生进行差异化教学。而且，职业院校招收的学生也越来越年轻化，他们从小伴随着互联网长大，在生活与学习上已与互联网密不可分。在课堂教学中，运用互联网思维和技术可以更好地被学生接受，提高他们的学习兴趣。

所以，教师使用新型工作手册式教材，面对不同的生源类型且越来越年轻的教学对象，传统的教学模式已经不再满足课堂教学需要。需要使用线上线下混合的教学模式，让学生成为课堂学习中的主体，提高学习效率。线上教学能够调动学生的积极性，除了统一的线上教学课外，他们可以在任何地点、任何时间，选取想要学习的内容。他们在线上学习中，遇到不明白的知识，可以在线下和教师交流沟通，寻求帮助。所以采用这种模式进行教学，能够弥补线下教学的不足，充分激发学生活力，使学生成为学习主体。同时，进行线上教学，可以利用教学平台，借助互联网的优势，对学生的学习过程、学习结果进行全方面的考察。

五　以学生为中心的教学评价

教师使用新型工作手册式教材开展教学活动，在教学过程中使用与之相匹配的教学方法、教学组织以及教学模式等。而教师的教学活动是否达

---

① 苏运柱：《"互联网+"背景下高职院校会计专业教学改革研究》，《中国乡镇企业会计》2020 年第 5 期，第 239～240 页。

成教学目标，是否促进学生的发展，是否提高他们的综合职业能力，就需要对课堂教学进行评价。教学评价作为教学活动的重要环节之一，对教师的教与学生的学起到诊断、反馈、激励、调节、引导的功能。尤其是，来自教师的评价能使学生根据这些外部指导正确审视自己的学习成果，有助于学生成绩的提高，有助于学校教学质量的提升。

在传统的教学中，课程教学评价不被重视，常常被忽略，在评价方法、评价内容以及评价主体等多方面存在问题。但事实是，使用新型工作手册式教材的教学活动一定少不了教学评价的支持。教学评价作为教与学质量的工具应以学生为中心，以评价促进学生主动学习，合理使用评价结果，真正实现学习是学会的而不是教会的，这样才能够帮助学生，促进他们的全面发展。

（一）以学生为中心的教学评价原则

职业教育是一种类型教育，区别于普通教育，在教学活动中，无论是对教师，还是对教学方法、教学组织以及教学评价等的要求都有很大不同。尤其是面对职业教育的转型升级，面对新型工作手册式教材的实施，教学活动将有新变化。因此，对教学活动的评价也必须进行变革，而基于职业教育的特殊性，在以学生为中心的教学评价改革中，必须牢牢把握以下原则。

1. 职业性原则

职业院校创设的目的是培养具备综合职业能力的技术人才，职业教育的种种改革也是为了实现这一目标。职业院校教学的特点就是实践性强，而且重在使学生获得多种能力和素质。因此，相较于对普通教育的评价，它的评价应充分体现职业性，在评价内容、评价标准的内涵上都要体现出知识、技能和能力的并重，且重点突出对学生掌握能力和技术的评价。

2. 客观性原则

教学评价的客观性原则就是，对于评价标准的制定，要根据职业教育的实际情况，必须可靠、准确和客观。不仅包含对理论知识学习的评价，也要包含对实践能力的评价。同时，在对学生的评价中，不论是对教学的过程性评价还是结果性评价，教师都应客观公正，按照既定的标准，不能因自己的喜好评价，掺杂主观情感。

3. 过程性原则

使用新型工作手册式教材开展教学，师生组成一个完整的教学活动，对教学的评价不能止步于期末考试这样的终结性评价。职业教育的教学工作由多种因素组成，是一个非常复杂的系统，教师进行教学评价时也应该考虑整个教学过程。评价需要从多角度、全方面地对整个过程以及其中的各个要素进行评价。同时，评价应该始终伴随着教学，贯穿学生的整个学习活动，既要注重对学生的过程评价，关注他们实践、实训环节学习情况，也要关注学生学期结束后对专业技能的掌握。

4. 导向性原则

教师使用新型工作手册式教材开展教学，对教学进行评价，教师要明确评价的目的，评价不仅仅是为了完成工作任务，而是要很好地利用评价结果服务教学工作，用来指导学生学习。教学评价要发现教学中存在的问题，能使评价对象发现自己的问题，明白自己的优缺点，更重要的是能够为其指明发展方向，增加动力。

5. 多元主体性原则

职业教育不是闭门造车，不与外界交流，仅学校内部办教育培养人才。它十分强调与企业进行合作交流，与当地的产业进行对接。充分肯定企业在人才培养中的重要性。学校一直是职业教育培养人才的主体，发挥着重要的贡献。在很长时间内都是教师作为主要的评价者，但随着校企合作，学校与企业的不断交流合作，职业教育教学的评价主体应该是多元主体，不仅要包括学校内部的教师、学习小组成员及学生自身，而且要包括校外的企业和社会相关人员，充分发挥每个主体的作用。[1]

（二）以学生为中心的教学评价改革具体内容

在传统的教学中，课程教学评价不被重视，常常被忽略，在评价方

---

[1] 吴琦、李家坤：《职业教育教学评价研究》，《当代职业教育》2014 年第 4 期，第 29~31 页。

法、评价内容以及评价主体等多方面存在问题。随着新型工作手册式教材实施而开展的教学评价，将以学生为中心，在多方面进行改变，目的是对评价有正确的观念，合理使用评价，促进学生全面发展。

1. 发挥评价多种功能

职业院校目前对教学进行评价，能够发挥的教学评价功能主要是鉴别，用评价来测量学生取得的分数，没有促进教学，这就使得评价的作用变得十分狭隘。通过比较学生考试取得的分数，能够清楚看出哪个班级更为优秀，便于分辨教师的"好坏"，便于学校教育教学部门对教师进行管理和奖惩。但是，也使得教师更加注重学生成绩的高低，教学的重点就变成如何使学生提高分数。学生的学习出发点，也就变成取得更高的分数。

而职业教育更看重的是学生综合职业能力的提升，新型工作手册式教学的实施需要进行相应的教学改革，出发点都是改进教学，培养动手能力强的技术技能人才，而不是只会考试的高分低能的人。因此，随着职业教育的转型升级以及新型工作手册式教材的实施，教学评价应该要更好地服务于教学，发挥教学评价的多种功能。

教师评价的功能应该是有效改进教师的教和学生的学。在具体的教学活动中，教师要通过评价，了解学生学习的知识和技能掌握情况，发现他们学习中的不足，诊断其目前遇到的问题、困难，最终服务于学生的发展。

2. 多元主体进行评价

在很长一段时间内职业院校对课堂教学进行评价，都是教师作为主要的评价者。单一的评价主体主要体现为学生的成绩由其教师给予评定，评价具有很强的主观性，容易受到指导教师人情关系、个人偏好等因素的影响。评价主体的单一可能造成收集与获取评价信息的渠道被窄化、教师掌握"成绩大权"高高在上的客观现状、评价主体与评价对象之间关系的不对称等负向影响。职业院校办学的目的就是培养具备综合职业能力的应用型人才，很显然现行的单一主体评价方式，缺少学生参与，缺少社会企事业用人单位的参与，这种评价是片面的。因此，随着新型工作手册式教材的实施，教学评价的主体一定需要多元化，评价主体不仅要包括学校的教师、学生、学习小组，还要包括学校外部的企业人员。尤其是，职业教育更强调与企业的交流合作，企业相关人员的评价能够准确指出学生在技能学习中的不足，这对人才培养起着非常重要的作用。

3. 评价内容综合化

在评价内容方面，许多职业院校的评价与普通学校的评价几乎没有区别，许多职业院校教师缺乏教学评价知识，一直沿用普通课堂标准对学生进行评价。尤其是对学生学习结果进行评价时采用考试的方式，考试内容偏向理论知识，轻视实践动手能力；考试过程也是偏向笔试，注重对知识的记忆，而轻视操作。教学评价变成单纯的考试，学生在这样的评价方式下只注重对知识点的记忆，缺乏实际的动手能力，导致学生只会读书，这样的学生即使取得了很高的分数，但实际没掌握技能，很显然，这与职业院校的理念不符合，无法满足使用新型工作手册式教材的需要。教学评价内容要做出改变，教师在教学前就应该将教学目标清楚地告知学生，让学生关注知识与技能方面的收获，让学生带着目标去学习。要注重对学生学习过程的评价及他们在真实情境中对所学知识的应用能力。新型工作手册式教材实施的教学目标是培养具有综合职业能力的人，在评价内容上应该更加注重对学生技能掌握、实践能力等多种综合能力的评价，所以理论知识和实践教学的考核应当有一个合适的比例。

4. 评价方法多样化

职业院校在教学评价方法上，也是采用普通学校的评价方式，采用考试的方式，考试内容偏向理论知识，更多地关注学生考试分数的获得。教师对教学评定，无论是理论课程还是实践课程，主要依据学生平时成绩、期末的考试以及实习报告等。这种传统的对学生的考核方式已经不足以真实反映他们的学习效果。

职业院校对学生平时成绩的考核，往往由两部分组成，即学生的出勤率和平时的作业成绩。对于出勤率许多教师不是特别重视，教师许多时候是只讲自己的课；平时作业，许多学生的作业是非常雷同的，这导致职业院校的平时成绩这一项，学生取得的分数没有多大区别。而对于期末考试，学生往往是临时准备，在短时间内记忆大量知识，只是为了通过考试；实践教学的评价大多通过教师的主观情感进行判断，没有具体的评价标准。主要采取卷面笔试考试成绩、总结报告以及教师主观情感等评价方法对职业技能的学习进行评价。总的来看，目前职业教育的评价方式是不科学的：评价方式不全面，评价手段太少，且关注点也不正确，忽略了学生的实际能力养成。同时，现在的评价方式也不够客观，会阻碍学生学习的热情。

因此，在教学评价方法的使用上，要根据不同的教学阶段、不同的教学内容采用不同的教学评价方式和教学评价形式，教学评价形式和教学评价的方法要齐全，能够满足评价需要。在教学评价的形式上，应包括直接评价与间接评价、正式评价与非正式评价、过程性评价与结果性评价、质性评价与量化评价相结合的形式。在教学评价方法的使用上应该多元化，包括档案袋评价、观察记录评价、教学演示评价、专业谈话法等。只有使用多样的评价方式，才能有效发挥评价功能，促进学生学习。

5. 评价标准科学化

职业教育最鲜明的特点就是非常强调学生实践能力的培养，注重学生操作技术的学习。因此，职业教育的许多专业课存在很大比重的实践教学课。对于专业课的理论部分，教师可以通过编制考试试卷让学生考试来评定学生的理论知识掌握情况，而对于实践课的评价，则存在许多问题，一直没有统一的评价标准。究其原因是学生的操作环节很难被准确地描述，也没有具体明确的评价指标。在以往的评价中，多是教师凭借自己的经验判断，没有任何工具辅助。这就导致教师在评价时因自己的喜好，会掺杂主观情感，使得评价不可靠、不准确、不客观，长此以往会严重打击学生的学习积极性。

因此，对于实践教学课来说，应该由不同专业的教研室研讨制定他们专业具体的实践课程操作标准，在教学中公布并说明考核评定的标准，每个操作流程都有其标准和评分细则。使用这样的评价标准，不论是过程性评价还是结果性评价，教师都能够客观公正，按照既定的标准评价。同时，这也有利于学生清楚地知道自己操作中的不足，在今后的学习中能够按照标准去要求自己，不断提高自己，打磨自己的技术技能，成为一个行业的高技能人才。

　　总之，目前职业院校的教学评价存在的这些问题是与使用新型工作手册式教材的教学活动不匹配的。在教学活动中，要提高对教学评价的重视程度，提高教师的教学评价素养以及评价知识、评价态度、评价意识、评价技能等多方面的能力。能够将教学评价作为提高教与学质量的工具，合理使用评价结果从而帮助学生全面发展。

第六章

职业教育新型工作手册式
教材实施的保障

新型工作手册式教材所涉及的学习任务，是针对某一职业的典型工作的综合性任务。教材是以职业为基础，能力为本位的，使用新型工作手册式教材进行教学，其人才培养的目标也是以学生的就业为导向，注重学生技能学习、能力的培养以及着眼于学生的职业生涯发展，而不是仅仅为了让学生毕业。为了发挥新型工作手册式教材的这些功效，仅仅创新教材是不够的，还需要教学的其他要素的配合，这对学习资源、教学环境以及教师教学能力提出了更高的要求。

新型工作手册式教材的实施，需要教师转变教学观念，在教材观、教学观、学生观等多方面做出改变，适应新型工作手册式教材的使用。同时，对教师的能力也有了更高的要求，新型工作手册式教材需要教师具备立德树人、创新创业等能力，这样才能够更好地培养学生。更为重要的是，新型工作手册式教材的实施是职业教育领域的一次重大变化，伴随而来的一系列改革是一项极其复杂的系统工程，这也需要有一支高水平、能够协同发展的教师队伍。

教师在教学中使用新型工作手册式教材，需要进行相应的教学改革，但是，不论是教学方法还是教学模式等的改革都是有条件的，需要有更先进的教学设施设备、实训场所作为保障，配套必要的学习资源，某种程度上说也是对教学环境的变革。

优秀的教师队伍以及能够开展教学活动的设施设备，满足了新型工作手册式教材实施对教师及物质条件的要求。但是，新型工作手册式教材使用的目的是培养具有综合职业能力的人，而达成这一目标离不开校园文化的支持，校园文化在学校人才培养中发挥着重要作用。尤其是新型工作手册式教材具备的职业道德、职业素养以及创新创业等教育功能，需要在教学过程中潜移默化地影响学生，而校园文化在这方面发挥着重要作用。

第一节　建设高水平的教师队伍

新型工作手册式教材的编写是职业教育"三教"改革的重点内容，更是一次"教学创新"。使用新型工作手册式教材反映了工作过程导向，涉及新知识、新技术和新工艺，内容与职业标准、教学过程以及生产过程高度对接，在教学理念、教学方法、教学组织等方面都发生了根本性变革。

作为职业教育的一种全新教材，新型工作手册式教材实施的目的是促进学生综合职业能力的发展。同时，对教师队伍提出了更高的要求，教师使用新型工作手册式教材进行教学，必须具备更先进的教学理念以及更专业的教学能力；对教师教学的强度、课堂管理等都提出了更高的要求。所以，为保障新型工作手册式教材的实施教师需要在各方面提升自己，在教学中创造性地工作，提升教学效果，组建一支能够协同发展的教师团队。

一　卓越的教师个人能力

（一）教师作为实践专家、行业能手

使用新型工作手册式教材，最终目的是培养具备综合职业能力的技术技能人才。但是，使用最新型的教材不能解决全部问题，具备综合职业能力的人才培养是一个缓慢且具有挑战性的过程。在人才培养的过程中，需要每个教师都参与进来，团结协作。教师在人才培养过程的每个环节都发挥着重要作用，扮演着重要角色。基于新型工作手册式教材实施的教学，不是对教师低要求甚至没有要求；相反，为了更好地使用新型工作手册式教材，实现教学目标，除了要求教师具备基本的表达能力、协调能力以及学习能力外，对教师其他方面的能力也提出了更高的要求。

职业院校教师不仅仅是一个特殊职业，更为重要的是，教师在职业院校人才培养过程中发挥着重要作用。职业院校教师要想用好新型工作

手册式教材，真正实现人才培养目标，为中国培养更多技能型人才，就必须具备以下几点专业能力：一是需要具备专业的理论知识，掌握职业教育相关理论知识以及坚实的专业理论知识；二是必须具备相关专业技能，必须在其专业的相关行业中有实际的工作经历，必须非常了解自己的行业及专业，能够熟练地掌握专业技能，在对其深刻理解与掌握的基础上能够将这些知识和技能运用在实践教学中，教给学生；三是教师要有对行业的关注能力，能够将企业的新观念、新技术带入教学课堂中。

1. 教师应具有全面而深入的专业理论知识

开展职业教育的主要任务是培养大量的技能型劳动者，职业院校开设的每一个专业在社会中都有相应的岗位，学生在毕业后大多走向企业的一线岗位，这与普通教育所培养的学科体系人才有很大差别，是不同类型的教育。职业院校的教学内容也是直接面向职业的，注重对学生技术能力的培养，因此职业院校人才培养的功能定位、实施的途径都是独特的，而作为职业教育的教师，也与学科体系教师有非常大的差别。职业院校教师若缺乏对职业教育的正确理解，会严重阻碍新型工作手册式教材实施以及人才培养目标的实现，制约职业教育的发展。同时，职业院校教师若缺乏本专业的岗位知识和行业知识，就不能更好地引领职业院校学生学习专业知识和基础理论知识。

因此，职业院校的教师在使用新型工作手册式教材时必须要高度重视职业教育，尤其是，要用不一样的眼光来看待职业教育。在诸多教育中，它与经济发展有着深厚的关联，是与经济发展最密切的教育类型，这就要求教师改变自己对职业教育的看法，在人才培养目标、职业教育教学以及课程等方面都体现出鲜明的特征，体现这类型教育的特色，用其特有的教育理念开展教学工作，帮助学生学习。

更重要的是，职业院校教师必须具备完备的专业理论知识，对所授专业有较深的理论知识及研究能力，只有不断提高自己的专业理论知识，在达到一定的高度后，才能在教学过程中触类旁通、深入浅出地向学生介绍，提高学生的理论知识能力，促进学生的全面发展，培养出素质高超的技术型人才。

2. 教师应具有高超的专业实践能力

职业教育培养的是具有实践工作能力的技能型劳动者，这是与普通学科体系教育最显著的差别。教师在学校开展教学，必须具备完备的专业理论知识，对所授专业有较深的理论知识及较强的研究能力。但是，仅仅具备这些是远远不够的，开展职业教育的教师要把握理论知识与实践结合、教育与生产劳动结合这一基本原则。教师必须具备相关专业技术、生产操作的技能，在其专业的相关行业中有实际的工作经历，只有这样教师才有资格向学生传授专业的技术和生产操作技能。如果教师自己没有实际的工作经历，他的专业知识和技能仅仅停留在书本上，那么传授给学生的也仅仅是一些简单的工作原理、操作知识，与学生真正的培养目标相去甚远。

作为职教教师，他们具备了专业的生产操作技术，但在实际的教学中，需要教师具备使用这些技术技能的操作能力和演示能力。教师的操作能力就是指教师必须具备相关专业的技术和管理经验，在其专业的相关行业中有实际的工作经历，了解自己的行业及专业，能够胜任专业工作，独立地完成工作任务，能够在熟练掌握专业技能的基础上将这些知识和技能运用在实践教学中；教师的演示能力，就是指教师要能够将自己的实际操作技术，明白准确地演示给学生，这是学生学习的关键，教师要清晰展示每个操作步骤，不能操作得太快，防止学生跟不上，也不能太拖沓，时间太长学生会觉得无聊，开始走神。这就需要教师具备良好的实践操作演示能力，有效地展示和操作，让学生学习模仿。

3. 教师应具有敏锐的行业关注能力

与社会联系最密切的教育是职业教育，随着社会的不断发展、科学技术的更新换代，实际的市场情况也不断地发生变化，进而对职业学院的人才培养提出新的要求。职业院校培养的学生，毕业后会直接走上工作岗位，在学校学习的知识和技能会直接用到工作当中，相比于其他教育，它与工作实际情况最贴近。

当今社会发展变化非常迅速，生产工艺更新换代的周期也日益缩短。教师如果不关注行业，不能够持续学习，只靠入职学校前储存的知识继续教给学生，则不能满足时代的要求。职业院校教师的知识理论与实践技术的更新不仅要跟上市场步伐，而且还要一定程度上走在市场变化之前，甚至职业院校教师应该运用个人不断更新的、丰富的理论知识为行业企业出主意，促进企业跟上世界知识更新的步伐，跟上时代变化的步伐。这样才能更好地培养学生运用知识解决实际工作中遇到问题的能力。在科技如此飞速发展的今天，相关领域知识既高度分化又高度结合，学科间界限已越来越模糊，这就要求职业院校教师综合学习，全面掌握。职业院校教师应该拿出时间定期到对口行业企业去实践、实际调研以更新自己的具体领域知识及实际经验知识。这样才能保证时刻传授给学生的都是最新理念，保证学生在学校所学与未来社会不会脱节，保证促进学生的全面发展。

（二）教师作为道德楷模、教学高手

职业院校教师具备了完备的专业理论知识，能够在教学过程中触类旁通、深入浅出地向学生介绍理论知识；同时，也具备了高超的技术技能的操作能力和演示能力。但这并不意味着教师凭借专业的理论和实践技能就一定能够带好学生，做好自己的教学工作。事实上教师的教学活动是非常复杂的，学生学习效果受多种因素影响，如对学生学习情况的分析，选择适合的教学方法、教学媒体以及教学模式，等等。这就要求教师们掌握一定的职业教育学以及心理学等相关知识，通过系统地学习这些知识，采用最科学的方法传授学生知识；同时，作为教师，也要具备一些基础的能力，如能够和学生沟通交流、能够流畅地表达、能够组织学生进行学习等。而使用最新的新型工作手册式教材，还对教师的其他能力提出了更高的要求。

1. 教师应将工匠精神融入自身形象

职业教育教材和普通教材一样，都要始终坚持正确的政治方向和社会主义核心价值观。新型工作手册式教材除了将知识、技能和能力融为一体外，更加关注把立德树人全面融入知识传授和技术技能培训的过程中，特别是将劳模精神、工匠精神、劳动精神融入教材内容，注重对学生职业道德、职业素养的培养。这就要求教师应通过课程思政转变学生的思想意识，提升职业道德、职业素养。

教师是学生的榜样，在教育教学过程中起着示范、引领作用，教师的一言一行都会影响学生，对学生成长起着非常重要的作用，在学校中，教师就是学生的模仿对象和榜样。因此，教师要不断提高自己的职业道德能力，带领学生遵纪守法，坚持维护社会的正义。更为重要的是，教师要挖掘专业课和实习实训环节的育人因素，将思想政治教育全面融入人才培养方案。特别是在教学过程中要严格要求自身，将个人良好的职业道德落于实践，在实训课程中严格要求学生按规范操作，引导学生追求操作的完美，追求精益求精的工匠精神。

2. 教师应提升以创设情境为基础的教学能力

新型工作手册式教材区别于其他教材，是教材改革的最新成果，以实现学生综合职业能力为培养目标。教师必须具备实施教学的能力，关注学习者的兴趣和经验，强调合作和交流，要从知识的传授者转换为学习过程的组织者、咨询者和指导者。作为学习过程的咨询者和指导者，教师要选择适合的教学方法，采取灵活多变的教学组织形式，按照完整的行动模式开展教学，即完成明确任务并收集信息、制订计划、做出决策、实施计划、检查控制以及评价反馈。更为重要的是，教师要创设学习情境，引导学生完成包含完整工作过程的任务。这就需要教师具备情境设计的能力、引导学生学习的能力等。

（1）创设恰当的情境

在新型工作手册式教材开发的过程中，学习情境开发具有重要作用。它是在典型工作任务基础上，由教师设计用于学习的环境，是对典型工作任务进行教学化处理的结果，是新型工作手册式教材开发的核心落脚点。使用新型工作手册式教材开展教学，意味着学生的学习应该是在一个又一个基于真实生活情境的主题或项目中通过体验、探究、发现来建构自己的知识，发展自己的能力，养成自己的品格。① 使用新型工作手册式教材，

① 陈友芳：《情境设计能力与学科核心素养的养成》，《思想政治课教学》2016 年第 9 期，第 4～6 页。

应考虑到学生的综合职业能力培养要求与课程内容，教师在教学中应以学生为主体，根据实际工作任务，精心设计情境，加强对活动过程的设计，开发有利于能力训练的活动，促进学生自主学习。在情境中，充分激发学生的学习兴趣，鼓励学生独立思考，在教师指导下生动活泼地、主动地、富有个性地学习。学生通过实践交流，获得知识，形成技能，发展思维，学会学习。因此，为使用新型工作手册式教材，每位教师必须具备情境设计能力。

教师使用新型工作手册式教材要先创设教学情境，教学情境的创设首先要根据学生的实际学习情况，考虑学生学习应达到的目标，明确学生学习任务。教师创设的情境越丰富，学习的综合性和开放性就越强，对学生的促进作用也越大，学生学习任务的质量也越高；若学习情境较少，就不容易实现较高层次的教学目标，如创新等。[①] 其次，教师还要考虑当时的教学条件和教学环境，如场地、设备以及学习资源等。最后，教师要综合考虑学生的学习状况、教学资源等情况，根据学生的学习任务选择合适的教学方法、教学组织等，让学生经历完整的工作过程。

（2）提升情境过程性指导能力

教师使用新型工作手册式教材时根据实际工作任务精心设计情境，并能够在学习准备、计划与实施等完整教学过程中对学生的学习状态进行评估，具备了情境设计能力和学生学习状态的评估能力；但是，想要使用好新型工作手册式教材，教师还需要从教学活动的传授者变为引导者，具备情境指导能力。

使用新型工作手册式教材开展教学活动时，具备情境指导能力的教师不是想方设法地去控制学生，而是要花费更多的时间指导学生的学习，有序地组织教学，确保每位学生真正参与了活动过程，并获得了知识与能力。教师作为教学活动出色的学习引导者，在指导学生学习时，要为学生提供学习资源，充分调动学生学习的主动性，能够引导和协调学生的各种学习活动，让学生在小组合作与交流的氛围中，通过亲自实践来学习。同

---

① 蔡跃：《职业教育活页式教材开发指导手册》，华东师范大学出版社，2020，第43页。

时，教师能够把握理论知识的切入时机，能够结合工作任务进行理论讲解，还善于提出实践性问题，当学生遇到问题出现消极情绪时，教师能够认真、详细地指导学生活动，使学生克服恐惧和烦躁心理。

3. 教师应提升课堂教学评价素养

教师使用新型工作手册式教材开展教学活动时一个很大的变化就是学生需要进行自主学习。在学习过程中，学生是学习的主体，自主学习将是使用新型工作手册式教材学习的主旋律，工作能力只能靠学生主动思考、实际动手操作来获得。学生作为学习的主体，把教师从无意义的重复讲解中解放出来，但这并不意味着教师在教学过程中变得无事可做。相反，教师在教学中发挥着更重要的作用，如对学生进行学习状态的评估、方法指导等，这对教师提出了更高的要求。

学生的学习过程是由学习准备、计划与实施和评价反馈等组成的完整过程。学生在每个环节都需要发挥主观能动性，需要进行自主探索学习。但在学习过程中难免会出现错误，或者操作不当，因而就需要教师具备对学生学习状态评估的能力，对学生每个学习环节进行学习状态的评估，发现其错误，并且能够详细列出要求学生掌握的关键技能点、知识点，严格把握学生对学习内容的掌握程度。

（三）教师作为"双创"专家

国家十分重视创新，出台了许多相关政策，创新发展成为我们国家一项极其重要的战略，在促进国家发展中起到应有作用。在所有开展创新和创业的实践活动中，无论是国家还是社会，都十分重视学生群体，他们相对于社会工作者而言，是最积极、最有活力的一群人，因此必须提高他们的创新创业能力。新型工作手册式教材作为一种新型教材，其新内涵就是将创新创业教育作为教材的重要内容，将质疑与创新相统一，具备全过程训练学生创新思维、创新素养以及创新能力的功能。尤其是职业院校学生，若没有创新精神作基础，工匠精神、工匠能力是难以发展的，而且创新是创业的基础，没有创新，依靠模仿是很难成功的，没有创新能力就没有创业能力。

因此，作为教育学生的教师必须具备创新能力，这样才能更好地开展教学，将创新教育融入课程中，创新教育与训练必须贯彻于职业教育全过程，贯穿于各门课程中，使学生逐步提升创新能力。在日常的教学工作中，教师可以通过树立榜样进行宣传、举办相关主题的讲座等方式来引导、培育学生的创新创业意识。随着职业院校对培养学生创新能力的重视，学校会鼓励学生参与各种创新创业大赛以及相关课程，培养学生的创新能力和创新精神。这些都离不开教师的参加，尤其是各类创新创业的大赛，学生们往往没有经验，这就需要教师的指导和帮助。所以，作为学生的指导教师，教师要成为双创的专家，支持学生创新创业。

（四）教师作为"信息化"教学专家

以信息化全面推动教学现代化既是时代的要求，也是职业教育现代化发展的必由之路，职业教育必须适应"互联网＋"的发展需要。信息化对职教教学现代化的推动作用体现在教学各个环节和各个要素的变化之中，新型工作手册式教材配套有相应的信息化资源，将二维码、微课视频以及 AR 技术应用在教材中，使用新型工作手册式教材的教学活动也需要多种信息化的设备和技术，信息化深刻影响着新型工作手册式教材的使用。

这对教师提出了更高的要求，教师使用新型工作手册式教材进行教学，需要开展信息化教学，适应时代的要求。但是，很多教师目前不具备信息化教学能力，没有经过专门的信息化教学能力的培训，许多人不会使用信息化设备，在心态上，一些教师觉得使用多媒体教学比较麻烦，对其缺乏重视。他们存在观念陈旧保守、对信息化知识学习热情不足、不能严格要求自己等问题。整体上信息化教学能力差，无法为学生提供正常教学，很难保证学生取得好的效果。

因此，面对新型工作手册式教材，面对新的教学形式，职业院校的教师必须具备信息教学能力，熟悉慕课、微课等各种信息化学习平台，掌握虚拟仿真等技术，并能够通过多媒体课件、音视频、交互、动画等方式进行教学。尤其是在实践教学课中，教师可以通过发布课前预习任务，将教学中的重点、难点进行动作分解录制视频，引导学生自学，帮助他们对动作方位、节奏、要领及细节有更清晰、准确的认知，提高自主学习的训练效果。

二　协同发展的教师团队

随着新型工作手册式教材的实施，学校对于人才培养的要求也不断提高。职业教育的人才培养目标是培养具备综合职业能力的高技术技能人才，而实现这一目标的前提是建立一支高素质的教师团队。面对职业教育转型升级以及新型工作手册式教材的实施，组建一支数量足够、结构合理、素质优良、专兼结合以及协同发展的教师团队具有现实紧迫性和客观必要性。

（一）校企混编教师团队

职业教育的发展表明，想要办好职业教育离不开企业参与，企业在职业院校人才培养中发挥极其重要的作用。职业教育一直倡导的校企合作、产教融合也符合这一逻辑，在职业教育教材编写上，新型工作手册式教材也是学校和企业双主体联合开发。因此，在使用新型工作手册式教材的教师团队中，教师不能全部来自职业院校，还要包括企业。

在使用新型工作手册式教材教学的过程中，职业院校必须组建教师团队，整个教师团队应该由不同类型的人员构成，有的教师实践能力强，有的教师理论知识丰富，有的教师教学领域是创新创业。这样组成的团队，大家各司其职，理论教师负责理论知识的教育；创新创业教师负责学生的各种创新大赛、创新课程；实践教师负责实践教学，在条件允许的情况下，还可以聘请企业的技术专家来学校教学。大家在这样的团队中，可以相互协作，取长补短，能够有效地帮助学生学习。团队中理论强的教师、实践能力强的教师组成一个团体，在完成教学任务后，可以经常沟通交流、相互促进，使得专业理论强的教师实践能力得到提高，实践能力强的教师专业理论水平得到提高。校企混编教师团队为职业院校教师提供了与产业前沿对话，企业与教师对话的环境，提供了教学技能提升的空间，营造了良好的教学技能分享氛围，能够使得教师教学实践能力长期"保鲜"。①

（二）双师型教师团队

培养学生综合职业能力是使用新型工作手册式教材的教学目标，这要求职业教育突破传统教育的主要教学地点，从学校跨越到企业，也需要学校和企业人员共同组成教学团队来负责对学生进行教学。职业院校应邀请教学经验丰富的教师、企业的技术专家、行业协会的资深专家加入学校的教师团，只有把懂得理论知识和实践能力的教学人组成一个教学团队，才能避免教学中只注重理论或者只注重实践的现象。组成的教学团队在使用新型工作手册式教材时，能够相互协作，通过教学实现具备综合职业能力的高技术技能人才的培养。同时双师型团队的构建让企业技术人员发挥专长，对学校学生进行实践培养，使得学生进入企业就业时无须进行岗前培训。双师型团队的构建可以实现学生与岗位的"零距离就业"，由此可以减轻企业岗前培训的各种压力，从而获得相当可观的经济效益。②

对于双师型教师队伍的组建，政府部门为专业的教师制定了理论能力和实践能力的标准，根据标准组建双师型教师团队。同时，国家应出台关于校企合作促进双师型教师建设方面的法律法规，为双师型教师团队确立提供政策保障，在制度层面确定双师型教师的相关权利和义务。不论是政府还是学校，都要为双师型团队建设提供充足的资金，用以学习和培训，同时也可以确定奖励机制，对教学能力突出、表现优秀的教师进行奖励。

（三）创新型教师团队

新型工作手册式教材将创新教育作为教材的重要内容，旨在培养学生

---

① 李维春、易小军、王敏：《产教融合背景下校企混编教学团队建设研究——基于35位教学团队成员的深度访谈》，《中国职业技术教育》2019年第29期，第78～82页。

② 王江洋：《中职学校"双师型"教师团队建设研究》，江西科技师范大学硕士学位论文，2013，第2页。

的创新精神和创新能力。同时还能帮助学生了解未来的工作，学习如何完成专业中重要的典型工作任务，促进学生综合职业能力发展，并为学生的职业成长提供帮助，奠定坚实的基础。作为培养技术技能人才的职业院校，必须把学生这些能力的培养作为目标。

但是在人才培养过程中，需要面对一些创新性、有挑战性的工作，这不是单个教师能够解决的。尤其是，职业教育与社会联系最为紧密，而当今社会变化发展非常迅速，生产工艺更新换代的周期也日益缩短。这要求职业学院必须做出相应改变，参与校企合作，开展技术创新、资源开发；参与修订新的课程体系、学习任务设计方案等，把新技术、新工艺、新理念等创造性地加入教材以及课程中教给学生。同时，职业教师进行教学活动及参与国内举办的教师职业能力比赛、国家资源库的建设以及各类课题申报等时，都需要组建创新型教师团队。职业院校必须更新观念，要有接受新理念、新技术、新方法的前卫观念，把建设创新型教师团队提到战略的高度来认识和把握；① 选择学科带头人或是专业领域的教学名师、科研能手作为创新型教师团队的负责人，也要允许跨学科、跨领域人才进入，使不同专业的团队成员最大限度地发挥自己的专业水平；更为重要的是要建立健全保障和激励机制，发挥创新型教师团队的积极性和主动性。

（四）名师工作室团队

职业教育是与社会联系最密切的教育，行业对于专业技能人才的要求随着市场的发展而不断变化。教师使用新型工作手册式教材教学，不是一劳永逸的，应持有终身学习的思想不断学习，知识理论与实践技术的更新要跟上市场步伐，而名师工作室就是促进教师成长和发展的重要平台。

职业院校应组建名师工作室团队，要充分发挥团队内名师对教学的促进作用，让他们帮助学校其他教师快速成长，壮大学校的优秀教师队伍。

---

① 胡秀霞：《技工院校创新型教师团队建设研究》，《职业》2018 年第 18 期，第 59～60 页。

职业院校的名师工作室团队由教学名师和技能名师组成。教学名师工作室应由教学名师牵头，同一专业领域的骨干教师、青年教师、行业专家组成，具有人才培养、应用技术服务、社会培训等职能;[①] 技能名师工作室应由行业企业技能名师牵头，同一专业领域的行业企业技术骨干、院校骨干教师、青年教师组成，具有人才培养、新技术新工艺推广应用、师生技能大赛指导、社会培训等职能。[②] 职业院校的教师在名师工作室团队中能够快速成长，不断提高教学水平和质量，向更高层次发展。

第二节　立德树人的校园文化建设

在我国大力发展职业教育的背景下，职业教育发展迅速，规模逐渐扩大。培养高素质、高水平、具备综合职业能力的人才成为职业院校的核心目标。新型工作手册式教材改变了使用传统教材出现实践性差、以理论为主的现状，具备了新的内涵，将知识、技能和能力融为一体，同时还包括了职业道德、职业素养、课程思政等内容，具备以德树人的教育功能。

但是，学生这些职业素养、创新能力、社会责任感等综合素质的培养不是靠学校使用新型工作手册式教材、开展教学活动就能够完全实现的，还需要校园文化潜移默化地影响学生。为此，需要职业院校树立"三全育人"的育人思维，实现全员育人、全方位育人、全过程育人，充分发挥职业教育的校园文化在培育学生中的重要作用。校园文化是职业院校全体师生共同创造出来的一切物质文明和精神文明的总和，是对育人大环境的综合营造。职业教育的校园文化能够引导学校教育发展方向、实现立德树人的教育目标。

---

① 张振华:《职业教育名师工作室建设的理论与实践探索——以长春市职业教育名师工作室建设为例》，《职业技术教育》2019 年第 35 期，第 48～52 页。

② 杨建良:《职业教育名师工作室建设刍议》，《教育与职业》2013 年第 35 期，第 180～181 页。

新时代背景下，职业院校的主流是建设发展具有多功能导向作用的校园文化，通过对学生的德育教育、技能训练、素质培养和创新能力的扩展，引导他们明确认识自身发展方向，提前打下良好的职业基础，在物质文化、制度文化、行为文化、精神文化这四种校园文化要素中都要体现出立德树人的要求，有效发挥校园文化的作用。

一　立德树人校园文化具体要求

发展高质量的职业教育是国家和人民的期待，在新时期，职业教育的发展必须要凸显类型特色和时代精神，通过提高育人质量，真正树立中国的职业教育品牌。这就要求坚持立德树人，把立德树人的根本任务放在首位，对学生进行德育。德育是确保人才培养质量的首要条件，德育工作承载着对学生职业道德精神、创新创业精神以及工匠精神等的教育，都是提升人才素质的关键要素。而校园文化建设就是对学生进行德育，是落实立德树人根本任务的一条重要途径。

（一）蕴含职业精神

职业教育与普通教育是不同类型的教育，职业教育的目标是培养具有综合职业能力的技术技能人才。因此在校园文化建设上，与普通教育学校有很大的区别，尤其是使用新型工作手册式教材的职业院校，学习过程中具有明显的职业导向。为贴合新型工作手册式教材使用实际，实现全方位育人的目标，职业院校在校园文化建设上必须着重突出职业性，营造崇尚职业、劳动伟大的校园氛围，培养学生的职业精神。

学生在职业院校学习生活中，不断学习专业理论和职业技能，接受专业的职业教育，力图成长为职业道德崇高、专业知识扎实、职业技能娴熟的工作者。学生在与教师的交互学习活动过程中、与职业院校学生管理人员的长期互动中促使职业院校形成了蕴含浓厚职业精神的校园文化。同时，职业院校的发展离不开校企合作、产教融合。许多职业院校采用与企业建立合作关系的方式，通过建立实习实训基地、成立专业建设指导委员会、教师到企业挂职锻炼、举办校企合作论坛、校企联谊等多种方式，实现校企对接，进行校企文化的互融互动。企业文化的融入更高的层次上提升了校园文化建设的职业精神。

职业院校校园文化中所蕴含的职业精神，是塑造职业院校学生职业精神和培育高质量劳动者的重要途径之一。强调对于学生职业道德的培养，可以帮助学生树立正确的职业观念，养成良好的职业习惯，形成高尚的职业情操，为学生毕业工作、服务社会打下基础。

（二）蕴含创新精神

新型工作手册式教材的重要内涵之一就是将创新创业教育，特别是创新教育作为教材的重要内容之一，全过程训练学生的创新思维、创新能力，将质疑与创新相统一，通过实践训练培养学生创业素养。因此，职业院校校园文化倡导要注重培养学生的创新精神，在校园文化建设中就要体现出创新性特征，从而更好地符合新型工作手册式教材的文化内核，以更充分地发挥新型工作手册式教材在培养学生创造精神方面的作用。

党中央提出"提高自主创新能力，建设创新型国家""以创业带动就业""加快转变经济增长方式"等战略，强调创新对于国民经济发展的重要性，是引领我国发展的第一动力。职业教育承担着培养新型职业劳动者的任务，必须保持与时俱进的敏锐性，只有具有创新性的校园文化，才能适应当今社会不断前进的脚步和越来越多的需求。同时，职业院校学生是社会创新的重要主体，因此职业院校在校园文化建设过程中要注重创新精神文化的传播，培育学生创新、创业意识，鼓励学生大胆实践创新，形成良好的创新校园文化氛围。对此职业院校可以通过宣传创新榜样、举办以创新创业为主题的讲座等方式引导、培育学生的创新创业意识。当然创新并不能只是纸上谈兵，落于实际才是创新的关键。职业院校要专门拿出资金，建设职业院校学生创业园，给学生提供一定的创新创业平台，帮助学生把想法落于实际。从创新精神的培育到鼓励学生实践，职业院校只有做好这一系列的工作才能在校园内部培育良好的创新文化氛围。

（三）蕴含工匠精神

新型工作手册式教材是一种以"做中学"为特征的职业院校教学用书，强调在实际工作现场学习的需求，是立足于实际工作的教材。由此可见，新型工作手册式教材在强调技能学习的同时还强调不断提升操作技能水平，追求完美的工匠精神。新型工作手册式教材这一价值取向与工匠精神不谋而合，工匠精神同样也是一种追求精益求精的职业精神。2019 年 9 月 27 日，习近平总书记对我国选手在世界技能大赛上取得佳绩作出重要指示，并强调，技术人才是支撑中国制造、中国创造的基础；要健全技能人才的培养，大力发展技工教育，大规模开展职业技能培训，要在全社会弘扬工匠精神[①]。由此可见，工匠精神是实现中国制造、中国创造的重要基础，职业院校作为培育职业技能人才的教育机构，培育学生的工匠精神是在当前时代背景下的重要任务与使命，也是充分利用新型工作手册式教材的重大举措。[②]

在校园文化内融入工匠精神，对学生进行潜移默化的影响教育，是当前职业院校培育学生工匠精神的重要途径。利用校园文化对学生进行渗透影响要注意以下几个方面：一是需要从制度做起，不以规矩，无以成方圆。工匠精神的培育并不是一朝之功，需要从细节做起才能培养学生认真负责的态度。因此在学校制度中就要特别强调遵守规矩，例如严格执行上课制度，不得迟到早退，在小事中培育学生的细节意识。二是教师要以身作则，发挥好自身的榜样作用。在教学过程中要严格要求自己，认真负责做好教学工作，从而以个人良好的职业道德对学生产生潜移默化的影响。三是落于实践，工匠精神起源于实际工作，其培育最终也是要归于实践。在实训课程中要严格要求学生按规范操作，引导学生追求操作的完美并不

① 《习近平对我国选手在世界技能大赛取得佳绩作出重要指示强调：弘扬精益求精的工匠精神，激励广大青年走技能成才技能报国之路》，央视新闻，https://mi.mbd.baidu.com/r/W7RVBV9fk47f = cp&u = 06zeeqd01f9f12bd.，最后检索时间：2020 年 9 月 25 日。
② 本刊编辑部：《新中国职业教育印记》，《职业技术教育》2019 年第 30 期，第 6～33 页。

断提升自身的能力。总之要在学校内部形成"劳动光荣、技艺宝贵、创造伟大"的工匠精神文化。

二　立德树人的校园文化实施途径

职业院校是培养技术技能人才的高地，是学生学习的重要场所。因此职业院校在校园文化的建设过程中要坚持立德树人这一核心理念，明确立德树人这一根本任务，对学生进行道德教育。新型工作手册式教材的教学目标中同样包含了培育学生各方面的素养，例如培育学生的工匠意识、合作意识、劳动意识等道德品质。因此在校园文化建设过程中需要注重对学生的道德教育，通过校园文化这一软环境对学生进行潜移默化的熏陶教育。

校园文化建设分为物质文化建设与精神文化建设两个方面，物质是精神的载体，经过精心设计的校园物质环境可以蕴含校园精神文化内涵，可以在潜移默化中对职业院校师生产生影响。物质文化与精神文化两者相辅相成，共同营造良好的校园文化氛围。①

(一)　物质文化建设

物质文化环境主要是指校园内经过组织、改造和建设而形成的校容校貌和校园学习的环境，具体包括校容、自然景观、建筑物以及各种设施。因此职业院校在校园环境建设过程中必须树立系统性意识，既要考虑到校园环境的舒适、美观，还要着重考虑其教育价值。学校应充分重视校园环境对职业理念、学习态度的影响作用，加强校园自然景观、人文景观设施建设，使学生在蕴含深厚文化内涵的校园环境里培养职业精神、工匠精神、创新精神。

职业院校校园规划要做好顶层设计，对每一处进行精选设计，使校园每个角落都有一定的文化内涵，具有育人价值。例如在校园内摆放职

---

① 石伟平、匡英主编《中等职业学校校园文化建设》，高等教育出版社，2012，第204~208页。

业教育名家的雕塑，传达职业教育精神，引导学生树立正确的职业观念。现在众多职业院校采用在校园内建设校园橱窗、宣传栏、报刊亭等方式，在校园内部塑造良好的学习文化氛围，培养学生积极的学习态度。同时也可以在校园内张贴励志名言、在图书馆内放置名家画作、举办"职业周"等活动。总之职业院校需要通过各种手段，建构一个蕴含职业精神的育人环境，对学校师生产生潜移默化的陶冶，充分发挥校园文化的育人作用。

（二）精神文化建设

精神文化环境主要是指多年来学校文化积淀的精华，体现在学校的精神风貌、校风、学风等方面。校园精神文化是校园文化最本质的核心，是全体师生认同的价值观和个性的反映。职业院校在校园文化建设时要重视将精神文化渗入校园文化环境，在校园内树立良好的校风、学风，使学生在接受职业教育的同时不断培养自身优良的品性、养成良好的习惯。优良的校风、学风一旦形成，就会成为一股无形的教育力量影响着学校师生。

职业院校在环境建设过程中要围绕学校的特色文化进行，利用学校的环境打造文化名片，弘扬学校的鲜明特色，增强学生对于学校的理解与热爱。良好的校园精神文化的建立并不是一朝一夕就可以实现的，这是一个漫长的塑造过程。在日常的学校管理过程中，职业院校可以通过校歌、校训、校园精神等方式进行校园精神的宣传推广，增强学生对于学校的认同感。在学校的教学活动过程中教师要以身作则，树立良好的教师形象，以教师自身的职业道德、职业理念对学生进行渗透影响，引导学校树立优良的学风。举办具有引导价值的校园文化活动，例如举办优秀班集体评选、优秀学习标兵评选、先进教师评选等活动，在整个校园内形成崇尚学习、尊重劳动的优良校风，以此鼓励师生在事业与学业上有更高的追求。①

---

① 夏军英：《高校校园文化建设的内涵及实施途径》，《成都中医药大学学报》（教育科学版）2010 年第 1 期，第 45～46 页。

三　新型工作手册式教材体现立德树人校园文化的关注点

新型工作手册式教材在教学目标中很明显地体现出了道德教育的价值目标取向，例如培养学生的创新意识、合作意识、责任意识、劳动意识、工匠意识等，这也是新型工作手册式教材对于立德树人校园文化的重要关注点。因此职业院校在校园文化建设的过程中需要以这些关注点为核心，以点带面，围绕核心开展校园文化的构建工作。只有围绕核心开展校园文化构建工作，才能更好地发挥新型工作手册式教材的作用，顺利实现教学目标。构建德艺并修、工育结合的育人机制，培养出符合新时代需求的高素质技能应用型人才。

（一）创新意识

"实施创新驱动发展战略"已经被写入党的十八大报告，习近平总书记强调"根本出路在于创新""实施创新驱动发展战略是立足全局，面向未来的重大战略"。创新在新的时代背景下有着极其重要的价值，是我国的战略导向。因此职业院校在人才培养过程中也要结合时代趋势，培育学生创新意识，发挥出职业教育对于国际经济发展的重要支撑作用。新型工作手册式教材相较于传统的教材而言就是一种创新，其内容也是结合最新的工作实际情况，具有创新性。同时其在内容方面也设置了问题反思板块，着重引导学生创新方法，解决实际问题。由此看来，新型工作手册式教材无论是从教材本身还是教材内容来看都体现了创新意识。因此职业院校在校园文化建设过程中，需要结合国家战略与新型工作手册式教材的导向，注重将创新意识融入校园文化，培育学生的创新意识。学校可以通过支持学生参与各种创新大赛、创新创业课程，塑造支持创新、创新伟大的良好校园文化氛围，使学生在创新氛围浓厚的校园环境下学习，进而培育学生创新意识。

（二）合作意识

随着社会分工的进一步发展，在顺利完成一项工作过程中学会合作就显得尤为重要。可以说当今社会是一个合作型社会，大部分工作都难以凭一人之力完成，若个体缺乏合作意识或合作能力便很难做好一项工作。新型工作手册式教材同样强调了培育学生的合作意识，引导学生通过分工合作共同完成学习任务。合作意识的培育是新型工作手册式教材教学目标的重要组成部分。因此为了帮助学生更好地适应工作需求，职业院校在校园文化建设过程中必须注重学生团队合作意识的培育。做好合作精神融入校园文化工作需要从以下几个方面入手。首先是师生的倡导，一所院校是有其独特的文化内涵的，是深埋于每个师生的意识中的。团队合作意识就需要各位师生在日常学习生活中积极倡导，注重团结合作文化的传播，使之潜移默化地影响每一个人，最终形成良好的文化氛围。其次是注重团队合作实践，职业院校要提供实践项目，将学生分为不同小组完成任务，从而培育学生的团队合作意识与能力。

（三）责任意识

责任意识是高质量完成一项工作的基本意识，也是一位优秀的技能人才的基本素养，可以说若缺乏责任意识就很难成为一个优秀的"工匠"。新型工作手册式教材同样强调对于学生责任意识的培养，对于一项工作要秉持认真负责的理念，认真按照操作标准进行操作，产品也需要符合产品标准，树立对于自身工作负责到底的良好意识。因此在校园文化建设的过程中也需要强调对于学生责任意识的培养，例如可以支持学生举办校园活动，给予学生充分的自主权，由学生自主负责，使学生在负责活动的过程中培养责任意识。教师也要认真对待每一名学生、上好每一节课，以自身严谨负责的职业精神对学生产生深刻的影响。

（四）劳动意识

一方面，中华民族向来是一个崇尚劳动的民族，劳动精神文化是深深印刻在民族血肉之中的；另一方面，职业院校作为培育高素质技能劳动者的机构，劳动意识的培养是不可忽视的重要一环。新型工作手册式教材是以学生实际工作需求为导向，引导学生在实际工作中操作。为了更好地培育学生的劳动意识，实现新型工作手册式教材培育学生劳动意识的教学目标，职业院校在校园文化建设过程中必须纳入劳动精神文化，使中华民族的优秀精神与校园文化相交融，从而培育崇尚劳动、热爱劳动的新时代大国工匠人才。对此学校可以通过举办校园劳动实践活动，引导学生参与劳动，在实践过程中使学生了解劳动的价值，培育学生的劳动精神。在教学活动过程中，教师也要积极参与实际操作，用劳动的行为来影响学生，使学校形成热爱劳动、乐于劳动的校园文化氛围。

（五）工匠意识

追求精益求精的工匠精神是培养"大国工匠"的核心精神文化内核，是高素质技能人才的高阶素养，是职业院校培养高质量人才的重要追求。新型工作手册式教材作为新型教材，融入了新时代精神即工匠精神，倡导精益求精职业精神。同时工匠意识的树立也是新型工作手册式教材的教学目标之一，是在利用新型工作手册式教材进行教学时必须要着重关注的教学目标。因此职业院校在校园文化塑造过程中要格外注重工匠意识，在校园精神建设过程中要将工匠精神融入校园精神文化，在校园内宣传劳动模范，使学生认识、了解工匠精神，从而自觉地提升自身的思想层次。

第三节 配套完备的教学资源

新型工作手册式教材是基于工作过程系统化课程开发理念编写的，内容来自工作岗位的若干个典型工作任务，它非常强调学生的主动学习和有效学习，它的特点就是在学习与工作一体化的情境下，引领学生完成职业的典型工作任务，经历完整的学习与工作过程，实现综合职业能力的发展目标。

使用新型工作手册式教材，发展学生的综合职业能力不是没有条件的，除了进行相应的教学改革、建设高水平的教师队伍外，还必须配套相应的教学资源。尤其是，学生获得工作过程知识的学习活动与实际操作紧密相关，每个专业必须拥有相应的技能训练、模拟操作的教学条件以及实习、实践活动基地。如果没有配套的教学资源作为有力保障，新型工作手册式教材的效用就会大打折扣。

一 校内校外实训设施建设

校内校外实训设施的建设是使用新型工作手册式教材开展教学活动的前提与条件，尤其是，职业教育非常强调实践性，注重实训，必须有更多的实践教学设施，主要包括实训设备的配备、实训场所的建设两部分。

（一）实训场所的建设

使用新型工作手册式教材开展教学时，基于职业教育的特性以及人才培养的需要，学生实训场所必须在工学结合一体化的真实环境或仿真环境中完成，实训场所不能只局限在学校内，需要校内校外共同参与。使用新型工作手册式教材，学校内最理想的实训场所是仿真实训室、理实一体化教室；而学校外最理想的实训场所是校企共建的实训基地。

在这样的教学条件下，教师开展教学活动，创设学习情境，学生可以在仿真实训室实训、理实一体化教室实训、校外实习基地顶岗实习等，并在这个过程中实现技术技能的提升，以及综合职业能力的提升。

1. 校内实训场所建设

学校和企业是职业院校人才培养的双主体，尤其是职业院校。学生大部分时间在学校学习，职业院校在人才培养中发挥着重要作用。使用新型工作手册式教材实现综合职业能力的培养目标时，在教学活动中需要线上线下混合式教学模式以及理实一体化教学模式，这都需要配套的学习场所作为支撑。

（1）仿真实训室

在一些专业的实验实训及综合创新技能培养中，有一些是训练条件不具备完成教学内容或者存在安全性问题，利用仿真实训室能够满足学生实验、实训的需求；仿真实训室是一种安全、实用的教学场所，具有训练全面、自动考核、安全、经济等特点。职业院校学生们使用仿真实训室，十分有利于他们在情境中学习，能够为学生学习创设较为真实的工作情境。学生在这种情境中学习，能够进行探索学习，同时也能根据自己的学习需要改变各种条件。具体而言，学生可以使用仿真实训室来操作现实生活中具有危险的实验，实现模拟管理。

对于学校来说，引进实训设施设备、引进各种实验仪器是一笔很大的投入，而且这些实训器材、实验物品都会不断消耗，对于原本就经费不足的学校来说，无疑是雪上加霜；作为虚拟实训室，仿真实训室为学校的实践教学提供了灵活性和多样性，更加节约了成本，易维护。对于学生来说，同学们使用仿真实训室进行学习、实训和实验，非常高效，省时省力。做一些危险性强的实验时能够很好地保护学生，更为重要的是，学生使用仿真实训室进行学习，能够有效激发学生学习的兴趣，从而提高学习的主动性，使学生在教室里由"坐不住"变成"赶不走"。①

（2）理实一体化教室

理实一体化教室是开展理论教学与实践教学的重要教学场所，是使用新型工作手册式教材开展教学活动的主要教学保障。

理实一体化专业教室，顾名思义就是在教学中同时对学生进行理论和实践教学。在修建教室时，应将传统的教室和学生工作岗位融合在一起，让学生在实际的工作情境中，立足于实际工作过程，将职业院校课堂与企业、行业一线工作环节相融合，从而激发职业院校学生的学习兴趣和主动性。

理实一体化教室的建设应该要满足教学相关的多种要求。能够满足日常上课需求，具有多媒体教学、实物展示、演练等功能，融讲解、实验、实训等于一体；能够承担学校的培训任务，具有对外培训、技能鉴定、举办技能大赛等功能；师生能够依托理实一体化教室进行科学研究、教学研究工作，具有科研功能。

---

① 丁亮：《仿真技能教室建设的思考》，《吉林省教育学院学报》（学科版）2011年第2期，第31~32页。

理实一体化教室的建设是为了更好地使用新型工作手册式教材，培养具有综合职业能力的人。因此理实一体化教室要有真实或仿真的职业氛围，教室的布局、设备的摆放、室内环境要体现职业特色；充分体现出职业教育的特性。同时，职业院校进行人才培养时一定不能缺少企业的参与，在理实一体化教室建设上要引进企业文化，为学生创造出真实的工作环境，使学生的实践能力获得提高，更快地掌握技能，而且也学习相应的企业精神，不断提高自己的职业素养和工匠精神。

2. 校外实训场所建设

校外实训场所主要是校企共建的用于学生实习实训的所在地，学生掌握了相应的理论知识，要想成为一名合格的技能人才，就必须让学生进行实习，这是职业院校培养学生必不可少的环节。使用新型工作手册式教材进行教学，学生在学校中经过仿真实训室、理实一体化教室的学习训练已经能够熟练地进行操作，在教学的后期需要进行生产现场教学及校外实训基地教学，目的是使学生具备现场的操作经验，培养出合格的应用型高级技术人才。校外实训基地多通过校企合作共同建立，这样才能够发挥其多种功能，提高学生的实践能力。职业院校校外实训、实习基地应满足以下条件。

一是校外的生产实训基地建设除了要符合行业标准外，更为重要的是要能够满足与其合作的职业院校学生的实训实践需要。这样的实训基地一定是比较成熟的，有较高的管理水平，相当规模的组织，学生在其实训基地进行实训实习能够接受企业技术人员的指导，不断提高实践能力。同时，在建设实训基地时一定不要仅仅局限在某些学科、某些专业，应把不同学科、不同专业进行结合，这样的好处是学生在这种环境中实习能够获得综合的职业能力，促进自身发展。二是学生在学校中参加的一些创新创业比赛以及学校的一些新技术、新的想法观念，都能够在实习基地中进行尝试，在实践中得到应用和推广。三是促进学校与企业的合作，对于企业来说最大目的是盈利。因此，在合作过程中一定要公平合作，互利共赢，如果企业在合作中没得到好处，那么在建设校外基地时也没有动力。对于学校来说，要与企业达成一致，为企业考虑，在完成学校任务的同时帮助企业获得盈利。

（二）实训设备的配备

实训设施的建设一定离不开实训设备的配备，实训设备是实训场所建设的基础，对实践教学任务的完成起着举足轻重的作用。实训场所的建设要能够满足某门专业课或者某个教学环节，甚至某个专业一体化教学的要求就必须配备实训设备，包括必要的实验实训仪器设备、多媒体设备、仿真设备及网络环境等，同时各类实验实训仪器设备、多媒体设备等均要符合要求。

1. 先进性

职业教育是与社会联系最紧密的教育，在人才培养上要紧跟人才市场需求，避免出现职业院校培养出的人落后于市场人才需要。这要求职业院校在人才培养时要及时与市场对接，调整人才培养方案，这也对各种实训设备提出要求。在建设实训基地选择实训设施设备的时候，要选择最先进的设备，这样不仅能够使学生掌握最先进的技术，培养出优秀的技术技能人才，还能为教师科研提供帮助，提高教师科研水平。网络环境应做到校园全覆盖、无死角、高速度，远程访问快捷，能保证各种终端设备（电脑、手机等）的联网使用，保证远程教学（如学生顶岗实习期间的学习）的需要。

2. 适用性

职业院校建立实训基地时，由于安全性隐患、经费不足等各种原因，没有能力把整个实训车间安置在学校中，这就需要利用仿真实训设备满足学生实验、实训的需求，建设一处适用的、安全的教学场所，具有训练全面、自动考核、安全、经济等特点，让学生在较为真实的工作情境中学习。

3. 多层次

实训场所建设是一个庞大的工程，不同的专业有不同的需要，建设实训场所涉及的资金较多，在追求实训场所先进性的同时，应根据市场需求与专业设置要求，在科学地调研、论证、评估及可行性分析的基础上，购置高、中、低不同档次的实训设备进行合理调配和组合。既满足了教学的需要，又节约了学校经费，避免了不必要的教育资源浪费。①

4. 创新性

新型工作手册式教材将创新创业教育，特别是创新教育作为教材的重要内容，全过程训练学生的创新思维以及创新能力，更加重视通过实践训练培养学生创业素养。因此，职业院校的教师在实践课中必须注重对学生创新能力的培养，对于学校而言就必须建有具有创新功能的实训场所，包括设备的先进性、必要的工具、材料等，使学生能够开展创新活动。

二　数字化教学资源库的开发

使用新型工作手册式教材教学，教学内容多数是先进的技术、工艺，这些先进的技术、工艺、流程无法用"粉笔＋黑板"来描述，需要使用信息技术以及二维码、微课视频等数字化教学资源；教师在开展教学活动的过程中，使用仿真实训室、理实一体化教室也离不开以计算机技术为基础的数字化教学资源。可见，随着新型工作手册式教材的使用，教师教学和学生学习需要丰富的数字化教学资源。同时，面对职业教育转型升级，适应"互联网＋"职业教育的发展需要，数字化教学资源建设与应用是新型工作手册式教材实施的关键环节，也是职业教育转型升级、实现职业教育信息化顺利推进的基本保障，有利于改革教学，提高教学质量，从而促进教育的现代化。

但是，目前使用的这些数字化教学资源是分散的，分布在高校各部门或部分教师手中，只供部分人持有和使用，没有得到充分利用。随着新型工作手册式教材的使用，要有效地满足新的教学模式和教学体系就必须开发数字化教学资源库，对多种优秀的数字化教学资源进行整合，消除信息分散，实现资源共享，充分地利用数字化教学资源库。

（一）数字化教学资源库的开发原则

数字化教学资源库是指按照统一的符合国际标准的技术规范和课程内

---

① 李双江：《关于民办高职院校实训设备管理的几点建议》，《纳税》2020 年第 3 期，第
221～222 页。

在逻辑关系构建的，由优秀的数字化媒体素材、知识点素材及示范性教学案例等教学基本素材构成的，可不断扩充的开放式教学支持系统。[①] 它是教学开展和人才培养的基础条件，在教师使用新型工作手册式教材开展教学的过程中扮演了重要角色，能够满足教师教学需要以及学生自主学习需要，提高教学质量，实现人才培养目标。在数字化教学资源库的设计开发上，应把握以下原则。

1. 科学性原则

数字化教学资源库是为职业院校教学服务的，作为各种教学资源的集合载体，不论是文字内容还是视频、音频等，都必须具备可靠性、准确性、客观性，能够正确反映科学的理论知识以及现代技术。

2. 教学性原则

数字化教学资源库开发的根本目的是提高职业院校教学质量，在设计开发上应始终围绕教与学进行，能满足教与学的需求，有助于解决教学上难以解决的问题；同时，数字化教学资源库教学信息的呈现、内容的设计等都要符合教与学的原理，与教学规律相一致。

3. 有效性原则

数字化教学资源库是提供给教师和学生使用的，因为科学技术的更新换代速度非常快，落后的科学技术显然不符合教学要求。数字化教学资源库在开发的过程中，应确保对最新信息进行及时补充和更新，丰富数字化教学资源库，以便适用于不同的教学情境和多种形式的学习。

4. 层次性原则

不同地区、不同学段的学生有不同的学习水平和学习需要，数字化教学资源库的开发需要考虑学生实际的学习情况。除了利用通俗易懂的方式方法阐明原理外，还应该进行模块化设计，开发不同层次的数字化教学资源，以便满足不同层次学习者的需求，最大限度地发挥数字化教学资源的潜能。

[①] 杨志惠：《基于高校数字化教学资源库的资源分类与评价研究》，华中农业大学硕士学位论文，2008，第3页。

5. 合法性原则

数字化教学资源库开发的途径多样，包括将现有的教学资源进行数字化改造；运用先进的网络传媒技术收集资料；使用专业人员开发的数字化教学资源等。但这导致很多内容是对其他资料的直接或者间接引用。因此，在数字化教学资源库开发过程中，要符合法律规定，如果资源需要标明出处，就依照一定格式进行标注，如果涉及使用权限就需要首先获取合法使用权。[①]

（二）数字化教学资源库的开发内容

数字化教学资源库服务于教师的教学和学生的学习。教师可以使用数字化教学资源库搜索与教学内容相关的各种媒体素材，大大提高了工作效率；学生面对丰富多样的教学资源时能够自主学习，独立探索知识、技能。因此，数字化教学资源库的开发，其包含的内容应全面，包含素材资源库、课程资源库以及专业资源库，满足师生教与学的要求。

1. 素材资源库

素材资源库的开发主要是通过对文本类、音频类、视频类等素材的分类和整理，形成文本类素材、图形类素材、音频类素材、视频类素材、动画类素材五大类，具体包括电子教案、教学案例、教学课件、教学微视频、考核试题等[②]；素材资源库的开发主要是便于师生对教学相关素材的查询和获取。

2. 课程资源库

新型工作手册式教材以程序性知识为主，同时还配置了必要的陈述性知识和不可缺少的策略性知识。因此，课程资源库的开发主要包括核心课程以及拓展课程等。核心课程是指打破了以学科为中心、符合职技教育的课程，并且能够在教学方法、教学组织等方面具有示范性；拓展课程多用

---

① 莫钧：《艺术设计专业数字化教学资源库的开发研究》，《中国教育学刊》2015 年第 S2 期，第 185～186 页。

② 杨明：《关于国家高等职业教育专业教学资源库建设的思考》，《厦门广播电视大学学报》2011 年第 4 期，第 45～48、53 页。

来传授学生策略性知识，提高学生能力，培养学生的兴趣爱好，开发学生的潜能，促进学生个性的发展，是具有一定开放性的课程。[①]

3. 专业资源库

专业资源库的开发包括人才需求调研报告、人才培养方案、专业建设方案、岗位能力分析、课程体系、师资队伍、订单班、校内和校外实训基地、办学条件建设等。专业资源库主要是对专业的全面介绍，便于师生了解专业的定位、发展和最新动态。[②]

三　校企合作机制的建立

基于职业教育特性，发展职业教育就要适应社会需求，针对现实所需培养具备综合职业能力的技术技能人才，教育过程要与实际应用接轨，进行校企合作。推行校企合作，有利于整合多方力量，促进职业教育发展。

对于学校来说，不论是新型工作手册式教材的编写，还是使用新型工作手册式教材教学活动涉及的教师团队、教师队伍都离不开企业的参与。新型工作手册式教材的编写，需要学校和企业共同组建编写队伍，根据企业岗位需求，以实际工作任务为主要内容。教材内容要对接国家职业标准，符合职业岗位要求，确保教学内容与企业岗位的"零距离"对接；校企共建的实训场所需在政府以及相关行业协会指导下，由学校和企业一起建立，在双方充分协商的基础上，确定校企双方的权、责、利，并且以合同、契约、协议书等法律的方式予以明确。职业院校应引进企业的专家到学校担任专职或兼职教师；构建校企合作平台，为在校教师企业培训提供条件，学校应该让专业课的任职教师去企业参与轮岗，了解行业最新的信息，保障传授学生最新的知识和技能。

对于企业来说，与学校进行校企合作，学校和企业共同制定人才

---

① 李必新：《中职数字化教学资源库一体化设计与实践》，贵州师范大学硕士学位论文，2019，第34～35页。

② 李必新：《中职数字化教学资源库一体化设计与实践》，贵州师范大学硕士学位论文，2019，第34～35页。

培养方案，培养出来的学生专业性强、工作踏实，上岗即能胜任工作，非常符合企业的要求。同时，这样的学生成为员工，无论是对工作岗位还是企业文化都非常了解，对企业有较深的认同感，不会轻易辞职，企业能够稳定发展，效益自然提高，不仅自身盈利，而且还为社会的发展做出了贡献。

学校和企业进行合作，能够充分利用学校和企业的不同资源，取长补短，共同培养人才，既有利于学校完成教学目标，也有利于为企业培养技术人才，对学校和企业都有一定的良性影响。因此，要想构建一个长期有效的校企合作机制，明确在合作中各自的地位和所要担负的责任就显得尤为重要。

（一）校企合作中的主导者——政府

职业院校办学质量的提高，关键在于政府要推进校企合作。尤其是随着我国社会经济的不断发展，今后要想实现可持续发展，一定要从现在的制造业大国变成制造业强国，这对我国来说有重大而深远的意义，而实现这一切都需要职业教育为其培养高技术的能工巧匠。因此，职业教育就成了关键，尤其是进入 21 世纪，职业教育逐渐受到重视，迫切需要职业教育为国家转型做出贡献。职业教育要取得成功，必不可少的就是要通过学校和企业共同培养劳动者；而学校和企业能够友好合作，一定需要政府牵头，作为校企合作的主导者，在学校和企业合作中承担更多责任，付出更多努力。尤其是，政府要制定相关的法律制度，明确学校和企业在合作中的职责和权益，只有学校和企业都能获利，校企合作才能持续进行下去。在制度中，也要重点设置监督机制，明确奖励和处罚规定，对企业和学校进行不定期考察，在校企合作中，对表现突出的学校和企业进行奖励，对不合格的及时进行处罚，使其承担相应的后果。

（二）校企合作中的参与者——学校

职业院校创设的目的就是培养具备综合职业能力的技术人才，充分考虑学生的就业能力，着眼于学生职业生涯发展，重视学生职业素养和能力的培养，满足国家和社会对高技术人才的需求。学校和企业进行合作，走校企合作之路，学校作为重要参与者，应当在合作中发挥自己应有的作用。首先，学校要改变不正确的观念：认为学校就是培养人才的唯一主体，闭门培养学生，不愿与外界交流。而实际上，职业教育是与社会联系最紧密的教育，在人才培养的全过程都需要社会和企业的参与，最重要的是，培养的学生也是为社会为企业服务，因此，学校一定要走出校门，深入社会，听听社会和企业对人才的需求。其次，学校在与企业合作后，在教学的许多方面都要让企业参与进来。在专业设置上，学校在深入调查企业的基础上，邀请相关行业的专家一起论证，进行适时的调整。在实训基地建设上，也可以利用企业优势，共同进行建设，这样才能够发挥各自的优势，提高学生的实践能力。而更重要的是，可以利用校企合作组建教师团队，邀请企业高水平技术人员来学校教学，让学校专业理论教师实践能力得到提高。

（三）校企合作的参与者——企业

走校企合作之路，另一个重要的参与者就是企业，企业在合作中扮演着非常重要的角色，是决定校企合作能否取得成功的关键。尤其是，当前学校和企业合作尚不成熟，许多企业非常不愿意与学校合作，认为培养人才是学校的事情；现实情况也是，现有合作机制不完善，在学校和企业的合作中，学校邀请企业参与到学校人才培养中，参与建设实训基地，组建教师团队，但企业没有获得好处，校企合作不是互利共赢的，导致学校和企业合作不成功。但是，随着国家对职业教育的重视，这一现状会逐步得到改变，企业会慢慢认识到与学校合作的重要性，成为人才培养的另一主体，成为校企合作的参与者，一起参与学校人才培养，能够合作修改专业的人才培养方案；根据人才培养方案安排学生到企业进行实习，并对实习的学生进行指导等。[①]

[①]　林润惠等：《高职院校校企合作——方法、策略与实践》，清华大学出版社，2012，第45页。

（四）校企合作中的指导者——行业协会

行业协会是指介于政府、企业之间，商品生产业与经营者之间的非营利性组织，并为其服务、咨询、沟通、监督、公证、协调的社会中介组织。行业办学是我国职业教育的历史传统，能够为职业教育的发展提供动力和支持。[①] 现实情况也是，走校企合作之路，只有政府、学校以及企业是远远不够的，行业协会必须参与到校企合作中，发挥自己的作用。在以往，行业协会没有实际的权力，不能对职业教育进行指导，虽然政策中多次强调它的重要作用，但一直没有明确指出行业协会的具体职责。而随着职业教育的发展，国家一定要发挥它的作用，使其成为校企合作的桥梁。行业协会能够凭借自己的优势，制定相关的行业标准，同时，还可以参与学校人才培养，在专业设置、人才培养方案的制定等方面做出贡献。

---

① 施雨等：《高职院校校企合作机制的研究》，南京师范大学硕士学位论文，2011，第39页。

第七章

职业教育新型工作手册式
教材评价

　　教材评价有广义和狭义之分。与判断教材质量有关的一切思维活动过程及结果都是广义教材评价的内涵。狭义的教材评价，则是采用具体的评价方法，通过相关方法的评价过程明确评价指标与指标内涵，建立评价量表，明确指标权重等一系列指标体系建立的完整过程，在实践中收集真实资料，从而对教材的特点、适用范围和优缺点等进行评判和分析，并得到真实的反馈结果，兼具事实判断和价值判断的作用。[①] 可见，评价对于教材开发而言具有极其重要的作用，不仅可以对其特点和适用范围以及优缺点进行评析，也可以为教材优化提供依据，更为教材选用提供了重要指标。本章内容将从职业教育评价的相关理论入手，对新型工作手册式教材评价的意义、原则、标准进行说明，并在此基础上阐明新型工作手册式教材的评价聚焦点，进一步论证新型工作手册式教材评价的标准，为新型工作手册式教材开发从评价角度提供意见。

第一节　职业教育教材评价的意义与原则

　　本节对职业教育教材评价的意义、教材评价的原则和标准进行具体的分析，为新型工作手册式教材开发提供有利依据，是进行职业教育教材评价的基础，也为新型工作手册式教材评价提供了可借鉴的信息。

一　教材评价的意义

　　根据教材开发的需求导向定义，教材的使用必须满足学生的学习需

---

① 邓泽民、侯金标：《职业教育教材设计》，中国铁道出版社，2006，第 245～246 页。

要，体现以人为本；满足教师的教学需要，助力"三教融合"改革；满足行业企业的用人要求，满足职业标准，实现产业转型升级。教材评价就是要对教材的内容质量、编写规范、设计流程、使用效用进行测量与评析，具体来说，教材评价具有多种功能意义，一般包含以下几方面的意义。

（一）诊断作用

职业教育教材评价通过利用一定的科学评价方法，对教材质量方面的信息进行收集，使教材质量优秀或不足之处都逐一呈现在眼前，引发对教材质量的反思。并且通过对收集的信息进行分析和处理，可以帮助进一步明确内容质量问题。经过进一步分析评价结果，可以对问题产生的原因进行挖掘，寻找教材质量提升的方向，以便修正教材内容、调整教材内容顺序，改进编写和组织方法，提升教材的质量，提高教材的使用效果。

（二）导向作用

在构建职业教育教材评价指标体系时，要明确指标与指标内涵、评价标准，在评价过程中充分对指标进行调查，并在结果中一一呈现，对教材各个方面的评价结果都要有明确表达，为教材的改进提供指导。不同的指标和指标体系的建立，以及指标权重分配，能在一定程度上表征教材的导向性。若在指标和指标体系中教材内容的理论知识权重很大，则体现理论价值导向；若在指标和指标体系中，对于教材内容更重视实践和操作流程，则体现实践价值导向。不论是教材使用者、教材开发者还是教材评价者，都能通过教材评价来把握现阶段的教材价值导向，为教材改进和开发提供建议。

（三）激励作用

职业教育教材评价在正确导向性的指导下，可以区分教材质量的优劣，在同类教材的选择上具有横向比较的重要意义，在我国启动教材遴选计划、遴选国家规范教材的背景下，正确的教材评价有助于提升教材质量，并且在与同类教材的竞争中把握战略性的优势地位，同时也为教材的选用提供可参考的依据。

（四）指导作用

职业教育的教材从内容质量和体例结构来说，都必须与国家对职业教育的要求相吻合，表现为在思想上要满足新时代中国特色社会主义的内涵导向，在内容上要反映新技术、新工艺、新规范的发展，在体例上要以工作过程为导向，既要适应教学规律的循序渐进，又要满足职业发展瞬息万变的需求。通过教材评价，可以对内容质量和体例结构进行全方位的测量，为以上要求的充分实现提供指导和规范，引导职业教育教材在内容质量和体例结构方面的正确方向。

二 新型工作手册式教材评价的原则

为了保证教材评价的客观性和有效性，对新型工作手册式教材的评价要从其特点出发，采用综合的评价方法、纳入多主体参与评价、关注教材的功能性实现情况以及对评价指标进行动态调整，遵循以上原则，可以更好地实现教材评价的重要意义，最终实现以评促改。

（一）评价方法——综合性

1. 定量与定性结合

众所周知，定量评价主要是依赖数学的方法，在资料收集、数据处理、结果定义等一系列过程中强调数学统计的应用，一般的导向是以数学基本理论为指导或以统计方法为主，对评价对象进行定量描述和计算，从而得出评价结果。最重要的特点就是强调数据计算，在教材评价中则表现为以教育测量为基础，要求标准化、精确化、全面性地对评价对象进行测量。但教材的评价中涉及不少教育因素，具有一些难以测量的品质和行为，如学生的心理发展等。不可能在每个方面都能用定量评价的指标进行量化，若是对这些内容进行勉强量化，效果也不会尽如人意，甚至只是流于形式，不能发挥其真正的价值。

定性评价也称质性评价，其评价不依赖于数学的方法，主要利用观察等方法得出结论，评价者利用自身的知识和经验，对被评价的对象进行观察、分析、归纳、描述和定论，其特征在于关注整体、关注过程和关注意义。但由于缺乏数据的支撑，定性评价往往存在主观性强、推广性差、可信度低的缺点。定性评价的模糊性和抽象性，不利于系统高效地对评价内容进行精确定位。

对新型工作手册式教材进行评价时，既要关注具体可量化，又要满足质性全局化，因此，要注意将定量评价与定性评价相结合，充分发挥两者的优势并实现优势互补。在具体的评价过程中，则表现为根据指标的内容选择定量还是定性，在指标权重分配时，采用定量的方式，对评价结果进行描述时，则可通过定量与定性相结合的方式。

2. 静态和动态并重

静态分析指不考虑时间的动态变化，仅在某一时点对经济现象进行孤立的分析；动态分析则是对实际过程进行连续性把握，充分考虑有关变量的动态变化过程。当它们被纳入教材评价时，其内涵和关注点也发生了一定的变化。

对教材进行静态分析是指聚焦于教材内容的文本质量，主要对教材中的科学性错误和逻辑错误进行指正，涉及内容阐述、展现形式、层级结构等方面的文本描述。我国教材评价在很长一段时间都以静态分析为主，近年来研究者开始逐渐关注教材的使用过程，引入了动态的教材分析，针对教材主要使用者，也就是教师和学生，在实际使用过程中的体验进行测量。主要思路是从教师和学生的实际应用入手，让教师和学生作为评价主体，在教材认知、使用情感、使用态度方面对教材做出评价，从而对教材的使用效果进行测量，最终得出评价结果。[①]

新型工作手册式教材在内容组织上就是以程序性知识为主，因此在进

---

① 王晓丽：《国外教材评价：基本特征、发展趋势及启示》，《课程·教材·教法》2016 年第 9 期，第 107～113 页。

行教材评价时，要注意静态与动态评价的结合，一方面需要学校教师或学科专家对陈述性知识进行审查，检查知识内容和逻辑顺序的正确性，另一方面需要企业专家对工作流程的规范性和准确性进行校对，同时要注意充分考虑学生和教师的使用体验。

3. 宏观与微观兼顾

宏观评价是指对教材的原则与方向的大体评估，微观评价则是要对教材的具体内容进行细致的具体分析。对新型工作手册式教材的评价既要从宏观上把控方向，又要从微观上落到实处，两者缺一不可。

新型工作手册式教材的宏观评价包括对教材的思想正确性、内容主体的科学性和职业性、总体结构的系统性进行评价。教材在主体精神上要以新时代中国特色社会主义理论为指导，体现其思想的先进性；在内容上要纳入科学先进的理论和技术，体现职业标准与职业规范，满足教材科学性和思想性的建设；在总体结构上，教材的逻辑结构要系统完整，模块设计合理。微观评价则设计更为具体的指标，如在语言上要求通俗易懂，具有真实性和亲和力；在内容排列上要按照编写的三级层级明显呈现；设计必要的逻辑图；所引用的名词和名称要规范准确；颜色搭配适宜，装帧美观等。新型工作手册式教材评价既要在宏观上把好关，也要在细节上注重和谐感。

（二）评价主体——多元性

1. 教学主管部门和教材编委会

教学主管部门是课程标准的制定者，因此，新型工作手册式教材评价必然离不开教学主管部门的评价与指导。教学主管部门与教材编委会将课程专家组织起来，集中对教材的内容标准进行效度评价，主要是评价教材内容与课程标准的衔接程度，对于课程标准中的核心标准，要看其在教材中是否有所展现，挖掘的深度和广度是否恰当。可以用以下流程来展现：

教学主管部门：制定课程标准。

教学主管部门、教材编委会和专家：对课程内容标准进行考察。

评价指标：是否与课程标准相衔接？衔接的铺展度如何，是否合理充分？衔接深度如何，是否合理充分？

2. 一线教师

新型工作手册式教材评价要注意发挥一线人员的敏锐性，教师作为教材最直接的接触者，对于教材是否适用于实际教学有着最直接的感受，因此要注意发挥一线教师的作用，使其积极参与教材评价，包括对教材的知识适用和够用的评价，评价教材呈现的知识是否能满足教学需要；教材是否提供适当的策略指导，以及策略指导是否恰当，也就是教材的引导方法的评价；更为具体的还有评价教材目标设计的合理性和适用性，教材案例的生动性、图文编排的科学性；还可对教材的测验评价提出建议和改进措施。

3. 学生

新型工作手册式教材作为传统"教材"向时代"学材"转变的产物，其效用发挥和价值提升离不开学生的评价。学生作为教材最直接的使用主体，让其参与到教材评价过程中充分体现了以学生为主和以人为本的教学理念，真正实现教材到学材的转变。学生评价教材需要其在充分了解教材各方面信息之后，对教材是否满足自身的学习需要做出建设性评价。

4. 企业专家

为了保证教材评价结果的科学性、客观性和权威性，教材评价过程中吸纳专家的意见至关重要。参与新型工作手册式教材评价的专家应至少具备中级职称，主要是结合企业工作和岗位的具体情况对教材内容进行研读，对教材培养学生职业能力、介绍职业工作过程、职业标准规范的体现程度进行评价，从而站在职业角度对新型工作手册式教材的适用性和先进性做出评价并提出改进意见。

5. 出版社

出版社作为教材发行的最后一个关卡要把好关，严格进行教材评价，提高教材内容质量。出版社除了教材出版外，也在实践中形成了较深入的研究，因此，在对新型工作手册式教材进行评价时，要注意吸纳出版社的建议和意见。

（三）评价指标——动态性

评价指标不是一成不变的，新型工作手册式教材本身就是极具生命力的，因此在对它进行评价时，不能采用标准固定的死板的评价指标，而要针对其特点进行改良，设置指标要具有动态活力；教材的价值本身也是在教师和学生的使用过程中不断生产的，是不断发展变化的，从这一层面考虑，也要保证评价指标的动态性。[①] 此外，新型工作手册式教材的评价是由多主体共同参与的，不同的主体对教材评价的侧重点也是不一样的，评价主体多元性的特点也要求评价指标的动态性。

1. 新型工作手册式教材内容更新极为迅速，因此评价指标也要及时更新

随着人工智能的广泛应用，企业组织结构和职位将发生重大变化，设计导向的高技能职位数量将大幅增加。因此，职业院校的教材不能简单地复述知识体系和操作方法，而要使学习者具备终身学习的技能适应能力。《职业院校教材管理办法》规定："专业课程教材要充分反映行业发展的最新动态，适应科技发展的趋势和市场需求，吸收比较成熟的新技术、新工艺、新规范等。"新型工作手册式教材可以根据工作过程的变化及时修改内容，做到迅速更新，为适应新一轮工业革命的要求、适应新时期职业教育的需要、明确教材建设的定位做好准备。

传统教材的评价指标无法全面准确地衡量新教材的价值，所以必须及时更新评价指标，如考量编写者队伍的指标、创造创新的指标和使用者意见指标等。通过新指标对教材改革提出指导性意见，提高教材质量，实现各方资源整合。

2. 新型工作手册式教材的使用价值具有生成性，因此评价指标不能一成不变

新型工作手册式教材具备动态生成功能，这是由它与技术发展之间的

---

① 柳叶青：《从实体思维到实践思维：当前教材评价研究的新趋势》，《课程·教材·教法》2017 年第 12 期，第 24～30 页。

密切关系决定的，两者同生共存，同步发展，也就造就了新型工作手册式教材的生成性，通过发展教材内容和功能不断趋于完善。职业教育教学打通了学习者与现实工作世界的联系，教师与学生在使用生成性教材过程中产生生成性价值，促进学生掌握现实动态变化的生产技术，实现职业领域可持续发展。

由于新型工作手册式教材本身及其价值都处于变化之中，评价指标不可能一成不变，势必要随着被评价主体的变化而产生变化，这样才能反映真实工作世界快速变化的必然要求，体现教材开发的创新性。

3. 新型工作手册式教材评价要调动多主体充分参与，因此指标要适当做出调整

新型工作手册式教材编写强调主体双元组合，一元强调行业企业专家编评结合，负责对教材目标、内容、标准等有关指标进行评价。另一元的教学专家、学习理论专家主要对教材目标结构、内容结构、过程结构是否符合能力形成的规律、是否符合学生学习兴趣动机发展的规律、是否符合教育传播规律等内容进行评价。新型工作手册式教材是一种"教材"更是一种"学材"，教师和在校生或毕业生都是评价主体，对教材的功能、效能、实用性和适用性等进行评价。评价主体还可以包括教材出版社编辑，对教材的文字、版式、外观质量等进行评价。[①]

新型工作手册式教材评价主体多元化，每一主体负责自己专长领域的评价，每一领域的评价指标存在差异，因此要求评价指标要设计全面，充分考虑各个主体的需求，整合指标，提高评价的有效性。

4. 新型工作手册式教材开发之初就是面向未来的，因此指标要具有一定的前瞻性

第四次工业革命的特征是工业化和信息化的深度融合，这一特征必然会从产业界延伸到职业教育界，虚与实相结合的立体化教材将会促进信息技术手段和学习工作内容的全面融合。新型工作手册式教材是一种立体的

---

① 许新华：《高职教材评价及其指标体系设计》，《长沙通信职业技术学院学报》2011 年第 4 期，第 52 ~ 56 页。

教材，它把纸质教材和信息化教材有机地结合起来，提高了学生所学知识技能与实际需要的衔接程度。[①] 新型工作手册式教材的开发旨在面向未来和全球变化，使学生能够适应未来的发展需要，在学校的学习中培养将来就业所必需的综合职业素养。教材评价指标本身具有指向性，通过一级指标和二级指标，细致化地规范教材的编写、出版、创新和使用等。所以评价指标必须要有一定的前瞻性，通过接轨未来的指标指导职业教育教材的改革和创新。

第二节 职业教育新型工作手册式教材评价聚焦点

职业教育新型工作手册式教材评价应该要有所聚焦，主要关注教材内容评价和教材适用性评价。教材内容评价从内容质量出发，涉及教材内容的科学性、思想性、职业性、逻辑性和系统性；教材适用性评价则是对可读性、灵活性、学材性、直观性和布局性进行聚焦，充分关注教材的使用效果。

一 教材内容评价

教材内容评价主要是从教材的内容质量上进行关注，包括知识内容是否科学、内容呈现是否思想正确、内容安排是否体现职业需求、内容组织是否满足逻辑性需要、教材整体是否形成系统设计。

（一）科学性

教材内容的科学性包含多个层面的要求。一是教材内容应与国家制定的专业课程标准相适应，即所选的知识点、技能点应与课程标准所要求的

[①] 崔发周：《新型工作手册式教材的基本特征与改革策略》，《教育与职业》2020 年第 18 期，第 97~103 页。

知识点、技能点相匹配，符合专业就业岗位对本课程核心能力培养的要求；二是教材内容选择要有前瞻性，符合行业、企业发展规律，能反映行业科技发展的新信息、新理论、新技术、新标准等。内容选择应体现课程标准的核心理念和关键问题，只有教材将这些内容进行清晰地呈现，才能更好地为学生所用。

（二）思想性

实施教育最重要的是解决"培养什么人"的问题，在职业教育中，倡导实施校企合作育人、全面贯彻立德树人、深入融入课程思政等内容，从而实现培养社会主义的建设者和接班人的重要教育目的，那么教材就必须要保证内容正确，在涉及国家政治观、价值观和国际关系等政治问题时向学生传达正确的观点。并且，要注意体现出职业教育独特的类型特征，强化职业教育作为一种独立的教育类型而存在的先进思想。

（三）职业性

新型工作手册式教材是为培养学生的综合职业能力而服务的，在教材内容中必须体现出知识、技能和能力的并重。因此职业性也是对新型工作手册式教材内容评价的重要焦点，评价时要注意教材内容是否遵循职业教育相关规律、是否与企业共同编制人才培养的方案、是否将企业生产实践所需的实际技能纳入教材、课程与教学中，使与专业对应的岗位要求全面融入专业人才培养的过程中；教材中呈现的案例、任务和课后训练是否来源于企业实际，是否对其进行了整合与凝练，促使工作内容转变为学习内容，进而展现其先进性和适用性，从而将企业场景、职业规范、未来工作任务灵活展现在学生面前；通过教材的内容呈现，是否使学生很好地体验了职业工作及氛围，实现与企业接轨。

（四）逻辑性

教学组织一定要满足学生身心发展的相关规律，知识内容设计应该要循序渐进，满足学生身心发展的顺序性；知识内容学习应该阶梯呈现，以满足学生身心发展的阶段性；教材内容设计还要充分利用配套数字化教学资源，以满足学生身心发展的差异性，通过丰富的数字信息化资源，为学生个性化学习创设条件。此外，新型工作手册式教材开发还应该遵循职业发展的相关规律，一是呈现完整的工作流程，包括工作对象、工作内容、工作手段、工作组织、工作产品、工作环境六大要素；二是帮助学生建立工作的思维六步骤：咨讯、计划、决策、实施、检查和评价；三是遵循从"初学者"到"专家"的职业发展逻辑。

（五）系统性

新型工作手册式教材的内容设计要考虑系统性，首先，要基于专业群课程体系进行具体的课程内容组织，以保证专业群课程的整体性；其次，要基于专业课程体系及工作过程系统化设计，以保证课程整体结构的系统性；最后，进行教材体系的系统设计及本教材内容的系统设计，满足教材内容系统性要求。系统性不仅仅关注解决专业课程体系内容重叠的问题，更加强调的是专业教材与教材之间统一协调、整体规划的特点。

二 教材适用性评价

新型教材适用性评价主要是关注教材的使用效果。对教材进行适用性评价也是教材评价动态与静态结合的应有之义，主要评价教材是否以培养技能型人才为目标而进行编写，教材的组织结构及阐述和论证的方式是否有利于学生思维能力的培养，根据具体内容来检验教学针对性和适用性程度如何。

（一）可读性

新型工作手册式教材在语言使用上应尽量使用通俗易懂的语言，将深奥的知识用平实的语言进行描述，方便学生理解。从学生角度组织语言和调整用词，使知识展现更具有故事性和吸引力，将真实的工作任务进行简易表述，并注重融入思政要求，将思政教育内容隐含于其中，而不是生硬地表达。

（二）灵活性

灵活性是新型工作手册式教材使用的一大特点，包含两方面的重要内容。一是可以采取活页式教材装订。采用活页的形式对行业企业的新技术、新方法、新工艺进行即时更新，将活页式教材装订作为有力工具，既能保证教材内容的完整性，又能很好地实现内容生成。二是设计页面留白。教材设计时，应该适当留白，以便及时记录教学过程中发现的问题，整理搜集有价值的案例，实现教材内容即时补充。教材的价值是在使用过程中不断生成而非一成不变的，在新型工作手册式教材设计时要秉持这种观念，设置页面留白，方便灵活地对教材进行扩展和更新，并注意在进行教材活页装订时，要按照单元层级编写页码，方便有针对性地进行内容补充。

（三）学材性

新型工作手册式教材开发旨在实现教材向"学材"的转变，注意满足学生的个性化学习需求，体现以学习者为主体的教学观念。将行动导向学习方法与教材结构、内容结合，以学材为主体组织结构设计、内容编写，促进自学。教材将凸显学生的主体性地位，并在使用过程中充分激发学生的学习兴趣，满足学生的个性化学习需求。

（四）直观性

基于学生基础和认知与行动规律，在教材中汇总设计必要的图片、逻辑图、流程图等，便于学生理解和模仿行动。在简单任务阶段，可提供必要的图片作为引导，帮助学生模仿和操作；在复杂任务阶段，应该适当提供逻辑图或者流程图，引导学生制订计划和解决问题。针对难度较大、内容复杂的学习任务应链接学习资源，让学生通过动画、视频、仿真等方式学习。

（五）布局性

为了更好地刺激学生多重感官的参与，教材设计要考虑布局性，做到图文并茂，并要求图文、图表搭配恰当，布局合理，线画清晰、准确、美观，符号、计量单位等均符合国家标准；页面装帧适宜，封面设计须构思合理、图案简洁、用色和谐，符合教材内容设计和学生的阅读心理。[①] 所涉及的表述均使用规范的名称、内涵明确，学习资源与教材内容分配合理、链接完整，链接指示位置合理、易于寻找，标志大小适宜，不突兀展现。教材布局、设计美观，栏目清晰易辨，颜色搭配适宜、有效。

第三节 职业教育新型工作手册式教材评价的标准及标准解读

教材评价过程中，参照标准和标准解读是重要环节，但针对职业教育新型工作手册式教材的评价尚无清晰的标准可供参照，但相关的文件对新型工作手册式教材的评价有所提及，因此，详细研读相关文件以达成对新型工作手册式教材评价标准的解读是十分有必要的。

一 研读文件以确定教材标准

（一）国务院和教育部颁发的相关文件导向

国务院和教育部颁发的相关文件为教材评价提供了依据。《国家职业教育改革实施方案》[②] 中提出要建设一大批校企"双元"合作开发的国家

---

① 顾京、孙燕华：《高职教材评价标准研究》，《教育与职业》2016 年第 9 期，第 113 ~ 115 页。
② 《国务院关于印发国家职业教育改革实施方案的通知》，http：//www. gov. cn/zhengce/content/2019 - 02/13/content_5365341. htm，最后检索时间：2020 年 12 月 11 日。

规划教材，倡导使用新型活页式、新型工作手册式教材并配套开发信息化资源。明确了新型工作手册式教材作为新型教材的开发刻不容缓。文件还指明，针对新型教材，"每 3 年修订一次教材，其中专业教材随信息技术发展和产业升级情况及时动态更新"。明确了教材的动态更新，将教材内容科学性作为重要的评价焦点。

《职业院校教材管理办法》① 也为新型工作手册式教材的评价提供了重要信息。第三条指出，"职业院校教材必须体现党和国家意志""体现党和国家对教育的基本要求"，也就是要求教材评价要聚焦于内容的思想性；第十条"适应新时代技术技能人才培养的新要求，服务经济社会发展、产业转型升级、技术技能积累和文化传承创新"，强调了教材功能定位；第十二条中，要点二指出教材要突出职教特色，反映产业发展的最新进展，是对教材内容科学性的要求。要点三要求教材设计要"符合技术技能人才的成长规律和学生认知特点""以真实生产项目、典型工作任务、案例等为载体"，均是对教材内容的逻辑性提出要求。要点四则要求教材编排要"图、文、表并茂，形式新颖"，关注教材的布局特点；第三十五条，明确要求"定期对教材的使用情况进行调查和分析"，为教材评价要注重静态和动态相结合提供了依据。

教育部印发的《中等职业教育国家规划教材申报、立项及管理意见》② 提出，申报国家规划教材的选题，应具备以下条件：首先，要根据职业教育培养目标的相关要求，按照教育部颁布的教学大纲对教材进行编写；其次，教材应正确反映当代先进科技、文化的新成就、符合我国国情、体现中等职业教育特色。本文件也为新型工作手册式教材的评价要关注系统性、科学性和职业性提供了依据。

---

① 《教育部关于印发〈中小学教材管理办法〉〈职业院校教材管理办法〉和〈普通高等学校教材管理办法〉的通知》（教材〔2019〕3 号），http://www.gov.cn/zhengce/zhengceku/2020－01/07/content_5467235.htm，最后检索时间：2020 年 12 月 11 日。

② 《教育部关于印发〈中等职业教育国家规划教材申报、立项及管理意见〉的通知》，中华人民共和国教育部（http://www.moe.gov.cn/s78/A07/zcs_left/moe_953/201001/t20100129_835.html），最后检索时间：2020 年 12 月 15 日。

（二）国家教材建设重点研究基地的成立

2019 年 9 月华东师范大学国家职业教育教材建设和管理政策重点研究基地获教育部正式授牌，仪式中指出职业教育教材建设要遵循能力本位。[①]能力本位是实现职业教育教材活页化、手册化的重要理念支撑。我国职业教育遵循能力本位由来已久，早在 20 世纪 90 年代，我国职业教育的办学目标就从学科本位向能力本位转变，能力本位的特点在于，一是培养主体强调校企协同培养；二是培养目标注重职业岗位能力的发展；三是在培养内容中加入职业精神及职业创造力的培养；四是注重利用实习实训的情境化方式展开教学。据此我们可以发现能力本位为新型工作手册式教材开发提供了重要的理论基础，新型工作手册式教材基于工作过程系统化的学习领域课程开发实则是为情境化教材方法的使用创造条件；而教材内容的思想性标准则是为更好地检验职业精神及创造力的发展情况；基于能力本位的人才培养目标也与新型工作手册式教材服务于学生综合职业能力的培养不谋而合。因此，对新型工作手册式教材的评价也应该从能力本位出发，研究和制定评价标准。[②]

（三）职业教育教材研究专家的关注

新型工作手册式教材开发的核心内容就是进行学习领域课程的开发，想要顺利开发学习领域课程需要充分学习职业教育关于学习领域课程开发的相关经验。基于德国职业教育教材开发的经验，德国职业教育教材研究专家所关注的关于工作过程系统化中每个典型工作环节的六步法，以及与六步法相对应的学生工作单、教师工作单，也应该作为评价的重要内容并延伸出相关的评价标准，这样才能保证内容设计与评价的一致性，为新型

[①] 《华东师范大学国家职业教育教材建设和管理政策重点研究基地获教育部正式授牌》，http：//www. moe. gov. cn/jyb - xwfb/xw - zt/moe - 357/jyzt - 2020n/2020 - zt04/yanjiu/yw/202004/t20200409 - 441811. html？/vk - sa =/024320u，最后检索时间：2020 年 10 月 20 日。

[②] 谢德新、庄家宜：《从学科本位到综合职业能力：新中国职业教育人才培养的历史回眸与未来展望》，《职业技术教育》2020 年第 28 期，第 33 ~ 39 页。

工作手册式教材开发的完善和优化提供可能性。

二　教材评价的标准

教材评价标准为教材评价提供一定的参照依据，对于职业教育教材评价来说，具体包括思想性标准、知识性标准、技能性标准和适切性标准。思想性标准是要关注教材的思想内容组织的正确性、知识性标准关注教材内容的科学性、技能性标准关注教材内容的实践性、适切性标准从整体角度为教材细节提供评价依据。

（一）思想性标准

教材是培养人的重要工具，而培养什么样的人和为谁培养人是处于教材建设第一顺位的重要问题。只有正确把握了这一问题，教材对人才的培养才能真正发挥作用。2019 年 3 月 19 日，在由习近平总书记主持召开的学校思想政治理论课教师座谈会上，总书记指出，社会主义方向是人才培养应该坚持的方向，要坚持党的教育方针，为社会主义培养德智体美劳全面发展的建设者和接班人。[①] 因此，教材的核心任务是培育和弘扬社会主义核心价值观，教材评价的核心关注点就是其思想性标准，思想标准过不了，教材建设将无法进一步推进。坚持教材评价的思想性标准，有以下含义。

1. 坚持正确的政治方向

新型工作手册式教材要反映正确的价值观：坚决拥护中国共产党的领导，坚决拥护中国特色社会主义制度，立志为中国特色社会主义事业终生奋斗。[②] 新型工作手册式教材要体现正确的政治观：坚持走中国特色社会

---

① 《习近平主持召开学校思想政治理论课教师座谈会》，央广网（http：//news. cnr. cn/n-ative/gd/20190318/t20190318_524547148. shtml），2019 年 3 月 18 日，最后检索时间：2020 年 12 月 26 日。

② 唐丽芳、丁浩然：《建构以质量为核心的教材评价体系》，《教育研究》2019 年第 2 期，第 37～40 页。

主义道路，建立社会主义道路自信、理论自信、制度自信和文化自信。新型工作手册式教材要保持正确的国家观和国际观：展现爱国主义情怀，树立强国远大志向，在复杂变化的国际形势中使学生厚植爱国主义情怀，时刻保持头脑清醒。

2. 深入渗透思想教育内容

根据新型工作手册式教材中体现的职业能力素质和技术技能人才培养的特点，以及专业课程独特特点，对每门课程的思想政治教育元素进行梳理和分析，通过具体案例在教材中渗透思想教育的内容，包括工匠精神、职业道德、职业规范等。如在工程绘图专业中通过分享一些失败的、危险的案例，使学生明白严谨、细致和专业的重要性，培养学生的工匠精神和人本情怀；在自然科学的教材中，适当加入伦理道德和科学素养的相关内容，使自然科学依托于正确的价值取向，实现可持续发展。[1]

（二）知识性标准

知识是人类物质文明和精神文明积累与传递的成果，是人类社会不断发展和前进的基础。新型工作手册式教材虽然是以工作过程为主要方式构建教材体例，但是其中也包含了"适度、够用"的知识，以快速高效地实现学生对知识和经验的学习，通过由历史经验归纳得出的知识快速高效地掌握基础知识和基本技能。因此在新型工作手册式教材的评价中要坚持知识性标准，更好地发挥教材传播知识、培养能力的重要载体作用。[2]

1. 知识内容是否科学、先进

新型工作手册式教材是科学和先进的，首先，在内容上就表现为要基于知识体系的科学性和完整性体现职业教育的特点，选取与职业岗位密切

---

[1] 汤苗苗、董美娟：《高校课程思政建设存在的问题及对策》，《学校党建与思想教育》2020年第22期，第54～55、70页。

[2] 唐丽芳、丁浩然：《建构以质量为核心的教材评价体系》，《教育研究》2019年第2期，第37～40页。

结合的岗位知识，展现实际案例，并及时纳入企业的技术、新工艺、新规范①；其次，要对教学情境进行合理创设。结合教材中的有关任务以及问题设计，要有助于学生体验和实施合作学习，发现学习，充分按照行动导向教学的具体要求进行组织②；最后，教材中的内容既要体现出真实性和职业性，也需要符合教育教学的相关规律、学生认知发展规律和人才成长规律。也就是说，新型工作手册式教材的科学性和先进性，是基于适度够用的理论知识和真实的职业岗位知识，并且在内容组织上也要合理规范，正确组织，这样才能保证知识点与技能点符合职业岗位对核心能力培养的需求，才是科学、先进的教材。

2. 知识表述是否准确、规范

职业教育新型工作手册式教材首先要求在内容编制上无政治性错误，要坚持社会主义办学方向，坚持党的教育方针，教材要为培养德智体美劳全面发展的社会主义建设者和接班人而服务；其次，教材中呈现的关键术语必须规范使用，不能出现知识性错误，相关概念应避免歧义和含混不清，以免造成学生的误解和知识学习偏差。并且，教材中使用的标点、符号、公式、计量单位等要规范，符合国家标准。教材中的参考文献著录要准确，编校误差要在国家规定的良好级以上。一本优秀的新型工作手册式教材，应该在方方面面向学生传递严谨、准确的态度，通过教材知识的准确和规范的表述，不仅保证了知识学习的正确性，而且向学生传递了良好的工作精神和工作态度。③

3. 理论知识选用是否适度、够用

职业教育的知识选用要秉持"适度够用"的原则，这在职业教育领域获得了一致认可，新型工作手册式教材作为基于工作过程系统化的教材，更要选用适度够用的知识呈现在教材中，减轻学生知识学习的负担，将传

① 薛春玲：《基于课程标准的中职公共基础课教材建设的思考》，《中国职业技术教育》2020年第20期，第92~96页。
② 胡军：《发达国家教材评价标准的特点与启示》，《课程·教材·教法》2019年第4期，第138~143、125页。
③ 李鹏、石伟平：《什么样的教材是"好教材"——职业教育教材评价的理论反思》，《教育发展研究》2019年第19期，第59~67页。

统职业教育遵循学科教学的原则改变为工作教育的本质。

（1）知识选用要适度够用是基于职业岗位需求的必然选择。理论知识"适度够用"，是指知识选择要满足特定的职业岗位提出的知识要求，作为技能型人才、应用型人才的培养基地，职业教育的培养目标是培养面向具体岗位的人才，精选理论知识，才能使目标得以完成。

（2）专业知识是按照职业需要和社会发展需要而精选和提炼的基础理论，针对职业岗位而言，专业知识中必要的应用知识的获得才是胜任职业岗位的基础和前提，特定的职业岗位的客观需求将是知识选取"适度够用"的标准。因此，新型工作手册式教材的内容策划，主要根据典型工作过程必备职业能力要素而选择学习的理论知识点，不重复，不长篇赘述，知识选取适度够用。[①]

4. 知识内容的广度和深度是否符合学生身心发展的规律

新型工作手册式教材的内容组织要满足学生身心发展的相关规律，循序渐进，阶梯呈现，体现出工作岗位发展的内在逻辑和学生认识发展逻辑的统一。首先，教材体系要层次清晰，条理清楚，有效地服务于学生的自主学习，帮助学生获得职业工作岗位必备的知识和技能，知识广度和深度适宜，恰如其分地体现"学材"特点，对教材中的任务布置进行充分设计，呈现完整的工作流程，逐渐帮助学生建立工作的思维六步骤；其次，教材的知识内容设计、活动设计及其安排顺序要符合教学规律和学生的心理发展规律，充分尊重学生认知发展的阶段性特点，便于学生的理解和掌握；最后，教材还应配套数字化教学资源，呈现与知识相配套的资源可进一步帮助学生建立起对相关概念和技能的深入理解，帮助学生构建起自己的加工图谱，让每个学生都能基于自身的身心发展特点，实现对知识技能的获取与习得。[②]

5. 文字和图表的使用是否科学、严谨

新型工作手册式教材要配套呈现必要的图表材料，作为学生深入学习

---

① 高亚华：《对高职教学中理论知识"够用适度"的几点认识》，《辽宁师专学报》（社会科学版）2001年第6期，第43~44页。

② 顾京、孙燕华：《高职教材评价标准研究》，《教育与职业》2016年第9期，第113~115页。

的支架，帮助学生思维有序性、联想性、概括性的形成，因此教材中出现的文字和图表要十分直观地表现出主要内容，并且要求内容正确，结构严密。

首先，所使用的图表要真实可靠，使用具有权威性的图表，以避免导致误解，如果是自行绘制的图表，必须保证其科学可靠性，应进行充分的研究后才可呈现于教材之中；其次，教材中呈现内容相似的图片时要保持一致性，不可前后失协，若对图表进行二次处理，也必须保证前后的协调一致；再次，图表的选用要求清晰度高，能够向学生清楚地展现细节，甚至对局部有细致的展现，如机械加工中的关键零件的展示；最后，图表要同时呈现解释信息，通过简洁的文字进行充分的解释和说明，对重要信息应该进行重点突出，如圈划、标注等。[①]

（三）技能性标准

新型工作手册式教材要满足技能型标准，一方面要求教材中呈现的案例、工作任务、训练题目、学习成果都来源于真实的企业工作，不仅是企业工作的真实再现，更是高于企业现状的。另一方面，在任务或训练过程中要通过完整的工作流程来呈现职业标准和职业规范，能够有效地展现职业成长规律，帮助学生掌握职业工作程序，实现职业能力提升。

1. 实践训练目标要求表述清晰

新型工作手册式教材中所有项目、任务的标题，都要使用行动导向的语句进行表达，尽量少使用甚至不使用知识性的陈述性语句，这是新型工作手册式教材以学习领域课程为开发基础的特性所决定的。

首先，教材内容都是来源于企业的，因此必须根据企业工作岗位的要求，结合学校实训的具体条件，合理设置实际操作类项目标题；其次，在每一个行动导向的标题中，要恰当地运用动词，展现具体的项目要求和操

---

① 张芳慧：《高中地理教学中图表选择及其信息呈示方式的研究》，上海师范大学硕士学位论文，2020，第50~62页。

作内容，内涵表达清晰。要求使用外显行为动词进行合理表达，根据认知水平的不同发展阶段，即知识—理解—应用—分析—综合—创造—评价的不同特点，选择恰当的外显行为动词；最后，目标表述要结构完整，一般采用"动词＋名词＋修饰词"的范式对目标进行完整表述。动词即选用外显行为动词，名词则是行动对象，一般是具体的产品、过程，有必要时还需对所使用的工具以及工作环境进行说明。修饰词一般是形容词或副词，形容词对行动对象进行更准确的描述，副词则将行动表达得更为精准。

2. 任务安排与知识关联程度高

新型工作手册式教材的内涵之一就是要将传统学科教材进行解构和重构，将就业岗位和产品制作的工作任务要求纳入教材，融合知识、技能和能力，通过特定项目的学习使学生获得工作知识和工作技能。因此，教材中呈现的项目或任务要将知识与其进行完美整合，实现紧密的关联关系。首先，在企业与行业实践中学习，针对具体工作岗位进行工作六要素分析，构建起普适性的典型工作任务；其次，对工作过程进行系统化分析，并在其中纳入职业标准和职业规范，对学习任务、学习步骤和学习情境进行合理设计，充分考虑任务中出现的工作过程知识，将其合理地分配到任务完成的各个工作环节之中。

3. 实践训练内容体现基础、典型、合理

教材中实践训练的内容，如案例、任务等均来源于企业实际，并且合理体现基础性和典型性。首先，将通用的工作过程六要素作为学生完成工作任务的参照系，包括工作环境、工作内容、工作对象、工作产品、工作手段、工作组织，一系列通用的工作参照能为学生提供工作的具体示范，帮助学生树立起规范意识，并在此基础上逐渐发展创新工作能力；其次，设计规范化的典型工作任务，除了其开发流程需遵循学习领域的课程开发模式之外，还必须注意所选择的工作任务要具有典型性，即能够代表该职业的典型要求，涵盖最为普遍的工作岗位需要，是从事该工作所必须要求掌握的技能。因此，实践训练内容的基础性体现在包含通用且完整的工作过程要素中，实践训练内容的典型性则要求必须是呈现该职业不可或缺的

工作任务，对其进行合理设计，使实践训练内容的基础性和典型性优质展现。

4. 配套训练内容层次鲜明，程序完整

新型工作手册式教材是一种以"做中学"为特征的职业院校教学用书，具有工作手册和教材的共同特征，强调对学生综合职业能力的培养，学生在教师的指导下经历明确任务、获取信息、制订计划、实施计划、检查控制、评价反馈的整个工作过程，并在此过程中获得工作过程性知识、掌握操作技能。因此教材所配套的训练内容应该循序渐进，从简单到复杂逐渐深入。首先，设计一些较为基础、简单的训练题目，随着学习的深入逐步加大课题难度，加大知识的深度和广度；其次，针对一个课程模块要设计一个综合性作业，可设计 2~4 个较为复杂的应用计算、综合分析类作业，或者以实训、实验、实践操作等方式展开训练，对学生的综合技能进行加强；最后，适当设置创新课题训练，在课程中应该设置 8~12 个创新课题阶段训练，不给出标准答案，而是注重学生问题解决能力的锻炼。值得注意的是，每一阶段的训练，均涉及完整的工作流程。可见，不仅要在内容结构上从单一设计转为综合设计，使每一次独立的训练内容都要包含完整的工作过程，还要注意教材整体也要层次鲜明，为学生提供成长阶梯。

5. 教材任务与专业课程标准的吻合程度

课程标准是规定课程的性质、学习目标、学习内容、学习成果的规范性指导文件，一般作为课程设计和教学设计的依据，一个完善的职业教育专业课程标准，其设置意义在于使学生获得毕业资格，达到毕业的知识标准和能力标准，使学生获得在职业领域工作的资格，也为继续学习打下基础。①

新型工作手册式教材要注意任务设计与专业课程标准的高吻合度，实现对专业人才的培养要求，也就是说，教材任务设计要以达成学生的学习

---

① 姜大源、吴全全：《德国职业教育学习领域的课程方案研究》，《中国职业技术教育》2017年第 2 期。

目标、实现学校的办学目标、满足企业的人才需求为指导，这一要求最为直观的表现就是要以与专业课程标准的吻合为重要标准。第一，根据专业培养目标明确课程要求，并进一步划分课程内的具体模块要求；第二，根据模块课程的学习目标来确定学习成果，明确以成果为导向的评价方法；第三，将各层次的学习成果要求融入源于企业工作的项目和任务之中；第四，对教学和学习成果进行阶段性测评，并及时反馈和做出改进。总之，新型工作手册式教材的任务设计要充分考虑专业课程标准，形成完整的融入机制和反馈机制。

6. 任务和训练内容与生产生活实践联系程度

新型工作手册式教材的任务和内容都必须基于实践而产生，依据生产和生活的实际需要而进行设计，不得凭空建高楼，一切都必须从现实环境出发。首先，任务和训练内容的选择都是在职业岗位分析基础上筛选的，所涉及的任务和训练内容与真实工作情境可实现一一对照；其次，新型工作手册式教材中所呈现的训练内容和任务布置必须是在现有条件下可以完成的，学校所配备的实训条件可以满足学生的实训需求，或者学校可以支持学生到企业参与实践工作；最后，任务和训练内容要根据工作岗位的变化和职业能力要素的变化而进行调整和补充，切实与生产生活的实际产生密切关联。

（四）适切性标准

新型工作手册式教材的适切性，指的是教材在教育教学过程中的实际应用价值。新型工作手册式教材功能定位的一大特点就是要从"教材"向"学材"转变，因此，在对新型工作手册式教材进行适切性评价时，既要关注其是否符合教育教学规律，又要关注其是否符合学生的认知规律，满足学生主动学习和个性化学习的需要，实现文本课程向运作课程、体验课程的转换。[1] 适切性评价主要对教材逻辑结构、语言使用、配套资源、外

---

[1]　唐丽芳、丁浩然：《建构以质量为核心的教材评价体系》，《教育研究》2019年第2期，第37~40页。

观布局等方面进行评价。

1. 模块内容之间是否逻辑严密，层级划分恰当

新型工作手册式教材模块内容逻辑紧密，层级划分恰当，可以给学生提供完整、系统、清晰的有关解决某一专题或问题的专业知识和技术技能，使学生的学习更具有理论性、实用性和可操作性，同时让教师教学思路更紧密、教学节奏更顺畅。教材模块划分要从整体出发，合理设计，模块与模块之间应形成强劲的内在联系，并将学生学习发展逻辑、职业工作逻辑完美融合于其中。突出理论联系实际和学生身心发展的特点，将学生需掌握的认知过程、素质基础、职业态度、专业能力以模块的形式按认知顺序由易到难编排。模块内容应始终遵循课程最基础、最本质的内容，同时也跟随着时代科技的进步，通过模块的组合和排列，显现出职业教育教材的弹性。

2. 教材内容中建议使用的教学方法是否有效发挥作用

教材内容中建议使用的教学方法若能有效发挥其作用，符合认知规律和情感认同规律，就能够激发学生的学习兴趣，变抽象为具体，让学生在分析讨论任务、操作完成任务的过程中搭建自身知识的结构，培养学生的实践能力和创新能力。教师要明确适合模块内容的是何种教学方法，根据教学方法的特点去引导、组织学生学习。不同的工作任务要选择不同的教学方法，达到事半功倍的效果。将互相匹配的教法渗透到教材内容中，用高效率的教学引导高效率的学习，提高教学质量，实现教育目的，完成教育任务。新型工作手册式教材内容多使用行动导向的教学方法，做好课前准备、下达任务、完成任务、展示评价四个环节。以学生为主，调动学生学习的积极性，满足学生主动学习的需要。

3. 教材配套资源是否与教材内容紧密相关，能满足个性化学习的需要

教材配套资源与教材内容紧密相关，能够指导学生形成良好的学习习惯，充分调动学生的积极性，将课堂与课外学习有机结合在一起。教材配套资源也有利于教师教学活动顺利开展，达到提高教学质量和培养高素质技术技能型人才的目的，用优质配套的教学材料支撑多样化人才培养模式。教材配套资源的设计要与教材单元结构一一对应，方便学生的寻找与使用。配套资源的设计要多样化，编排设计要具有系统性，充分满足学生的个性化学习需要。补充多媒体电子教材配套资源、实验、实践指导，课程设计、毕业设计指导等内容的辅助学习资料。[①] 形成配套资源的生成性，补充与教材内容相关的专业前沿知识，适当提供符合学生认知规律的拓展知识，保证学生理论知识与技术技能的可持续发展。

4. 教材布局和设计美观

新型工作手册式教材是一种"学材"，最重要的是为学生服务，高质量的"学材"要求在内容布局、字体图画、文字表达等形式上更加吸引学生，以达到满足学生学习需求的目的。教材不仅是传授知识的工具，也具有美的熏陶。教材内容中要设计相应适用的工作单、操作规程、作业指导书、纪律表等，按照学习顺序合理安排教材版面，通过图表、框架、表格等形式表述内容，做到清晰明了，语言简练，图文并茂，主题统一。教材设计要简洁美观、栏目清晰易辨，封面、目录和字体的颜色搭配吸引眼球，增加趣味性和科技感等，符合教材内容设计和学生的阅读心理，增强教材的可读性、可看性、可用性。

三　教材评审指标

通过对相关文件的研读，分析专家的意见，以及参考传统教材评价的标准，我们可以形成对新型工作手册式教材的评审标准，将其划分为包含三级评价指标的评价体系，其中共包括 4 个一级指标、6 个二级指标、16 个三级指标和 60 个指标点。

（一）一级指标

1. 编写理念

编写理念作为一级指标，其下包含"系统性"和"育人性"两个二级

---

① 刘永超：《高校教材配套资源建设》，《中外企业家》2014 年第 3 期，第 154～155 页。

指标。将编写理念作为首要评价指标，就是要强调教材的系统完整和育人要求，关注教材的逻辑性、思想性，突出本专业教材与其他专业教材之间的整体逻辑，完善课程的逻辑性构建以及确保教材思想水平的正确性，以发挥教材的协同育人功能。

系统性首先要求新型工作手册式教材模块之间逻辑严密，层级划分恰当，能给学生提供完整、系统、清晰的有关解决某一专题或问题的专业知识和技术技能，使学生的学习更具有理论性、实用性和可操作性，教材模块划分要从整体出发，合理设计，模块与模块之间更要形成强劲的内在联系；其次，教材设计的系统性要求教材内容既包括任务学习、工作训练，还包括成果检验和评价，体现系统的成果导向思维，并充分利用功能插页以及设置页面留白，实现教材功能的系统性；最后，系统性还要求考虑专业建设的整体性，本专业课程要与学校公共基础课、专业核心课程、专业特色课程等专业群建设的课程协同发展，各门课程的教材建设应同步推进，体现整体性，共同促进专业的可持续发展，突出该专业的岗位针对性。

教材编写的育人性一方面要求思想正确，坚守底线思维，另一方面还要求贯彻课程思政的相关要求。一是要求思想正确，反映正确的价值观：坚决拥护中国共产党的领导，坚决拥护中国特色社会主义制度，立志为中国特色社会主义事业终生奋斗；体现正确的政治观，坚持走中国特色社会主义道路，建立社会主义道路自信、理论自信、制度自信和文化自信[①]；教材要保持正确的国家观和国际观，在潜移默化中使学生厚植爱国主义情怀，时刻保持头脑清醒。二是要求教材要深入课程思政，在教材建设中合理加入职业道德、质量意识、工匠精神等观念，帮助学生逐步树立职业认同感和规范意识，实现职业可持续与个人价值的和谐统一。

2. 内容质量

内容质量指标是教材评价的重要内容，可包含"实训导向""科学

---

① 杨斌：《中国共产党马克思主义观与中国道路的历史逻辑、话语范式、演进特征及当代启示》，《理论导刊》2021年第1期，第32～37页。

水平""教学水平""文图水平"四个二级指标。主要是强调所教内容的实训导向，突出职业性和实践性，并且重视工作任务设计的完整性和先进性，而在教学水平层面，则强调要遵循学生的认知发展规律以及职业发展规律，同时也重视教材的文图水平评价，对可读性、规范性和布局性予以关注。

教材内容实训导向要求在教材中体现职业性和实践性，首先，要求教材内容必须是源于企业真实职业岗位，涉及真实产品制作，模拟企业的工艺、方法和操作步骤，注意将典型工作任务进行教学处理，并以此为载体进行教学内容设计；其次，教学内容组织要突出项目教学、任务驱动和案例教学的特点，便于使用行动导向的教学方法；最后，新型工作手册式教材的内容组织要实现陈述性知识和程序性知识的合理组织，将学生应会的概念、定律等融入项目/任务实施的工作过程之中，其中，程序性知识应占教材内容的50%左右。

科学水平要求内容正确、先进、完整。正确性要求基本理论、原理和方法阐述正确，没有知识性错误，教材所引用的事实和案例源于企业，引用的数据、图表真实可靠。先进性要求及时反映职业教育教学改革和教材建设的最新成果，并将企业发展所形成的较成熟的新知识、新工艺、新技术、新规范纳入教材；完整性要求教材呈现的理论知识适度够用，解析详细，并配套数字化资源库。

教学水平是指教材内容建设要符合学生的认知成长规律，即内容难度由浅入深，操作要求由单一到综合，引导学生掌握阶段性技能操作，逐步提高实践操作能力和创新能力；符合职业成长规律，即教材要根据学生职业经验的成长特点，提供不同的任务，从外部指导下的活动升级为在理论和经验共同导向下的行动，帮助学生从初学者到专家。新型工作手册式教材在编写过程中必须重视满足学生的自主学习需要：教材呈现丰富的生产工艺、生产流程，并设置活页，为学生自主学习提供可能，并设有考核标准和评价表格，学生可以及时记录和反馈学习情况。

文图水平要求教材建设具有可读性和规范性。首先，语言组织以学生为中心，以白话文为主，摒弃过于专业和拗口的词汇，知识的表述生动、易懂。其次，教材中使用准确的动词对学习目标、学习成果、任务安排进行表述，使用的参考文献著录准确，涉及的标点、符号、公式、计量单位等使用规范，编校误差在国家规定的良好级以上。

3. 特色创新

特色创新指标主要要求教材在体系结构及内容形式上有别于同类教材。第一，内容上采用工作过程系统化的课程开发方法，基于典型工作任务进行内容选择和组织，打破传统教材的章节结构，采用项目和任务的模式对内容进行组织；第二，教材体系采用活页组织的形式，在体系结构上表现出特色；第三，充分体现"学材"特色，教材设计中有思维引导、工作过程指引、步骤流程说明、综合项目设计等，并配套开发数字教学资源，便于学生自学，内容上富有特色与创新；第四，全面体现工学结合的人才培养理念，注重培养学生的可持续发展能力和职业迁移能力，注重教材内容与立德树人课程思想政治教育内容相结合，培养学生的自主学习能力、创新能力和职业素质。

4. 排版质量

按照出版社要求，确定页面尺寸结构，排版格式规范，符合出版社规定的排版指标要求，排版与布局合理紧凑，充分利用有效页面，减少教材整体页数，同时要注意合理设置页面留白，以满足新型工作手册式教材的补充和动态生成，也就是注意教材排版的灵活性，该紧凑时紧凑，该留白时留白。每个专业的各门课程教材的版式要规范，统一字体、字号，序号等标识使用合理，重点突出，能恰当反映本书的内容。

（二）二级指标

二级指标包括系统性、育人性、实训导向、科学水平、教学水平、文图水平（见表7-1），主要是对一级指标的进一步分析，其下又包含诸多细节指标，在此不再多加赘述。

表 7 - 1　新型工作手册式教材评价标准

评价标准	一级指标	二级指标	具体内容
新型工作手册式教材评价	编写理念	系统性	编写理念作为一级指标，其下包含"系统性"和"育人性"两个二级指标。将编写理念作为首要评价指标，就是要强调教材的系统完整和育人要求，关注教材的逻辑性、思想性，突出本专业教材与其他专业教材之间的整体逻辑，完善课程的逻辑性构建以及确保教材思想水平的正确性，以发挥教材的协同育人功能
		育人性	
	内容质量	实训导向	内容质量指标是教材评价的重要内容，可包含"实训导向""科学水平""教学水平""文图水平"四个二级指标。主要是强调所教内容的实训导向，突出职业性和实践性，并且重视工作任务设计的完整性和先进性，而在教学水平层面，则强调要遵循学生的认知发展规律以及职业发展规律，同时也重视教材的文图水平评价，对可读性、规范性和布局性予以关注
		科学水平	
		教学水平	
		文图水平	
	特色创新		特色创新指标主要要求教材在体系结构及内容形式上有别于同类教材，充分体现"学材"特色，便于学生自学，内容上富有特色与创新。要充分体现工学结合的人才培养理念，注重培养学生的可持续发展能力和职业迁移能力，重视教材内容与立德树人课程思想政治教育内容的有机结合，培养学生的自主学习能力、创新能力和职业素养
	排版质量		按照出版社要求，确定页面尺寸结构，排版格式规范，符合出版社规定的排版指标要求，排版与布局合理紧凑，充分利用有效页面，减少教材整体页数，同时要注意合理设置页面留白，以满足新型工作手册式教材的补充和动态生成，也就是注意教材排版的灵活性，该紧凑时紧凑，该留白时留白。每个专业的各门课程教材的版式要规范，统一字体、字号，序号等标识使用合理，重点突出，能恰当反映本书的内容

　　总之，教育系统作为一个复杂系统，对其内容的评价是一项复杂的工程，对教材评价来说亦是如此，基于上述介绍，期望给诸位教材编写人员以导向，使大家在进行新型工作手册式教材开发时对其评价有所了解，以规避一些不必要的问题，更加有效地提升教材质量。

第八章

职业教育新型工作手册式
教材开发案例

汽车4S店销售顾问新型工作手册式教材

课程名称（学习领域）：汽车销售顾问新车推介①

教学时间安排：44课时

对典型工作任务的描述（职业行动领域）：

当顾客前来销售展厅时，销售顾问推介符合顾客需求的某款新车，即"新车推介"。汽车销售顾问根据顾客需求，结合所销售的各款汽车的产品特点及与竞争产品的优势分析，帮助顾客选购更适合的汽车产品，并在整个过程中努力做好各种服务。在"新车推介"的工作过程中，销售顾问必须根据一定的工作流程和方法，并借助"汽车销售话术"等工具和技巧，以汽车产品及其宣传单页、性能数据说明手册等为载体，完成新车交易任务，最终还需要通过与售后部门的工作对接，完成"新车推介"后进入"汽车售后服务"工作内容，使"新车推介"工作相对独立而又依附在整个汽车营销服务的工作过程之中。另外，如果顾客有代办牌照、新车装饰保险、旧车置换、分期付款等需要时销售顾问还需与其他相关部门进行衔接；如果面对客户的有些异议无法解决时，销售顾问还需向经理汇报，取得领导协助

学习目标

学习完本课程，学生可以在4S店借助"汽车销售话术"、汽车产品说明书、汽车宣传单页、汽车市场分析报告、汽车目标消费者分析及研究报告、竞争车型分析报告等工具，独立完成以下工作：①进行产品（包括竞争产品）和目标消费者分析；②挖掘潜在消费者；③以规范的语言和礼仪接待展厅用户；④能够以一定技巧获取并分析消费者需求；⑤能使用"六方位绕车介绍法"和"FAB"等方法静态展示产品，使用试乘试驾方法动态展示产品；⑥能与顾客进行价格磋商；⑦能协同财务和库管等人员完成缴费、交车工作；⑧顾客有其他需要时能与相应的业务部门进行衔接；⑨碰到解决不了的问题时能够请求领导或同事的协助；⑩能运用一定的技巧化解顾客异议，能运用沟通技巧获得顾客好感和认同；⑪能对已完成的任务进行记录、存档、总结

学习完本课程后，学生应当可以到汽车4S店从事汽车销售顾问工作

---

① 何学容、吴卫：《以汽车销售顾问典型工作任务"新车推介"为基础的学习情境设计》，《教育教学论坛》2011年第36期，第238页。

工作与学习内容		
工作对象/题材	工具	工作要求
➢ 分析产品和目标消费者； ➢ 挖掘潜在顾客； ➢ 接待来店（来电）客户； ➢ 获取并分析顾客需求； ➢ 静态产品介绍； ➢ 通过试乘试驾进行动态产品介绍； ➢ 销售促进与价格磋商； ➢ 签订合同成交； ➢ 介绍售后服务内容及流程； ➢ 送走顾客； ➢ 销售后顾客回访	➢ 产品性能和数据单页； ➢ 产品宣传单页； ➢ 汽车生产厂家提供的"销售话术"培训； ➢ 竞争产品分析资料； ➢ 目标消费者分析研究资料； ➢ 所销售产品所在细分市场分析资料； ➢ 汽车产品实体及相关说明书、使用手册、合格证和随车工具等； ➢ 名片； ➢ 各种表格：来店（来电）客户登记表、试乘试驾评估表、报价单、销售合同； ➢ 展厅销售流程 工作方法 ➢ 接待用户的礼仪方法； ➢ 处理异议的方法； ➢ "六方位绕车介绍"和"FAB"等方法； ➢ 获取顾客需求的方法； ➢ 客户回访方法 劳动组织 ➢ 为客户提供专业汽车消费咨询和导购服务； ➢ 配合及服从销售主管的日常管理工作； ➢ 与二手车、保险、贷款、上牌等业务部门衔接； ➢ 销售经理的核查与评价	➢ 能熟练使用接待礼仪和礼貌用语； ➢ 能与顾客进行良好的沟通； ➢ 能熟练使用产品介绍的方法； ➢ 能通过各种方法获取并分析顾客的需求； ➢ 能巧妙处理顾客异议； ➢ 能娴熟使用"新车销售流程"； ➢ 在"新车销售流程"各环节间过渡自然，不露痕迹； ➢ 能详细、规范、及时填写用户信息； ➢ 参与"质量控制活动"，评价和反馈每次"新车推介"的工作经验； ➢ 能与其他部门和同事协作完成任务； ➢ 能始终如一地保持良好的服务态度

学习组织形式与方法

学习任务的"学习准备"阶段采用正面课堂和独立学习方式；"计划实施"阶段采用小组学习方式，明确小组负责人。小组组长相当于汽车4S店销售经理，负责组内纪律、人员分工、营销实训室工具和设备、学习资料的管理等工作。实训场地为相当于汽车4S店销售展厅的汽车营销中心，里面配备实训用的新车3～5辆，其工作环境和工作步骤、工作要求都与4S店销售大厅接近一致根据以上内容，在构建新型工作手册式教材时，分为如下几个教学项目。

项目一	考察汽车 4S 店
项目二	与潜在顾客进行电话沟通，建立客户档案
项目三	展厅接待与需求探寻
项目四	新车展示——六方位绕车介绍
项目五	汽车试驾引导
项目六	推销过程中与顾客的沟通
项目七	递交新车与顾客售后联系

项目一：考察汽车 4S 店

一、项目背景

4S 店是集汽车销售、维修、配件和信息服务于一体的销售店。4S 店是一种以"四位一体"为核心的汽车特许经营模式，包括整车销售（Sale）、零配件（Sparepart）、售后服务（Service）、信息反馈（Survey）等。它拥有统一的外观形象，统一的标识，统一的管理标准，只经营单一的品牌。它是一种个性突出的有形市场，具有渠道一致性和统一的文化理念，4S 店在提升汽车品牌、汽车生产企业形象上的优势是显而易见的。汽车 4S 店是销售顾问的工作场所，在 4S 店里销售顾问与潜在顾客进行电话沟通、建立客户档案、展厅接待与需求探寻、六方位绕车介绍、与顾客的沟通、汽车试驾、引导交车并与顾客保持联系。

被分析的工作岗位位于汽车 4S 店的销售展厅内，属于汽车销售部，该部门有员工 15 名左右。工作地点在销售大厅，照明良好，温度适宜，装修雅致，有背景轻音乐，为客户准备有休息时看资料和喝饮料的玻璃圆桌和时尚优雅的靠背椅，有展车若干辆，装有宣传单页的货架 2 个，墙壁上有展车图画，展厅中有促销活动吊旗。整个工作环境优雅、轻松、干净、明亮。

二、学习目标

1. 通过考察汽车4S店销售顾问在工作中的实践获得信息，如企业对4S店销售人员的能力要求、企业组织结构、工作内容、办公场所等，了解4S店销售代表的工作任务和工作环境。

2. 通过实地调研，提高信息的搜集能力，掌握信息收集的方法及使用每一种方法的技能和技巧。特别是访谈法和观察法，能够运用访谈法进行简单的访谈，应用观察法观察现实状况，并通过分析得出结论。

3. 走进现实，训练工作的独立性，能够分类整理并归纳不同来源的信息。

4. 在实践中现场对事实情况、经验和行为方式进行有计划的分析。

三、操作过程

（一）咨讯

1. 学生应在考察前通过网络或其他途径寻找汽车4S店企业相关信息。

项　　目	具体信息
汽车品牌名称	
4S店位置	
该品牌目标群体定位	
该品牌汽车系列名称	
该品牌汽车系列特色	
市场对该品牌汽车的消费情况	
消费者对该品牌汽车的评价	
该品牌汽车宣传用语	
该品牌汽车的主要竞品	

2. 每4人分一组，分组表如下所示。

班级		组号		指导老师	
组长		学号			
组员	姓名		学号		

3. 教师向学生讲解，在考察时可能用到的搜集信息的各类方法。

- **访谈法**

什么是访谈法	访谈就是研究者"寻访""访问"被研究者并且与其进行"交谈"和"询问"的一种活动。访谈是一种研究性交谈。访谈法是研究者通过口头交谈、口头调查的方式收集材料的一种研究方法
我们采取的方法	非结构性访谈（开放型）：只按照一个粗线条式的访谈提纲而进行的非正式的访谈。非结构性访谈对访谈对象的条件、所要询问的问题等只有一个粗略的基本要求，访谈者可以根据访谈时的实际情况灵活地调整。至于提问方式和顺序、访谈对象回答上的方式、访谈记录的方式和访谈的时间、地点等，没有统一的规定和要求，由访谈者根据具体情况灵活处理。非结构性访谈有利于发挥访谈者和被访谈者的主动性、创造性；有利于拓展和加深对问题的研究；有利于处理原来访谈设计中没有考虑的新情况和新问题
访谈程序是什么	1. 充分熟悉访谈问卷的内容；带齐进行访谈所需要的有关材料；尽可能了解访谈对象；选择好访谈的合适时间、地点 2. 接近访谈对象 3. 自我介绍 4. 谈话与提问 5. 追问与确认 6. 访谈记录
如何提访谈问题	1. 紧密围绕具体研究变量，每一问题都应满足某一变量操作定义的有关要求，成为某一变量的具体度量指标之一； 2. 问题要清楚明确，不含糊，不模棱两可； 3. 问题的文字要适合访谈对象的文化程度和知识经验水平，避免使用专业术语； 4. 不要提访谈对象不能做出回答的问题； 5. 对需要解释的问题，制定统一的解释说明方式； 6. 避免引导，提问措辞不能流露出自己的偏见； 7. 避免使用奉承性问题（填空式必须先编码，才能记分，而其他方式则易于记分）
访谈的注意事项	1. 在进行一项访谈研究时，如果研究者对访谈对象有关情况不了解，常常需要在研究初期采用开放式问题，以取得有关基本情况和资料，进行定性分析；研究后期则在此基础上再设计出若干封闭式问题，收集数据资料，以便进行定量分析 2. 大多数访谈问卷在开头安排一些封闭式问题，以取得访谈对象的有关基本情况，如性别、年龄、婚姻状况、教育水平、职业、职务等。随后，再安排一些开放式或者封闭式问题 3. 编排顺序：漏斗顺序，即由一般、非限定问题逐步到具体、限定问题，由较大的问题到较小的问题

- 观察法

什么是观察法	在自然条件下，研究者凭借自身的感觉器官或其他辅助工具，有目的、有计划地对教育现象或行为进行系统、连续的观察、记录、分析的一种研究方法
我们采用的方法	自然观察：在自然情境中，对观察对象不加干预和控制的状态下考察观察对象各种心理活动和行为表现以收集研究资料的一种方法（收集日常生活中的真实、典型的表现）。结构性观察：是一种计划严谨、周密、操作标准化的观察，它是指观察者事先设计好观察的内容和项目，制定观察表格，并在实际观察中严格按照其规定进行观察记录。实况详录法（连续记录法）：观察者详细、完整地记录观察对象在自然条件下行为状态的观察方法。可以定期观察，也可以定点持续观察
观察法的程序	1. 确定观察内容 2. 制订观察计划 3. 进行预备性观察 4. 实施现场观察 5. 整理分析观察结果

（二）计划

1. 通过考察，各小组完成如下考察任务

组别	考察内容	考察内容的分解
小组 1	4S 店企业组织结构	管理结构、上下级关系、企业员工类型
小组 2	企业办公场所和实体环境分析	办公场所区域设置、工作条件
小组 3	企业对 4S 店销售顾问的能力要求	必要的知识、技能和行为，职业行动领域、独立与合作、进修机会
小组 4	4S 店销售顾问的业务流程	业务流程、工作过程、设备

2. 分发考察任务表格

小组 1：4S 店企业组织结构观察表

A：填写下表

4S 店企业组织结构

企业/机构：_____

被访人：_____

考察目标：_____

日期：_____

备注：_____

企业应具备	企业实具备（观察所得）	访问结果
福利 职工食堂 卫生设施 事故预防		上下级关系
商务 采购 销售 市场 财会 人事 客服		上下级关系
后勤 仓库 维修车间 运输车辆 能源供给 保洁		上下级关系

B：请画出 4S 店企业组织结构图

小组 2：企业办公场所和实体环境分析

A、请填写下表

4S 店企业办公场所和实体环境分析	
企业/机构：	
考察目标：	
日期：	
备注：	
企业应具备	企业实具备（观察所得），具体的描述
福利 职工食堂 卫生设施 事故预防	位置： 面积： 具体设施设备：
商务 采购 销售 市场 财会 人事 客服	位置： 面积： 具体设施设备：
后勤 仓库 维修车间 运输车辆 能源供给 保洁	位置： 面积： 具体设施设备：

B、请画出 4S 店平面方位图

小组 3：企业对 4S 店销售顾问的能力要求

企业/机构：_____

被访人：_____

考察目标：_____

日期：_____

备注：_____

a）需要执行哪些工作？

_____

_____

_____

b）如何组织工作过程？

_____

_____

_____

c）需要在何种情况下使用设备及工具？

_____

_____

_____

d）需要的技能要求是什么？

_____

_____

_____

e）需要的关键能力是什么？

_____

_____

_____

f）这些技能与能力要达到什么水平？

_____

_____

_____

_____

小组 4：4S 店销售顾问的业务流程

企业/机构：_____

被访人：_____

考察目标：_____

日期：_____

备注：_____

提问	回答
都有什么样的工作任务（提供哪些服务）？	
工作流程具体执行时的次序是什么？	
必要工作流程需要哪些设备、工具以及材料？	
各个流程的关键节点是什么？	
如何评价这些流程的开展情况？	

（三）实施

开幕会议

由企业代表主持

- 问候并做企业介绍

- 声明企业安全规定

- 由企业安排考察负责人

- 考察负责人做介绍

独立工作

各工作组独立搜集企业各领域的信息

闭幕会议

- 解答遗留问题

- 确定联系人，以备后期回访

- 商定进一步合作

（四）展示阶段：按组次展示考察成果

小组1：演讲+照片+图表

小组2：演讲+卡片展示+播放采访录音

小组3：PPT展示+图表

小组4：PPT展示+播放视频片段

（五）评价

1. 对各小组团队合作的评价

序号	评价项目	评价结果
1	该组同学能够进行热烈的讨论	□非常符合　□比较符合　□一般 □不符合　□非常不符合
2	在该组中有一位潜在的领导者	□非常符合　□比较符合　□一般 □不符合　□非常不符合
3	该组中有至少1位同学一直沉默	□非常符合　□比较符合　□一般 □不符合　□非常不符合
4	在该组讨论过程中，出现了不和谐因素，甚至出现了吵架现象	□非常符合　□比较符合　□一般 □不符合　□非常不符合
5	在该组讨论中，组长或潜在领导者能够带头，有效组织小组讨论	□非常符合　□比较符合　□一般 □不符合　□非常不符合

2. 对各小组展示的评价

小组展示汇报评价表

汇报组别		汇报主题						
汇报人								
评价内容		评分细则（分）				成绩水平		
		1~2	3~4	5~6	7~8	自评	他评	教师评价
准备环节	课前资料准备（图片、PPT 或者阅读资料等）							
	排版合理；标点、文字等错误少；利用多媒体技术							
展示环节	精神面貌（体态、姿势、神态等）饱满							
	声音音量合适							
	展示方式具有趣味性							
	展示具有互动性；考虑观众感受							
	展示环节合理，在规定时间内完成							
内容方面	观点明确							
	观点具有一定的创新性							
	内容逻辑清晰							
	运用相关细节和例子证明自己的观点							
建议								

四、综合性作业

每名学生交一份书面总结，内容包括：

A：与自己的初始目标对照，你在考察过程中，学到什么技能？

B：你观察到的 4S 店工作人员，他们个人在工作内容、责任、职业活动、困难时的决策、时间要求、工作过程等方面有什么表现？你有什么感悟？

C：你认为这一次考察组织得怎么样，下一次怎么开展，有什么好建议？

项目二：与潜在顾客进行电话沟通，建立客户档案

一、项目背景

销售顾问在 4S 店里工作时，通过使用电话等通信技术来推销产品、提高顾客满意度、维护顾客忠诚度。电话推销的目标就是以一种经济有效的方式满足客户需要、为客户提供产品或服务。4S 店推销人员日常的重要工作是使用电话建立与客户之间的联系，利用声音的魅力说服客户、感染客户，并最终赢得客户的信任。在与客户电话沟通完成之后，4S 店销售顾问要对取得联系的客户进行分类，以便后期再做跟踪及服务。

二、学习目标

汽车 4S 店推销人员与客户进行电话沟通的主要目标是收集客户信息，约定见面时间；邀请顾客来展厅看车、试车。在学习过程中，要关注下列三方面能力的养成。

（1）专业能力：在电话推销前做好准备工作，包括收集客户资料、销售顾问的心理准备以及物质准备；发掘客户需求，并进行有效提问。

（2）方法能力：电话沟通中运用声音的感染力；在电话沟通中认真倾听，掌握倾听技巧；设计有吸引力的开场白；掌握将顾客分类、建立顾客档案的方法。

（3）社会能力：掌握接打电话的礼仪。

三、前期准备

1. 引导性问题

（1）4S 店销售顾问在电话推销前要做好哪些准备工作？（包括收集客户资料、销售顾问的心理准备以及物质准备）

（2）电话沟通中，4S 店销售顾问如何设计有吸引力的开场白？

（3）电话沟通中，4S 店销售顾问如何发掘客户需求？

（4）4S 店销售顾问接打电话需要有哪些技巧？（包括两方面：礼仪、倾听）

（5）如何将顾客分类？如何建立顾客档案？

（6）在此期间，需要注意的事项是什么？

2. 分组

班级		组号		指导老师	
组长		学号			
组员	姓名		学号		

3. 准备下列张贴板工具

（1）张贴板：可用硬泡沫塑料、硬纸板等制成，一般高度为 1～1.5 米，宽度为 1～2 米。张贴板固定在墙壁上，也可以安置在专门的支架上。

（2）盖纸：面积与张贴板相同的书写用纸，必要时可以在上面书写、画图、制表或粘贴。

（3）书写卡片：可采用多种颜色各种形状，如长方形、圆形、椭圆形甚至云彩形和箭头形状等。

（4）大头针：头比常用的要大些，以便于插上或拔下。

（5）其他：如记号笔和剪刀等。

4. 可以参考的资料

汽车 4S 店电话销售标准工作流程。

四、工作过程

1. 咨讯

每一小组同学根据教师给的提示性问题，明确学习目标；利用老师给的资料，进行咨询。

2. 计划

每一小组在规定的时间内（20分钟），搞清楚问题的实质和可能的答案。

序号	问题	问题可能的答案
1	4S店销售顾问在电话推销前要做好哪些准备工作？（包括收集客户资料、销售顾问的心理准备、物质准备）	
2	电话沟通中，4S店销售顾问如何设计有吸引力的开场白？	
3	电话沟通中，4S店销售顾问如何发掘客户需求？	
4	4S店销售顾问接打电话需要有哪些技巧？（包括两方面：礼仪、倾听）	

续表

序号	问题	问题可能的答案
5	如何将顾客分类？如何建立顾客档案？	
6	在此期间，需要注意的事项是什么？	

3. 决策

给每个学生发一张卡片；围绕给定的题目，由学生将各自的观点用关键词分别写在卡片上。

4. 实施

每一组同学根据关键词进行展示；学生将自己的卡片根据内容的主次，按上、下分订在展示板上；每一组同学派出一名或几名代表，对张贴板上的内容进行阐述，说明本组的主要观点。

阐述完毕后，教师对图板上所显示出来的观点（学生出示的观点）进行总结，帮助学生将观点进行分类，将同类观点放在一起，并将主要观点放在最主要的位置（中心位置），可以用颜色如红色代表主要观点，蓝色、绿色等表示次要观点。

5. 评价

（1）对学生的观点，教师给出专业性的评价

问题	答案的关键点	答案评价
4S 店销售顾问在电话推销前要做好哪些准备工作？（包括收集客户资料、销售顾问的心理准备、物质准备）		□答案非常专业，能够找到关键点分析 □答案比较专业，对关键点的把握比较好 □答案质量一般 □答案不专业，只能把握几个关键点 □答案非常不专业，对关键点的把握非常模糊
电话沟通中，4S 店销售顾问如何设计有吸引力的开场白？		□答案非常专业，能够找到关键点分析 □答案比较专业，对关键点的把握比较好 □答案质量一般 □答案不专业，只能把握几个关键点 □答案非常不专业，对关键点的把握非常模糊
电话沟通中，4S 店销售顾问如何发掘客户需求？		□答案非常专业，能够找到关键点分析 □答案比较专业，对关键点的把握比较好 □答案质量一般 □答案不专业，只能把握几个关键点 □答案非常不专业，对关键点的把握非常模糊
4S 店销售顾问接打电话需要有哪些技巧？（包括两方面：礼仪、倾听）		□答案非常专业，能够找到关键点分析 □答案比较专业，对关键点的把握比较好 □答案质量一般 □答案不专业，只能把握几个关键点 □答案非常不专业，对关键点的把握非常模糊
如何将顾客分类？如何建立顾客档案？		□答案非常专业，能够找到关键点分析 □答案比较专业，对关键点的把握比较好 □答案质量一般 □答案不专业，只能把握几个关键点 □答案非常不专业，对关键点的把握非常模糊
在此期间，需要注意的事项是什么？		□答案非常专业，能够找到关键点分析 □答案比较专业，对关键点的把握比较好 □答案质量一般 □答案不专业，只能把握几个关键点 □答案非常不专业，对关键点的把握非常模糊

关键点建议：

第一个问题：4S店销售顾问在电话推销前要做好哪些准备工作？（包括收集客户资料、销售顾问的心理准备、物质准备）

建议：①收集客户资料：客户资料的获得渠道包括如下内容，如交换名片、参加研讨会或聚会、注重与同行保持交流并参与活动、善于统计名录类报单类资料等、利用现有的关系网或其他客户介绍等。

②产品资料准备：客户需要了解的产品名称、型号、功能及产品的科技含量；产品的品牌以及性价比、企业提供的服务、满足消费者的欲望类型；产品为客户带来的利益，客户关心的主要利益有帮助客户挣钱或省钱、省时、带来健康及表明身份和地位等。

③物品准备：电话、笔、便笺纸、备忘录、手表或时钟、计算器、水、公文架。

第二个问题：电话沟通中，4S店销售顾问如何设计有吸引力的开场白？

建议：①提供给客户最大的好处；②分享一个重要的信息；③利用第三者的推荐；④缘故开场白；⑤赞美开场白；⑥请教或是问题开场白。

第三个问题：电话沟通中，4S店销售顾问如何发掘客户需求？

建议："您好！销售部×××。""请问您贵姓？""您以前用的什么车？""您开车多长时间了？""就您所关心的那一款车，您对具体装备有何要求？""您计划什么时候购车呢？""您希望什么时候提车呢？""您何时方便来展厅？""我们这边提供了试乘试驾服务，您可以到店亲自感受这款车。""这个号码可以联系到您吗？还有没有其他联系方式，当我们有活动时更方便联系您。"

第四个问题：4S店销售顾问接打电话需要有哪些技巧？（包括两方面：礼仪、倾听）

建议：

礼仪：礼貌地接打电话，推销人员应先打招呼，自我介绍并说明缘由；谈话结束时最好等对方先挂机，匆忙挂断电话会让客户认为推销人员不耐烦；端正姿势，面带笑容；询问对方是否方便通话。

倾听：尊重客户，不要打断客户，认真倾听会给客户留下良好的印象；集中精力，不断思考，让思绪集中在当前的焦点上是有效倾听的关键；虚心倾听，确定问题，对顾客的疑问进行确认；要有耐心，做好记录，做记录不仅表明认真的态度，还能在事后唤起回忆；专心关注，呼应客户，推销人员还应主动反馈；适时提问，及时核对，提出专业的、具体的引导问题，这是与客户深入交谈的关键一步。

第五个问题：如何将顾客分类？如何建立顾客档案？

建议：ABC 客户分类管理法以消费额或利润贡献等重要指标为基准，把客户群分为关键客户（A 类客户）、主要客户（B 类客户）、普通客户（C 类客户）三个类别。

关键客户（A 类客户）是在过去特定时间内消费额最多的前 5% 的客户，属于优质客户；主要客户（B 类客户）是指客户金字塔中，在特定时间内消费额最多的前 20% 的客户中，扣除关键客户后的客户；普通客户（C 类客户）是指除了上述两种客户外，剩下的 80% 的客户。

在建立顾客档案时，需要从以下三个方面入手：基础资料（客户的年龄、性别、职业、收入、受教育水平、兴趣、爱好、家庭、学历、能力、经历背景）、消费爱好（职业特点、消费类型、价格敏感性分析、文化习俗）、交易现状（购买情况、未来的可能决策、发展潜力、购买信誉、财务记录）。

第六个问题：在此期间，需要注意的事项是什么？

建议：接电话时三声之内接听；打电话时选好时间；问候；报店名、销售顾问名字；时间保持在 3~5 分钟；讲普通话，吐字清晰，声音适中，正常语速，语气柔和，面带微笑，而且要表示出很仔细地在听；最后要感谢对方来电，再见，并等顾客先挂电话；要及时记录客户打电话的要点；如果需要转接或找人时，不要让其等候时间太长；与顾客商定回电时间，询问如果给对方打电话是否方便；老客户要称呼其姓名；避免讨论商业细节；避免向关键人物询问琐碎信息。

（2）对团队合作的评价

序号	评价项目	评价结果
1	该组同学能够进行热烈的讨论	□非常符合　□比较符合　□一般 □不符合　□非常不符合
2	在该组中有一位潜在的领导者	□非常符合　□比较符合　□一般 □不符合　□非常不符合
3	该组中有至少1位同学一直沉默	□非常符合　□比较符合　□一般 □不符合　□非常不符合
4	在该组讨论过程中，出现了不和谐因素，甚至出现了吵架现象	□非常符合　□比较符合　□一般 □不符合　□非常不符合
5	在该组讨论中，组长或潜在领导者能够带头，有效组织小组讨论	□非常符合　□比较符合　□一般 □不符合　□非常不符合

五、综合性作业

请为4S店销售顾问与客户电话沟通时，设计有吸引力的开场白。

使用的方法	设计的开场白
1. 使用产品给客户的利益	
2. 提出刺激性的问题	
3. 让顾客感到惊讶	
4. 让顾客感到好奇	
5. 真诚地赞美客户	

项目三：展厅接待与需求探寻

一、项目背景

汽车4S店真实工作中需要的知识、技能和能力，具体包括：迎接客人的礼仪、展厅接待寒暄（破冰）和客户需求探寻。礼仪、展厅接待和需求探寻是汽车4S店每个汽车销售顾问日常工作中常用的知识和技能，因此，是必须掌握的岗位技能。

二、学习目标

专业能力：掌握展厅接待和需求探寻的相关知识和技能，能正确地、恰如其分地完成该流程。

方法能力：①能针对客户特点采取合适的行为，取得客户信任；②能针对客户特点提出问题，探寻客户需求；③能灵活运用消费心理学，察觉客户心理；④深化营销理念，做好客户的顾问。

社会能力：培养认真、务实、灵活处事的职业意识和工作态度；积极探索团结协作的精神；尊重客人、为客人服务的态度。

三、汽车4S店推销人员店堂推销工作过程

1. 获取信息

（1）情境分析

情境一：潜在客户电话咨询记录

李先生中意一辆白色的某品牌劲炫车，觉得外形好看但颜色不够炫，于是打电话到店里来咨询。

1. 你们这有劲炫这款车吗，多少钱？

2. 都有哪些配备？

3. 有几种颜色，有没有比白色炫的颜色？

4. 有现车吗？有的话这个星期三过去店内看。

5. 销售店地址在哪？

情境二：

上次电话约好李先生及其女朋友一起过来看车子。两人对某品牌的质量都比较认同。女朋友觉得劲炫车好，小巧又是全景天窗。但是李先生觉得另一品牌的1.8T风尚四驱车也可以考虑，价位也相当，某品牌车虽是越野先驱，但某国品牌技术是另一国车所不能比拟的。

看车过程中两位一直很希望多了解车的性能，因为他们还想要和另一品牌的1.8T风尚四驱车做比较。女朋友想让李先生买下这款车，她不想等了，因为下星期约好了和朋友们去大明山游玩。另一品牌没有现车。

（2）阅读文字材料

客户资料卡

客户：工作几年的李先生，穿着运动、时尚，有一个关系很好的女朋友，买的车女朋友也要喜欢。

现况：在法院从事法律工作，市区上下班使用。工作之余喜欢去郊外走走。和朋友出去时车要显档次、有品位、外形时尚、比轿车通过性要好。

需求：想买一台小型的SUV，要小点的且好停放的车，底盘要求高一点且一定要有天窗。

购车原因：图自己喜欢、有车出入方便。

预算：25万元左右，入完户最好在30万元以内。

销售顾问资料卡

销售顾问资料卡

◆ 主动与客户打招呼，表达欢迎之意

◆ 呈递名片，简单做自我介绍

◆ 为客户提供行动的选择方向：逛逛、听讲解或休息。若客户表示想自己看车则不要尾随，但必须随时关注客户动向及需求。

◆ 破冰、拉近与客人的距离，消除客人的紧张与不适感，让双方的关系变得友好、融洽，逐步建立与客人之间的信任

◆ 根据客户需求做车型推荐

◆ 销售顾问随时保持热情与笑容

◆ 销售顾问要能顾及客户群中的每一位对象

◆ 通过引号与提问，在确认客户类型的基础上进行需求探询：

★ *车辆用途、实际使用人、购车预算*

购车时间、曾用车型、关注车型及竞品车型

用车关注点，如空间、安全、操控

车型资料卡

材料1：两款车的基本资料

某品牌**车型资料卡**

- **品牌**：**某品牌ASX**

- **参考价格**：**18.68万~24.38万元**

- **车型尺寸**：**4295×1770×1625（毫米）**

- **汽车级别**：**SUV**

- **产品特点**

- 进口城市SUV

- **1.数据**

- ASX与劲界2.0L
  车型同平台，其轴距同为2670mm，不过其长4295mm×宽1770mm×高1625mm的车身尺寸要小一些，所以ASX也被人称作小号儿劲界。

- **2.配置**

- 进口到中国销售的ASX搭载了2.0L MIVECDOHC24 VALVE发动机（4B11型发动机），它的最大功率为150马力，峰值扭矩为197N-m/4200rpm。无论是两驱车型还是四驱车型，均配备了可以模拟6个档位的CVT变速箱。ASX四驱车型所采用的四驱系统与劲界2.0L车型完全相同，属于电控适时四驱。

- **3.结构**

- 从结构上讲是电控多片离合器式的中央差速器，前后桥均为开放式差速器，并且没有锁止结构，四轮也都没有电子刹车辅助。

- 定位为比现款更小的城市型SUV，车身尺寸长为4.3米，外形尺寸上属于一款紧凑型跨界车，全新的RVR将搭载一台全新的1.8升的MIVEC汽油发动机。RVR属于跨界车，它没有全尺寸SUV那样的强悍越野性能，但足够高的离地间隙使它在面对郊游时的复杂路况时显得非常从容。

- 中国版车型还是在一些细节上与海外版有所区别，比如后保险杠中部的梯形轮廓变为了针对中国市场强制标准的后雾灯配置，此次曝光的高配和低配车型都没有配置天窗，而海外车型甚至配有全景天窗，这样的调整主要还是根据引入中国市场的竞争对手来进行的。

车辆参数表

	ASX（进口）2011款 2.0 四驱劲酷版
厂商指导价	23.98万元
全国4S店最低价	21.98万元起

基本参数

厂商	某厂商（进口）
级别	SUV
发动机	
变速箱	6挡CVI
长×宽×高（mm）	4295×1770×1625
车身结构	5门5座SUV
最高车速（km/h）	188
官方0-100加速（s）	11.9
实测0-100加速（s）	9.8
实测100-0制动（m）	41.16

车身

长度（mm）	4295
宽度（mm）	1770
高度（mm）	1625
轴距（mm）	2670
前轮距（mm）	–
后轮距（mm）	–
最小离地间隙（mm）	195
整备质里（kg）	1400
车身结构	SUV
车门数（个）	5
席位数（个）	5
油箱容积（L）	60
行李箱容积（L）	–

发动机

发动机型号	4B11
排量（mL）	1998
进气形式	自然吸气
气缸排列形式	L
气缸数（个）	4
每缸气门数（个）	4
压缩比	–
配气机构	
缸径	–
冲程	–
最大马力（ps）	150

变速箱

简称	6挡CVT
挡位个数	6
变速箱类型	无级变速箱（CVT）

底盘转向

驱动方式	前置四驱
四驱形式	适时四驱
中央差速器结构	多片离合器
前悬挂类型	麦弗逊式独立悬架
后悬挂类型	多连杆，螺旋弹簧+稳定杆
助力类型	电动助力

厂家发动机等基本参数

竞品资料

竞品：另一品牌车型资料卡

- 外观

在外观上，采用了最新的家族设计理念。"泪眼"前大灯惹人喜爱，不但看起来时尚、动感，在设计上也可谓有所突破，使车看起来不再中规中矩。其实它的设计灵感来自概念车，我们也可在EOS上看到如此设计。当然U字形的前脸造型是品牌的精髓设计。车身侧面流畅、自然，保持了一贯的稳重、内敛。尾部造型与侧面同样给人经典、耐看的第一直觉，尾灯与前大灯相互辉映，表现出前后统一的风格。其余配置上，大尺寸轮胎格外醒目，保证了越野性能与公路性能的完美结合。

- 款型

- 提供都会版、风尚版、菁英版、旗舰版4个版本7款车型，分别搭载主打的1.8TSI及2.0TSI引擎，无论动力性能还是经济性都有着出色的表现，与之匹配的6速手动变速箱及爱信6速手自一体变速箱，可以将动力更好地发挥，在享受到澎湃的动力的同时，排放也更加环保。与原型车相比，长增加了68mm，轴距也到了2684mm，在同级车中处于中上水平，目的是满足国人的使用需求。值得一提的是，车行李箱可以在400L与1530L之间自由变换。大大提高了实用性，这也是作为一款SUV车型不得不关注的一点。

- 内饰

某品牌的内饰总给人留下做工扎实、选材高档、实用、环保等优良口碑，该车同样继承了这传统，同样保证了出色的品质。品质好，配置也要丰富。全系均采用稳重的黑色与温馨的米色混搭方式，作为内饰的主色调，黑色可以有效避免"反光"，而米色则给人一种温暖的感觉。对于喜欢驾驶的消费者而言，方向盘最能令大家兴奋。真皮包裹的方向盘不但手感优越，功能也更加齐全。除此，后排中央扶手、带化妆镜的遮阳板、手套箱冷藏功能及眼镜盒均作为"标配"出现其中。

- 安全配置

- 在安全配置上配备丰富，全系标配ESP车身稳定系统，EBD电子制动力分配及ASR牵引力控制。譬如一些比较少见的EDS电子差速锁、EPB电子手刹、自动驻车功能及TPR胎压监测系统都成了标准配置，可以看出其在安全性方面极为重视。前排双气囊、前排侧气囊可以保证成员的行驶安全，标配的儿童固定锁同样重视小孩子的安全。总之，其在安全配置上表现出的诚意足以打动国人。

（3）引导问题：你还知道什么车辆知识？

2. 工作计划与决策

引导问题1：作为销售顾问，你可能使用的几种破冰方法是什么？

_____

_____

小提示：用"态度破冰"、用"产品破冰"、用"熟人关系"破冰、用"宣传品破冰"、用"售后服务"破冰、用"处理投诉"破冰。或者用"衣食住行"破冰，包括天气、爱好、新闻、旅游、家人、健康、工作、衣着、饮食、住所等方面。大家要活学活用哦。

引导问题2：如何确定李先生的客户需求、购买动机。

_____

_____

_____

小提示：①购车时考虑的主要因素是什么？（动力、性能、安全、舒适、愉快）②对我们品牌了解程度如何？③车辆的主要用途是什么？（家用、商用）④这次购车的性质是什么？（首次、再次、置换）⑤谁是使用人，谁是购买者？谁是影响者？⑥意向车型是什么？（Q7、X5……）⑦意向车型的颜色是什么？⑧付款方式是什么？需要按揭吗？⑨关注的竞品车型是什么？⑩购车时间是什么？（什么时候使用？什么时候接车？什么时候可以确定买？）⑪购买预算是多少？⑫曾用车型是什么？

引导问题3：销售顾问的角色目标是什么？

_____

_____

_____

小提示：作为销售顾问人员，本着为客户服务的精神，做好寒暄、破冰、需求探寻，根据客户需求做车型推荐，随时保持热情与笑容为客户服务。

引导问题4：作为参与者的初始期望是什么？

_____

_____

_____

小提示：各位同学，仁者见仁，智者见智哦～～

引导问题5：角色扮演过程分析

角色名称：			
阶段	扮演内容	关键环节	时间安排
1			
2			
3			
……			

小提示：角色扮演的过程包括准备过程，加深对角色的认识和理解；实施阶段，每个角色的扮演过程；评价阶段，对角色及扮演过程进行反思。

角色扮演分组情况：（4 人一组）

班级		组号		指导老师	
组长		学号		角色	
组员	姓名		学员		角色

准备道具、布置工作场地

3. 工作实施

（1）分发道具

（2）销售顾问、顾客进行角色扮演

（3）观察员：观察记录（观察员包括组内观察员与其他同学）

展厅模特	1. 销售顾问是否在第一时间服务客户（必要时出门为客户遮阳、撑伞）（3分）		☐是　☐否
	2. 销售顾问接待时的礼仪礼节（是否使用敬语、恰当的问候语、微笑、站姿等）（3分）		☐是　☐否
	3. 销售顾问递送名片。恰当的自我介绍，确认客户来意（3分）		☐是　☐否
	4. 是否注意破冰。拉近与客人的距离（3分）		☐是　☐否
	5. 销售顾问适当的时候引导顾客入堂。告知可供选择的饮品种类。询问其选择，让顾客感到放松（3分）		☐是　☐否
	6. 为客户提供行动的选择方向：逛逛、听讲解或休息。若客户表示想自己看车则不要尾随。但必须随时关注客户动向及需求（3分）		☐是　☐否
	7. 需求探询（35分）	车辆用途（5分）	☐是　☐否
		实际使用人（5分）	☐是　☐否
		购车预算（5分）	☐是　☐否
		购车时间（5分）	☐是　☐否
		曾用车型（5分）	☐是　☐否
		关注车型及竞品车型（5分）	☐是　☐否
		用车关注点。如空间、安全、操控等（5分）	☐是　☐否
	8. 根据客户需求做车型推荐（3分）		☐是　☐否
	9. 销售顾问是否能顾及客户群中的每一位对象（3分）		☐是　☐否
	10. 销售员是否随时保持热情与笑容（3分）		☐是　☐否
	合计 62 分		
	实际得分		

（4）角色互换

4. 反思与评价

（1）评价

阶段一：小组自评，组内每个角色个人的体验、反思；观察员的记录

A：教学内容、目标与本次角色扮演成果对比分析；

B：在表演过程中，针对角色扮演的结果、观察到的内容，有什么不足之处？

C：这些不足之处产生的原因是什么？应该如何改进？

D：时间的把握合理吗？有哪些不合理的地方？

E：有超出预计的意外情况发生吗？如何解决的？

阶段二：全班评价

A：各小组到讲台，呈现组内评价反思结果；

B：对各小组结果集体讨论，进行整体性原因分析；

C：归纳总结各小组的改善建议；集体确定下次角色扮演中的改善建议。

综合评分（38分）			
评核点：	分数	得分	优劣评估
仪表、精神面貌	4		优点：
亲和力	4		
语言的表达（依据角色类型和客户类型的不同用不同的引导和提问方式）	10		不足：
挖掘客户信息的能力	10		
应对技巧	10		突出表现：
合计	38		

（2）反思

每位学生交一份书面总结，内容包括：

A：与自己的初始目标对照，你学到什么技能？有什么不足，以后如何有针对性地提高展厅接待和需求分析的技巧？

B：下一次怎么开展，有什么好建议？

C：个人在工作内容、责任、职业活动、困难时的决策、时间要求、工作过程等方面有什么收获、感悟？

四、综合性作业

根据老师上传的一个金牌销售顾问的展厅接待和需求探寻视频，分析他做得好的地方是什么？从以下角度分析

项目	优势
仪容仪表	
精神面貌	
看到顾客来的做法	
破冰的做法	
需求探寻的做法	
职业意识与工作态度	
客户心理把握	

项目四：新车展示——六方位绕车介绍

一、项目背景

汽车的六方位绕车介绍法是指把汽车的外观、内饰及舒适性等分为6个方位逐一进行介绍。通常全程要 20 分钟左右的时间来完成，平均每个步骤要 3 分钟左右，具体时间要视车型和客户的情况而定。在六方位绕车介绍过程中，通过各项目、各部位的展示，让客户真正体验到汽车带给他的良好视觉感受和科技魅力。

二、学习目标

1. 熟悉并掌握六方位绕车介绍法，该方法包含的方位及介绍内容如下所示：

①号方位：车前侧，其重点介绍内容为车辆的外观造型、腰线伸展、品牌及价值所在。

②号方位：车右侧，其重点介绍内容为汽车的安全性及侧视效果。

③号方位：车后侧，其重点介绍内容为车尾的设计特色及行李箱等。

④号方位：后排座，其重点介绍内容为乘坐的空间及舒适性等。

⑤号方位：前排座，其重点介绍内容为驾驶的操控性及乘坐的舒适性等。

⑥号方位：发动机舱，其重点介绍内容为发动机特有技术、油耗等。

2. 灵活使用 FAB 法，始终以消费者的需求与利益为中心介绍车辆性能和特征。

3. 养成具有亲和力的演讲风格。

三、工作过程分析

1. 分组（4 人一组）：

班级		组号		指导老师	
组长		学号		车型选择	
组员	姓名		学员		

2. 咨询过程

对将要参观的汽车 4S 店进行资料收集，针对这一汽车品牌的展出汽车具体的外观、安全、空间、技术等要素进行详细且深入的认知，对某一款车型进行深入的资料收集并填写下表。

项目	具体信息
汽车品牌名称	
4S 店位置	
该品牌目标群体定位	
该品牌汽车系列名称	
该品牌汽车系列特色	
市场对该品牌汽车的消费情况	
消费者对该品牌汽车的评价	
该品牌汽车宣传用语	
该品牌汽车的主要竞品	

3. 计划与决策

（1）针对某一具体的车型，对其围绕汽车的正前方、车左方、车后方、车右方、驾驶室、发动机舱六个方位进行详细的认识与把握。每一小组填写下表。

指标	说明	指标	说明
厂商指导价（元）		油箱容积（L）	
厂商		行李箱容积（L）	
级别		整备质量（kg）	
能源类型		排量（L）	
环保标准		缸盖材料	
上市时间		缸体材料	
最大功率（kW）		安全气囊	
最大扭矩（N·m）		前/后排头部气囊（气帘）	
发动机		安全带未系提醒	
变速箱		胎压监测功能	
长×宽×高（mm）		驻车雷达	
车身结构		驾驶辅助影像	
最高车速（km/h）		巡航系统	
官方0~100km/h加速（s）		驾驶模式	
工信部综合油耗（L/100km）		天窗	
整车质保		钥匙类型	
行车电脑显示屏幕		中控彩色液晶屏幕	
USB/Type-C接口数量		车窗	
感应雨刷		自动空调	
外后视镜		内后视镜	
灯光			

（2）绕车前的准备

A. 方向盘调整至最高位置；

B. 确认所有座椅都调整回垂直位置；

C. 钥匙放在随时可取放的地方；

D. 驾驶员的座椅适量后移；

E. 前排乘客座椅适量后移；

F. 座椅的高度调整至最低的水平；

G. 收音机选台，磁带、CD 的准备；

H. 车辆的清洁；

I. 确保电瓶有电。

（3）对 FAB 法则的灵活应用

什么是 FAB 法则？Feature—特征；Advantage—优点；Benefit—利益

特征：能够说明产品的数据与事实（说明产品的属性与技术含量）

优点：数据与事实带给客户的好处（帮助客户理解特征的作用）

利益：产品的优点为客户带来的实际帮助（为客户创造身临其境的消费感受）。

FAB 法则：先分析客户类型，再将优点、特征对号入座，最后根据客户需求总结利益。

对于学习者而言，可以按照以下思路运用 FAB：

因为……（属性），所以……（作用），这意味着……（客户得到的益处）。

练习一：根据下表所示，填写出相应的内容。

F（特性）	A（优点）	B（利益）
手机的全面屏		
化妆品的防晒		
房屋的向阳		
电影放映前的广告		
汽车中可以发热的座位		
海景酒店		
保温与保凉的杯子		
请同学们自己再举例子……		

练习二：用 FAB 模式分析如下四幅图

小提示：

图1：一只猫非常饿了，想大吃一顿。这时销售员推过来一摞钱，但是这只猫没有任何反应——这一摞钱只是一个属性（Feature）。

图2：猫躺在地下非常饿了，销售员过来说："猫先生，我这儿有一摞钱，可以买很多鱼。"买鱼就是这些钱的作用（Advantage）。但是猫仍然没有反应。

图3：猫非常饿了，想大吃一顿。销售员过来说："猫先生请看，我这儿有一摞钱，能买很多鱼，你就可以大吃一顿了。"话刚说完，这只猫就飞快地扑向了这摞钱。这个时候就是一个完整的FAB的顺序。

图4：猫吃饱喝足了，需求也就变了——它不想再吃东西了，而是想见它的女朋友了。那么销售员说："猫先生，我这儿有一摞钱。"猫肯定没有反应。销售员又说："这些钱能买很多鱼，你可以大吃一顿。"但是猫仍然没有反应。原因很简单，它的需求变了。

上面这四张图很好地阐释了FAB法则：销售员在推荐产品的时候，只有按FAB的顺序介绍产品，才能有效地打动客户。

4. 实施

每一组派一名代表，针对展厅中的某一款车型做六方位绕车介绍；或每组四位同学分别针对汽车的某一方位进行介绍。在此过程中，注意对FAB法则的应用。

5. 反思与评价

（1）针对六方位绕车进行的讲解评价（自评与互评、教师评均可使用）

序号	讲解部位	讲解评价	是否应用 FAB 模式
前部	A. 汽车标志	非常好□ 好□ 一般□ 不好□ 非常不好□	是□ 否□
	B. 一体式进气格栅	非常好□ 好□ 一般□ 不好□ 非常不好□	是□ 否□
	C. V 型发动机盖	非常好□ 好□ 一般□ 不好□ 非常不好□	是□ 否□

续表

序号	讲解部位	讲解评价	是否应用 FAB 模式
前部	D. 氙灯	非常好□　好□　一般□ 不好□　非常不好□	是□　否□
	E. 清洗装置	非常好□　好□　一般□ 不好□　非常不好□	是□　否□
	F. 雾灯	非常好□　好□　一般□ 不好□　非常不好□	是□　否□
	G. 风挡及雨刷	非常好□　好□　一般□ 不好□　非常不好□	是□　否□
侧身 （副驾驶位）	A. 整车尺寸	非常好□　好□　一般□ 不好□　非常不好□	是□　否□
	B. 侧防撞梁及车身防撞压损区	非常好□　好□　一般□ 不好□　非常不好□	是□　否□
	C. 玻璃	非常好□　好□　一般□ 不好□　非常不好□	是□　否□
	D. 轮胎	非常好□　好□　一般□ 不好□　非常不好□	是□　否□
	E. 带中央门锁的油箱盖	非常好□　好□　一般□ 不好□　非常不好□	是□　否□
尾部	A. 造型及三维尾灯	非常好□　好□　一般□ 不好□　非常不好□	是□　否□
	B. 空气支杆	非常好□　好□　一般□ 不好□　非常不好□	是□　否□
	C. 后备厢容积	非常好□　好□　一般□ 不好□　非常不好□	是□　否□
	D. 备胎	非常好□　好□　一般□ 不好□　非常不好□	是□　否□
	E. 高位刹车灯	非常好□　好□　一般□ 不好□　非常不好□	是□　否□
	F. 印刷式天线	非常好□　好□　一般□ 不好□　非常不好□	是□　否□
	G. 扰流板	非常好□　好□　一般□ 不好□　非常不好□	是□　否□
	H. 双排气管	非常好□　好□　一般□ 不好□　非常不好□	是□　否□

续表

序号	讲解部位	讲解评价	是否应用 FAB 模式
侧面 （驾驶位）	油漆	非常好□ 好□ 一般□ 不好□ 非常不好□	是□ 否□
车内 （前座）	A. 座椅	非常好□ 好□ 一般□ 不好□ 非常不好□	是□ 否□
	B. 车辆记忆系统	非常好□ 好□ 一般□ 不好□ 非常不好□	是□ 否□
	C. 多功能方向盘	非常好□ 好□ 一般□ 不好□ 非常不好□	是□ 否□
	D. MMI 系统	非常好□ 好□ 一般□ 不好□ 非常不好□	是□ 否□
	E. 汉语语音导航系统	非常好□ 好□ 一般□ 不好□ 非常不好□	是□ 否□
	F. 汽车电话	非常好□ 好□ 一般□ 不好□ 非常不好□	是□ 否□
	G. BOSE 音响	非常好□ 好□ 一般□ 不好□ 非常不好□	是□ 否□
	H. 驾驶员信息系统	非常好□ 好□ 一般□ 不好□ 非常不好□	是□ 否□
	I. ESP8.0 电子稳定程序	非常好□ 好□ 一般□ 不好□ 非常不好□	是□ 否□
	J. 豪华舒适型自动空调	非常好□ 好□ 一般□ 不好□ 非常不好□	是□ 否□
	K. 变速箱	非常好□ 好□ 一般□ 不好□ 非常不好□	是□ 否□
	L. 安全气囊及头部安全气帘	非常好□ 好□ 一般□ 不好□ 非常不好□	是□ 否□
	M. 真皮及座椅加热	非常好□ 好□ 一般□ 不好□ 非常不好□	是□ 否□
	N. 空间及轴距	非常好□ 好□ 一般□ 不好□ 非常不好□	是□ 否□
	O. 悬挂系统	非常好□ 好□ 一般□ 不好□ 非常不好□	是□ 否□

续表

序号	讲解部位	讲解评价	是否应用 FAB 模式
发动机	A. 吸能式保险杠	非常好□　好□　一般□ 不好□　非常不好□	是□　否□
	B. 发动机先进技术	非常好□　好□　一般□ 不好□　非常不好□	是□　否□
	C. 缓冲区	非常好□　好□　一般□ 不好□　非常不好□	是□　否□
	D. 总结及演示中控锁	非常好□　好□　一般□ 不好□　非常不好□	是□　否□
做得特别好的地方			
存在的主要问题			

（2）针对演讲风格的评价（自评与互评、教师评均可使用）

评价项目	评价要点	分值	打分
演讲内容 （35 分）	1. 能紧紧围绕主题，观点正确、鲜明，内容充实具体	10	
	2. 材料真实、典型、新颖，反映客观事实，具有普遍意义	10	
	3. 紧扣主题	5	
	4. 讲稿结构严谨，构思巧妙，引人入胜	5	
	5. 文字简练流畅，具有较强的可听性	5	
语言表达 （35 分）	1. 演讲者语言规范，吐字清晰，声音洪亮圆润	10	
	2. 演讲表达准确、流畅、自然	10	
	3. 语言技巧处理得当，语速恰当，语气、语调、音量、节奏张弛符合思想感情的起伏变化，能熟练表达所演讲的内容	15	
形象姿态 （15 分）	演讲者精神饱满，能较好地运用姿态、动作、手势、表情，表达对演讲稿的理解	15	
综合印象 （5 分）	演讲者着装朴素端庄大方，举止自然得体	5	
演讲效果 （10 分）	演讲具有较强的感染力、吸引力和号召力，能较好地与听众感情融合在一起，营造良好的演讲效果，演讲时间控制在合适的时间内	10	
总　计			

四、综合性作业

（1）根据老师上传的一个金牌销售顾问的六方位绕车介绍视频，分析他做得好的地方是什么？从以下角度分析

项　　目	优　　势
仪容仪表	
精神面貌	
六方位绕车介绍	
对 FAB 的应用	
职业意识与工作态度	
客户心理把握	

（2）课后反思

每位学生交一份书面总结，内容包括：

A：与自己的初始演讲目标对照，你学到什么技能？有什么不足，以后如何有针对性地提高六方位绕车介绍的技巧？

B：下一次怎么开展，有什么好建议？

C：个人在工作内容、责任、职业活动、困难时的决策、时间要求、工作过程等方面有什么收获、感悟？

项目五：汽车试驾引导

一、项目背景

所谓试驾，是指顾客在经销商指定人员的陪同下，沿着指定的路线驾驶指定的车辆，从而了解这款汽车的行驶性能和操控性能。试驾是消费者了解一款汽车的重要途径。一辆汽车的外表再好，也是"给别人看的"，车主与汽车的感情实际上是产生于方向盘与踏板之间。所以，汽车的行驶性能和操控性能就是消费者购车时不容忽视的因素。而且，由于汽车的行驶性能与操控性能难以用数据来衡量，试驾也就成了多数消费者了解汽车行驶性能和操控性能的唯一途径。

二、学习目标

对汽车试驾过程进行整体安排、组织并评价，具体包括以下目标：

1. 确定公司能够提供的试车条件，安排对客户和公司都合适的时间；

2. 充分确定客户的车型需求，准备试驾车辆；

3. 强化客户对目标车辆的驾乘感受；

4. 引导客户不断明确对车辆的需求；

5. 引导具体的销售活动；

6. 利用试车吸引更多的潜在客户。

三、信息辅助资料

1. 2003 年 10 月 28 日第十届全国人民代表大会常务委员会第五次会议通过、2003 年 10 月 28 日中华人民共和国主席令第八号公布、自 2004 年 5 月 1 日起施行的《中华人民共和国道路交通安全法》。

中国政府网：http：//www. gov. cn/banshi/2005 – 08/23/content_25575. htm。

2. 某汽车性能表

某品牌 2021 款车型

指标	说明	指标	说明
厂商指导价（元）	50 万	油箱容积（L）	73
厂商	某厂商	行李箱容积（L）	430
级别	中大型车	整备质量（kg）	1810
能源类型	汽油	排量（L）	2.0
环保标准	国 VI	缸盖材料	铝合金
上市时间	2020 年 9 月	缸体材料	铸铁
最大功率（kW）	165	安全气囊	主、副
最大扭矩（N·m）	350	前/后排头部气囊（气帘）	前、后
发动机	2.0T 224 马力 L4	安全带未系提醒	前排
变速箱	7 档双离合	胎压监测功能	胎压报警
长×宽×高（mm）	5038×1886×1475	驻车雷达	前、后
车身结构	4 门 5 座三厢车	驾驶辅助影像	360 度全景影像
最高车速（km/h）	245	巡航系统	定速巡航

续表

指标	说明	指标	说明
官方 0~100km/h 加速（s）	7.9	驾驶模式	运动、经济标准/舒适
工信部综合油耗（L/100km）	6.8	天窗	分段式电动天窗
整车质保	三年或 10 万公里	钥匙类型	遥控钥匙、全车无钥匙进入
行车电脑显示屏幕	彩色液晶 12.3 英寸	中控彩色液晶屏幕	触控 10.1 英寸、8.6 英寸
USB/Type-C 接口数量	前排 2 个、单碟 DVD	车窗	前/后电动车窗、车窗一键升降功能
感应雨刷	是	自动空调	是
外后视镜	电动调节、电动折叠、后视镜加热、倒车自动下翻、锁车自动折叠	内后视镜	自动防眩目
灯光	矩阵式 LED 近光灯、远光灯；LED 日间行车灯、自适应远近光灯、自动头灯、前大灯雨雾模式、大灯高度可调、大灯清洗装置、大灯延时关闭、触摸式阅读灯		

3. 试驾协议

某汽车销售有限公司试乘、试驾协议

甲方：某汽车销售有限公司

乙方：姓名＿＿＿＿＿＿＿＿＿＿　联系电话＿＿＿＿＿＿＿＿＿＿

联系地址　＿＿＿＿＿＿＿＿＿＿＿＿＿＿＿＿＿＿＿＿＿

一、为保证试乘试驾活动安全、有序、顺利地实施，甲乙双方本着相互支持、相互理解的原则，就试乘试驾 xx 汽车达成如下协议：

1. 甲方在甲乙双方协商约定的时间内，向乙方提供 xx 汽车的试驾服务；

2. 试车前，乙方必须出示真实有效的身份证和驾驶证正本，实际驾龄必须两年以上。并留驾驶证复印件给甲方，每次试车连同试驾者最多为两人；

3. 乙方试车时，必须在甲方代表陪同下，按照甲方代表的指定路段进行，试驾过程中车速不得超过甲方要求的 70 公里/小时；

4. 乙方试车时，必须遵守国家规定的道路交通法规之相关规定；

5. 如因试车者不遵守交通法规而发生交通违章，应由乙方及时到交通管理部门接受处理；如因试车者不遵守交通法规（试驾协议）而造成交通事故，应由试车者本人承担事故责任；如将试乘试驾车辆损坏，乙方应承担甲方为恢复试驾车辆完好状态所产生的一切费用；

6. 甲方保留随时终止试车服务的权利；

7. 驾驶证为 A 本或 B 本时，试驾者必须提供体检证明，否则甲方可以拒绝乙方的试驾请求；

8. 雨雪或大风等恶劣天气，甲方有权拒绝乙方的试驾请求；

9. 试驾路线：

试驾车资料：

车型＿＿＿＿＿＿＿＿＿＿＿　车牌号＿＿＿＿＿＿＿＿＿＿＿

二、试乘试驾顾客反馈表（推荐使用）：

敬爱的贵宾，在您试乘试驾 xx 汽车后，如对商品及配备有任何意见，敬请填妥下表告知我们，定将成为我们追求完美的目标。

现使用车名称　＿＿＿＿＿＿＿＿＿＿＿；

试乘试驾车型名称　＿＿＿＿＿＿＿＿＿＿＿；

预备购买车型＿＿＿＿＿＿＿＿＿＿＿；

对试乘试驾车辆的评价：

外观　　　　满意 □　好 □　普通 □　不满意 □

操控性　　　满意 □　好 □　普通 □　不满意 □

车内空间　　满意 □　好 □　普通 □　不满意 □

加速性配备　满意 □　好 □　普通 □　不满意 □

舒适性　　　满意 □　好 □　普通 □　不满意 □

本试车活动最终解释权归 xxxx 汽车销售有限责任公司所有。

请问您对 xxxx 汽车及 xxxx 汽车销售有限责任公司的服务是否有其他建议，敬请您提供给我们，以作为改进参考。

＿＿＿＿＿＿＿＿＿＿＿＿＿＿＿＿＿＿＿＿＿＿＿＿＿＿＿＿＿＿＿＿＿＿＿＿＿

＿＿＿＿＿＿＿＿＿＿＿＿＿＿＿＿＿＿＿＿＿＿＿＿＿＿＿＿＿＿＿＿＿＿＿＿＿

＿＿＿＿＿＿＿＿＿＿＿＿＿＿＿＿＿＿＿＿＿＿＿＿＿＿＿＿＿＿＿＿＿＿＿＿＿

＿＿＿＿＿＿＿＿＿＿＿＿＿＿＿＿＿＿＿＿＿＿＿＿＿＿＿＿＿＿＿＿＿＿＿＿＿

甲方：　　　　　　　　　　　　　乙方：

　　年　　月　　日　　　　　　　　　年　　月　　日

您的光临是我公司全体员工的荣幸，感谢您的试驾！

4. 承诺书

试乘试驾承诺书

本人于_____年_____月_____日，在汽车_____店，自愿参加汽车_____车型的试驾，特作以下陈述与声明：

1. 保证在试驾过程中严格遵守交通法规以及本次试驾要求；

2. 服从经销店人员的指示和安排，不违反交通规则和危险驾车，安全、文明驾驶；

3. 若本人违背上述声明或非所驾车辆原因，造成损失或赔偿，超出保险公司赔付的部分，将由本人承担全部责任，与经销店无关。包括但不限于：

3.1 给本人或他人造成了人身伤害或损失；

3.2 给所驾车辆造成损坏，给其他车辆或道路、场地等设施造成损失；

3.3 违章行驶造成的经济罚款。

4. 试驾路线描述/路线图：

5. 本人已阅读并理解以上内容。

试驾人签字：_____身份证号码：_____

日期：_____年_____月_____日

（驾驶证复印件粘贴处）

四、工作过程分析

1. 你的任务是引导 李先生 某汽车试驾活动

请在下列信息中挑选出对于上述任务至关重要的信息

◆ 参加人数

◆ 日期安排

◆ 开始时间

◆ 结束时间

◆ 车辆功能信息

◆ 车辆特色信息

◆ 路况信息

◆ 天气信息

◆ 人流信息

◆ 车辆易发故障

◆ 车辆故障处理程序

◆ 试车期间说服性语言的选择

　

2. 主动邀约试乘试驾，你应该如何与客户沟通？

　

（**小提示**：x 先生，我们的车和其他车不一样，一定要开过以后才能体会到它的好处，如果您想真正了解这部车的话，我建议您做一个试乘试驾！如果您愿意的话，我马上就可以帮您安排）

3. 请在你所在的城市，安排试驾路线。

_____

_____

_____

4. 查阅天气预报，试驾当天天气对时间和路线的影响如何？

_____

_____

_____

_____

5. 试驾车型的主要功能是什么？车型的卖点和特色是什么？

_____

_____

_____

_____

6. 试乘试驾车辆必须保持良好的清洁和车况，需要做什么？

_____

_____

_____

_____

（**小提示**：试乘试驾车必须将车内所有可以移动发出声响的物品移除，以确保在行驶时不会发出异响；试乘试驾车使用后要及时将常用设施，如座椅、方向盘、音响等恢复到使用前的状态；试乘试驾车辆必须保证随时拥有半箱以上燃油，同时车上必须常备 CD 唱片；对试乘试驾车辆严格按要求进行车辆的保养及维护，随时保证车辆良好状态；试驾车的钥匙由专职人员保管，销售人员凭有客户签字的《试乘试驾承诺书》领取钥匙，用完后登记车辆行驶里程数，然后归还钥匙）

7. 客户坐到驾驶位，你需要提醒客户做的准备工作有哪些？

_____

_____

_____

_____

8. 客户坐到驾驶位，你需要向客户讲解操作注意事项有哪些？

_____

_____

_____

_____

（**小提示**：要注意安全，毕竟安全是最重要的，因此请您务必遵守交通规则，并听从我的引导；在驾驶过程中，会适时提醒您行驶的路线，这样您就完全不必担心走错路，尽情享受试驾的乐趣；带客户试乘之前做必要的车辆讲解，以便客户对车有一个更全面的了解，还要设置好导航路线）

9. 试车过程中的讲解有哪些？

项目	安全带未系报警
展示前的说明	此项目必须在绝对安全的道路上进行，例如经销商展厅的院内

展示后的讲解：

_____

［**小提示**："先生，您注意到车辆现在'滴滴'的报警声音了吗？还有仪表板亮起了一个红色报警灯""这个报警是提醒驾驶员系好安全带，如果驾驶员忘记系安全带，当时速超过（？）公里后就会报警，是一个非常贴心的安全设计。""现在请大家都检查一下自己的安全带是否已经系好"］

项目	起步加速
展示前的说明	接下来是原地起步加速，在这个项目中，您可以体会到车辆的起步加速能力，以及变速箱的换挡表现

展示后的讲解：

（**小提示**：X 先生，刚才您是否感觉到车辆的加速能力很强，带有非常明显的推背感？这就是 XX 发动机才能达到的效果。另外，您是否注意到，车辆的加速过程非常平顺，没有一般汽车换挡时的冲击感？这就需要变速器和发动机动力特性非常匹配才行）

项目	中段超车加速
展示前的说明	接下来是中段超车加速，在这个项目中，您可以体会到车辆在行驶过程中加速的能力

展示后的讲解：

（**小提示**：X 先生，刚才您是否感觉到在行驶过程的加速能力同样也很棒，而且加速的响应速度和平稳性都很好？开 XX 超车，可以明显缩短超车时间，加强安全性）

项目	紧急制动
展示前的说明	前面的一段道路非常平直，而且没有其他车辆、行人和障碍物，可以测试车辆的紧急制动性能，我们可以看看车辆从时速（？）km 到完全停下来需要多长的距离

展示后的讲解：

［**小提示**：X 先生，从时速（100）km 到完全停下来可以保证在 39 米以内，这说明车辆制动能力非常强，您说是吗？您注意到没有，在紧急制动的时候车辆行驶的方向仍然非常稳定，而且车辆几乎没有什么点头的现象，这都是 XX 精心调校的底盘系统的功劳］

项目	坏路通过
展示前的说明	前面有一段正在施工的碎石不平道路，我们将要慢速通过，在通过时，您可以感受一下车辆在通过不平路面的颠簸情况，以及您乘坐的舒适性

展示后的讲解：

（**小提示**：前悬挂采用了双叉臂独立悬挂，后悬挂采用了多连杆独立悬挂系统，并进行了精心调校，能很好地兼顾高速剧烈行驶的操控稳定性和通过这种坏路的舒适性）

项目	车载设备： 1. 空调系统；2. 音响系统；3. 定速巡航；4. 多功能方向盘；5. 蓝牙车载电话系统；6. 娱乐系统

展示后的讲解：

项目	倒车入库
展示前的说明	我们现在把车开回展厅，麻烦您将车倒进前面那个车位好吗？同时您也可以体验一下驻车系统

展示后的讲解：

(**小提示**：在刚才倒车的时候，您是不是感觉到虽然车很大，但是倒车入库是一件很轻松的事情。倒车视野非常好，而且前后全方位驻车系统会及时提醒您哪里有障碍物，以及障碍物有多远。只要您一挂倒挡，这个功能就自动启动了。还有，您有没有感觉到在车辆低速时可以提供给您很大的助力，来回打方向盘都很轻松。就算是用一个手指也能轻松转动方向盘）

10. 请操作试驾过程

11. 试驾过程中有什么注意事项呢？请针对以下情况提出解决策略

项目	发生的情况	解决方案
1	客户没有按照预先确定的路线驾驶	
2	客户上车后没有系安全带	
3	销售顾问（试车员）与客户换手时，没有先将车停在预先指定的安全地点，并将汽车熄火	
4	请客户下车，并引导客户坐到驾驶座上	

项目	发生的情况	解决方案
5	销售人员在展厅就将车钥匙交予客户	
6	客户坐到驾驶座上后，没有完成座椅调整、方向盘调整、后视镜调整	
7	销售顾问与驾车的客户谈话过多	
8	客户驾驶车辆时出现危及安全的危险驾驶动作，如双手离开方向盘	
9	试乘试驾过程中，客户在车内吸烟	
10	销售顾问针对客户特别感兴趣的性能和配备没有加以说明，也没有引导客户回忆美好的试驾体验	

续表

项目	发生的情况	解决方案
11	客户试驾时产生的疑虑，销售顾问没有立即给予合理和客观的说明	
12	销售顾问没有利用留下的相关信息，没有与客户保持联系	

12. 根据下列标准检查和评价您的工作任务完成情况

工作任务	什么对我来说是成功的	什么对我来说是不成功的
1. 试驾前的准备		
2. 预约试驾过程		
3. 试驾过程中，对车辆性能的介绍		
4. 试驾过程中对交通风险的预防		
5. 试驾过程中对车辆特色的介绍		
6. 试驾过程中是否有效回答了客户的疑问		

工作任务	什么对我来说是成功的	什么对我来说是不成功的
7. 试驾结束后对客户的跟踪服务		
8. 对客户服务的态度		

五、综合性作业，请以小组为单位，提供下列问题的答案

1. 我们应在什么情况下提供试车服务？

_____

_____

2. 若某位顾客已做出购买决定，我们是否仍然主动提供试车？

_____

_____

3. 若某位顾客对我们提供的试车抱有可有可无的态度，我们是否仍然主动提供试车？

_____

_____

4. 如何降低试车服务的风险？

_____

_____

5. 你和顾客约好试车，为此你将做哪些准备？

_____

_____

6. 我们应向顾客提供什么样的试车路线？

_____

_____

7. 试车时，你是否应陪在身边？

_____

_____

8. 试车前，你准备花多长时间向顾客介绍车的特性？

_____

_____

9. 一次试车应花多长时间？

_____

_____

10. 在试车过程中，你是否要打开音响系统，为顾客营造出轻松的气氛？

_____

_____

11. 在试车过程中，你的讲解是否会与顾客原有的需求联系起来？

_____

_____

12. 如果试车过程中，不幸发现轮胎瘪了，这时我们应该怎样做？

_____

_____

13. 顾客在当天没有时间进行试车，我们应把试车安排在几天之内？

_____

_____

_____

14. 在试车结束后，销售顾问应该怎么做？

_____

_____

_____

_____

项目六：推销过程中与顾客的沟通

一、项目背景

聪明的销售人员在同客户打交道时，表面上是客户的朋友、兄弟、亲人，而实际工作上依然根据自己的职责、特长、能力来促进销售、操作市场、掌控资源，从而得到双赢的效果。

销售成功的根本在于能够以一种让您的潜在客户希望与您开展业务的方式收集和提供信息。您的价值主张、定价，甚至是产品的功能非常重要，除非您能够让您的潜在客户与您交谈并听取您的意见，否则这一切都不重要。

通过本块内容的学习，旨在分清楚沟通层次、注重沟通技巧，提高沟通效果。

二、学习目标

1. 学会倾听，包括主动倾听与被动倾听；

2. 在推销洽谈过程中分辨出真假顾客异议，针对顾客异议的来源，恰当处理顾客异议，特别是价格异议的处理；

3. 学会适时地提出成交，在不同情况下对成交策略的掌控；

4. 在推销过程中，对推销进程有初步的把握，能适时地推动推销向下一阶段发展；

5. 提高对肢体语言的应用能力与判断能力。

三、任务书

任务名称：阅读下面两位销售顾问与顾客的对话，评价两位销售顾问接待顾客的过程

一、案例内容

第一则对话：

销售顾问1：先生，欢迎光临我们4S专卖店！请问你要买车吗？

顾客：……（顾客没有回答，直接往展厅走过去）

销售顾问1：先生，请问你想买什么样的车呢？（跟在顾客后面追问）

顾客：……（顾客依然没有说话，逛了一圈，在一款车前面停下）

销售顾问1：先生，你买车是多少预算啊？（过于复杂的问题）

顾客：……（顾客还是没有说话，逛了一圈，只顾自己看车）

销售顾问1：先生，我们这款车采用……技术，我们的质量……我们的服务……（该说的都差不多了，于是开始自夸了）

顾客：……（顾客依然一言不发，看了一会儿，迈步走开了）

销售顾问：好走不送，看着玩啊……（销售顾问送走顾客后开始喃喃自语）

第二则对话：

销售顾问2：欢迎光临4S专卖店！先生，今天想了解轿车还是越野车？（一个非常简单也便于顾客回答的问题）

顾客：越野车

销售顾问2：先生，买越野车一定要根据自己的外出习惯匹配才好，请问您主要在市内开还是在野外跑？（提问前做出铺垫，并且是一个非常便于回答的具体问题）

顾客：主要在市内开车

销售顾问2：哦，好多人买越野都是市内开。顺便问一下，您是准备自己开，还是家里人开？（便于回答的选择性问题）

顾客：主要是夫人开。

销售顾问2：对车内空间大小要求高吗？（另一个便于顾客回答的具体问题）

顾客：中等就可以

销售顾问2：哦，我给您推荐两款车，是我们刚到的新款，我认为比较合适您太太，您先了解一下。来，这边请……

（经过六方位绕车介绍，以及汽车试驾等环节）

销售顾问2：您看这款车性能好，百米加速动力强劲，后备厢空间大，车灯也是比较有特色，安全性能强，您太太是喜欢白色的还是银色的？

顾客：什么颜色都可以

销售顾问2：您眼光真好，我们这款城市越野造型比较前卫，什么颜色都好看。我们这款车最近可以办理分期付款，第一年免息，您看您需要办理吗？

顾客：第一年免息，条件不错啊，给我详细讲一下……

二、案例思考题

1. 比较这两位推销人员与顾客的对话，第一位推销人员为什么没有成功？

2. 比较销售顾问 1 和 2 与顾客沟通时使用的问题，各有什么特点？

销售顾问 1 使用的问题：请问你要买车吗？请问你想买什么样的车呢？你买车是多少预算啊？

销售顾问 2 使用的问题：先生，今天想了解轿车还是越野车？请问你主要在市内开还是在野外跑？顺便问一下，您是准备自己开，还是家里人开？对车内空间大小要求高吗？

3. 销售顾问 2 在推销洽谈过程中，使用了哪些洽谈方法？

4. 你如何评价销售顾问 2 在洽谈过程中使用的方法？

5. 销售顾问 2 使用了哪些成交的方法？

6. 你如何评价销售顾问 2 在成交过程中的表现？

7. 推销人员应该主动提出成交吗？为什么？

8. 如果你是第一位推销人员，应该如何有效与顾客沟通？

9. 如何评价第一位推销人员面对的顾客的肢体语言？有什么隐含的意义？

10. 作为推销人员，你如何提高你的沟通技巧？

三、本次任务需要关注的内容

1. 肢体语言的类型有哪些？其背后的隐喻是什么？

参考答案：肢体语言（又称身体语言），是指通过头、眼、颈、手、肘、臂、身、胯、足等人体部位的协调活动来传达人物的思想，形象地借以表情达意的一种沟通方式。不同的肢体语言背后的隐喻是不一样的，比如：

肢体语言	隐　　喻
眯着眼	不同意，厌恶，发怒，不欣赏，蔑视，鄙夷
来回走动	发脾气，受挫，不安
向前倾	注意或感兴趣
坐不安稳	不安，厌烦，紧张或者是提高警觉
避免目光接触	冷漠，逃避，漠视，没有安全感，消极，恐惧或紧张等
正视对方	友善，诚恳，外向，有安全感，自信，笃定，期待
……	……

2. 顾客异议有哪些类别？推销人员应该如何应对？

序号	名称	表现特征	应对办法
1	沉默型异议	客户在产品介绍的整个过程中，一直非常沉默，甚至有些冷漠的态度	要多问顾客一些开放式的问题，引导他多谈谈自己的想法。当他开口说话的时候，他就会将注意力集中在你的产品上。要鼓励顾客多说话，多问他对产品的看法和意见

续表

续表

序号	名称	表现特征	应对办法
2	借口型异议	顾客会告诉你："你的价格太贵了""好吧，我再考虑考虑""我回家商量一下"，等	通过友好的态度对顾客说："您提出的这些问题，我知道非常重要，待会儿，我们可以专门讨论。现在我想先用几分钟的时间来介绍一下我们产品的特色是什么，为什么您应该购买我们的产品，而不是购买其他品牌的产品。"使用类似的话语，将顾客的这些借口型异议先搁置一旁，转移他们的注意力到其他感兴趣的项目上，在多数情况下这些借口自然就会消失
3	批评型异议	顾客会以负面的方式批评你的产品或公司。说你的产品质量不好，服务不好	首先你要看看顾客对于这种批评型的异议是真的关心还是随口提一提。假如是真的关心你应该告诉他："先生，我不知道您是从哪里听来的这些消息，同时我也能够理解你对这些事情的担心……"接下来再介绍目前产品的质量和服务都得到了改善提高，并且获得了某某认证。假如是随口提一下，也需要解决顾客的问题，打消顾客疑虑，坚定顾客信心。让顾客认为买我们的产品物超所值
4	问题型异议	顾客会提出各式各样的问题来考验你，有时提出的问题会让你无法回答	首先要对顾客的问题表示认可及欢迎，你可以说："我非常高兴您能提出这样的问题来，这也表示您对我们的产品真的很感兴趣。"接下来你就可以开始回答顾客的问题，在处理问题型异议时，你对产品必须有充分的认识
5	主观型异议	顾客对你个人有所不满，对你的态度不是非常友善	通常表示你与顾客亲和力建立得太差了，你要做的是赶快重新建立亲和力，少说话，多发问，多请教，让顾客多谈谈自己的看法
6	价格异议	不论你的产品价格多么具有竞争力，顾客都认为太贵了	第一，不要在一开始介绍产品的时候就告诉顾客价格，而应在最后的时刻再谈到产品的价格；第二，做产品介绍时永远把顾客注意力放在他能获得哪些利益上；第三，将价格分解，不要直接告诉顾客这种产品值多少钱，应该把你的产品分开来解说；第四，将你的产品与一些更贵的东西做比较

续表

3. 处理顾客异议的策略有哪些？

抵销处理法	是指销售顾问坦率地承认顾客异议所指出的问题是的确存在的，指出顾客可以从推销品及其购买条件中得到其他的好处，使异议所提问题造成的损失得到充分补偿，从而使顾客得到心理平衡，增强购买的信心
问题引导处理法	是指推销人员利用顾客提出的异议，直接以询问的方式向顾客提出问题，引导顾客在回答问题的过程中不知不觉地回答了自己提出的异议，甚至否定自己，同意推销人员观点的处理方法
转折处理法	是指推销人员根据有关事实和理由间接否定顾客异议的方法。采用这种方法时，推销人员首先要承认顾客异议的合理成分，然后用"但是""不过""然而"等转折词将话锋一转，对顾客异议予以婉转否定
利用处理法	也叫转化法，是指推销人员直接利用顾客异议中有利于推销成功的因素，并对此加工处理，转化为自己观点的一部分去消除顾客异议，说服其接受推销
预防处理法	预防处理法是指推销人员在推销拜访中，确信顾客会提出某种异议，就在顾客尚未提出异议时，自己先把问题说出来，继而适当地解释说明，予以回答

4. 成交策略有哪些？应如何正确使用？

请求成交法	也叫直接成交法（Direct Approach），即推销人员用明确的语言向准顾客直接提出购买的建议
假定成交法	是指在尚未确定成交，对方扔持有疑问时，销售人员就假定顾客已接受销售建议而直接要求其购买的成交法
选择成交法	是指推销人员向顾客提供两种或两种以上可供选择的购买方案来促成交易的成交方法
总结利益成交法	是指推销人员将顾客关注的产品的主要特色、优点和利益，在成交中以一种积极的方式来成功地加以概括总结，以得到顾客的认同并最终获取订单的成交方法
从众成交法	是指推销人员利用人们的从众心理来促成准顾客购买推销品的成交方法
小点成交法	又称为局部成交法，是指推销人员利用局部成交来促成整体成交的方法。小点是指次要的、较小的成交问题
最后机会成交法	是指推销人员直接向顾客提示最后成交机会而促使顾客立即购买的一种成交方法

续表

续表

优惠成交法	是指推销人员通过提供优惠的交易条件来促成交易的方法
体验成交法	是指推销人员为了让顾客加深对产品的了解，增强顾客对产品的信心而采取的试用或者模拟体验的一种成交方法
保证成交法	是指推销人员通过向顾客提供某种保证来促成交易的成交方法

四、分组情况

班级		组号		指导老师	
组长		学号			
组员	姓名		学号		

五、工作过程分析

1. 咨询

阅读以上的案例资料，根据分组，组长带领组员完成下表。

销售顾问 1 的推销过程分析

序号	销售顾问面临的局面	销售顾问提出的问题	获得的答案	说明什么问题
1				
2				
3				

销售顾问 2 的推销过程分析

序号	销售顾问面临的局面	销售顾问提出的问题	获得的答案	说明什么问题
1				
2				
3				
4				

2. 计划

小组内进行讨论，对案例问题进行分析、归类，找到案例问题的实质，即每一小组完成下表。

序号	问题	回答问题需要具有的知识、技能与态度
1	比较这两位推销人员与顾客的对话，第一位推销人员为什么没有成功？	
2	销售顾问 1 使用的问题：请问你要买车吗？请问你想买什么样的车呢？你买车是多少预算啊？这些问题的特点是什么？	
3	销售顾问 2 使用的问题：先生，今天想了解轿车还是越野车？请问您主要在市内开还是在野外跑？顺便问一下，您是准备自己开，还是家里人开？对车内空间大小要求高吗？这些问题的特点是什么？	

序号	问题	回答问题需要具有的知识、技能与态度
4	销售顾问 2 在推销洽谈过程中，使用了哪些洽谈方法？	
5	你如何评价销售顾问 2 在洽谈过程中使用的方法？	
6	销售顾问 2 使用了哪些成交的方法？	
7	你如何评价销售顾问 2 在成交过程中的表现？	
8	推销人员应该主动提出成交吗？为什么？	
9	如果你是第一位推销人员，应该如何有效地与顾客沟通？	
10	如何评价第一位推销人员面对的顾客的肢体语言？有什么隐含的意义？	
11	作为推销人员，你如何提高你的沟通技巧？	

3. 决策：分析并写出案例答案，请注意，案例答案不是唯一的

（1）比较这两位推销人员与顾客的对话，第一位推销人员为什么没有成功？

_____

_____

_____

（2）比较销售顾问 1 和 2 与顾客沟通时使用的问题，各有什么特点？

销售顾问 1 使用的问题：请问你要买车吗？请问你想买什么样的车呢？你买车是多少预算啊？

特点：

_____

_____

_____

销售顾问 2 使用的问题：先生，今天想了解轿车还是越野车？请问您主要在市内开还是在野外跑？顺便问一下，您是准备自己开，还是家里人开？对车内空间大小要求高吗？

特点：

_____

_____

_____

（3）销售顾问 2 在推销洽谈过程中，使用了哪些洽谈方法？

_____

_____

_____

（4）你如何评价销售顾问 2 在洽谈过程中使用的方法？

_____

_____

_____

_____

（5）销售顾问2使用了哪些成交的方法？

_____

_____

_____

_____

（6）你如何评价销售顾问2在成交过程中的表现？

_____

_____

_____

_____

（7）推销人员应该主动提出成交吗？为什么？

_____

_____

_____

_____

（8）如果你是第一位推销人员，应该如何有效地与顾客沟通？

_____

_____

_____

_____

（9）如何评价第一位推销人员面对的顾客的肢体语言？有什么隐含的意义？

_____

_____

_____

_____

（10）作为推销人员，你如何提高你的沟通技巧？

_____

_____

_____

4. 实施

每一小组的同学形成答案后，组织同学们进行讨论，针对每个问题进行答案的探讨，从而得出最佳做法。

5. 反思与评价

（1）评价

教师对学生专业能力的评价

序号	问题	问题回答情况
1	比较这两位推销人员与顾客的对话，第一位推销人员为什么没有成功？	□答案非常专业，能够找到关键点分析 □答案比较专业，对关键点的把握比较好 □答案质量一般 □答案不专业，只能把握几个关键点 □答案非常不专业，对关键点的把握非常模糊
2	销售顾问1使用的问题：请问你要买车吗？请问你想买什么样的车呢？你买车是多少预算啊？这些问题的特点是什么？	□答案非常专业，能够找到关键点分析 □答案比较专业，对关键点的把握比较好 □答案质量一般 □答案不专业，只能把握几个关键点 □答案非常不专业，对关键点的把握非常模糊
3	销售顾问2使用的问题：先生，今天想了解轿车还是越野车？请问您主要在市内开还是在野外跑？顺便问一下，您是准备自己开，还是家里人开？对车内空间大小要求高吗？这些问题的特点是什么？	□答案非常专业，能够找到关键点分析 □答案比较专业，对关键点的把握比较好 □答案质量一般 □答案不专业，只能把握几个关键点 □答案非常不专业，对关键点的把握非常模糊
4	销售顾问2在推销洽谈过程中，使用了哪些洽谈方法？	□答案非常专业，能够找到关键点分析 □答案比较专业，对关键点的把握比较好 □答案质量一般 □答案不专业，只能把握几个关键点 □答案非常不专业，对关键点的把握非常模糊

续表

序号	问题	问题回答情况
5	你如何评价销售顾问 2 在洽谈过程中使用的方法？	☐答案非常专业，能够找到关键点分析 ☐答案比较专业，对关键点的把握比较好 ☐答案质量一般 ☐答案不专业，只能把握几个关键点 ☐答案非常不专业，对关键点的把握非常模糊
6	销售顾问 2 使用了哪些成交的方法？	☐答案非常专业，能够找到关键点分析 ☐答案比较专业，对关键点的把握比较好 ☐答案质量一般 ☐答案不专业，只能把握几个关键点 ☐答案非常不专业，对关键点的把握非常模糊
7	你如何评价销售顾问 2 在成交过程中的表现？	☐答案非常专业，能够找到关键点分析 ☐答案比较专业，对关键点的把握比较好 ☐答案质量一般 ☐答案不专业，只能把握几个关键点 ☐答案非常不专业，对关键点的把握非常模糊
8	推销人员应该主动提出成交吗？为什么？	☐答案非常专业，能够找到关键点分析 ☐答案比较专业，对关键点的把握比较好 ☐答案质量一般 ☐答案不专业，只能把握几个关键点 ☐答案非常不专业，对关键点的把握非常模糊
9	如果你是第一位推销人员，应该如何有效地与顾客沟通？	☐答案非常专业，能够找到关键点分析 ☐答案比较专业，对关键点的把握比较好 ☐答案质量一般 ☐答案不专业，只能把握几个关键点 ☐答案非常不专业，对关键点的把握非常模糊
10	如何评价第一位推销人员面对的顾客的肢体语言？有什么隐含的意义？	☐答案非常专业，能够找到关键点分析 ☐答案比较专业，对关键点的把握比较好 ☐答案质量一般 ☐答案不专业，只能把握几个关键点 ☐答案非常不专业，对关键点的把握非常模糊
11	作为推销人员，你如何提高你的沟通技巧？	☐答案非常专业，能够找到关键点分析 ☐答案比较专业，对关键点的把握比较好 ☐答案质量一般 ☐答案不专业，只能把握几个关键点 ☐答案非常不专业，对关键点的把握非常模糊

教师对学生合作协作的评价

序号	评价项目	评价结果
1	该组同学能够进行热烈的讨论	□非常符合　□比较符合　□一般 □不符合　□非常不符合
2	在该组中有一位潜在的领导者	□非常符合　□比较符合　□一般 □不符合　□非常不符合
3	该组中有至少 1 位同学一直沉默	□非常符合　□比较符合　□一般 □不符合　□非常不符合
4	在该组讨论过程中，出现了不和谐因素，甚至出现了吵架现象	□非常符合　□比较符合　□一般 □不符合　□非常不符合
5	在该组讨论中，组长或潜在领导者能够带头，有效组织小组讨论	□非常符合　□比较符合　□一般 □不符合　□非常不符合

（2）课后反思

每位学生交一份书面总结，内容包括：

A：与自己的初始目标对照，你学到什么技能？有什么不足？以后如何有针对性地提高与客户沟通的技巧？

B：下一次怎么开展？有什么好建议？

C：个人在工作内容、责任、职业活动、困难时的决策、时间要求、工作过程等方面有什么收获、感悟？

六、综合性作业：小组讨论并写出答案

1. 如何使客户感到你很成功、很有能力？

_____

_____

_____

_____

2. 如果顾客抱怨汽车的价格太高，我们怎样进行解释？

_____

_____

_____

_____

3. 我们是否需要再次确认顾客的需求？为什么？

_____

_____

_____

4. 为什么我们要确认顾客已明确了整个报价，特别是价格背后的装备构成？

_____

_____

_____

5. 在这一环节，我们是否应该同顾客谈到交车时间的问题？

_____

_____

_____

6. 如果顾客拒绝了你的第一次提议，我们接下来应该怎样做：立即提出第二个建议/就拒绝的原因同顾客进一步交涉？

_____

_____

_____

_____

7. 如何向顾客推荐选装件？

_____

_____

_____

_____

8. 我们如何向顾客表明：我们想达成交易？

_____

_____

_____

9. 顾客总是谈到竞争对手的情况，我们应怎样应对？

_____

_____

_____

10. 如何介绍我们品牌汽车优质的服务体系？

_____

_____

_____

_____

11. 当顾客一再表示价格太高，接受起来有困难，我们是否应向他推荐试乘车/二手车/旧有的库存？

_____

_____

_____

_____

12. 我们应该向顾客展示哪些材料？

_____

_____

_____

_____

13. 为了促成交易，我们可以向顾客引荐哪些人？

_____

_____

_____

_____

14. 为了尽快拿到车，顾客送给你一个红包，这时你应该怎样做？

_____

_____

_____

_____

15. 这一阶段你的目标是什么？

_____

_____

_____

_____

项目七：递交新车与保持联系

一、项目背景

新车交付既表明了销售工作进入尾声，同时意味着售后服务工作的开始，在整个汽车销售服务过程中起到了"承上启下"的作用。新车交付是售前转向售后的关键一步，在交车过程中可建立客户与售后服务部门的联系，为今后的售后服务奠定基础。新车交付是售前工作的最后一步，也是销售顾客提升客户满意度的关键机会，尤其对于前期工作客户认为有不足之处的情况，此时正是销售顾问扭转客户印象、将客户转化为忠实客户的最佳时机。新车交付后，销售顾问在一定时期内还要与客户保持良好的联系，通过持续的售后跟踪，维系与客户的感情，为再次销售打下坚实的基础。

二、学习目标

专业能力：掌握与客户递交新车前的联系、递交新车仪式、递交新车后与客户的联系相关知识和技能，能正确地、恰如其分地完成该流程。

方法能力：①能针对客户特点采取合适的行为，正确操作流程，完成三阶段：递交新车前的联系、递交新车仪式、递交新车后与客户的联系，目的是取得客户信任；②能针对客户特点进行设计递交新车的事宜；③

能灵活运用消费心理学，察觉客户心理；④深化营销理念，做好客户的顾问。

社会能力：培养认真、务实、灵活处事的职业意识和工作态度；积极探索、团结、协作的团队精神；尊重客人、为客人服务的态度。

三、汽车4S店推销人员递交新车及售后联系工作过程

1. 获取信息

（1）情境分析

> 李先生通过展厅接触和汽车试驾后，决定购买某款汽车，该车的车型资料卡如下表所示。4S店销售顾问与李先生预约，递交新车时间定于下周一，届时李先生和他的夫人一起来接新车。

（2）阅读文字材料

客户资料卡

> 李先生是一名企业高管，年收入大约在80万元，买车的目的是周末与家人可以在城市近郊短途旅游。李先生的夫人是事业单位老师，两人育有一女儿，现在正在上初中。

车型资料卡

指标	说明	指标	说明
厂商指导价（元）	50万	油箱容积（L）	73
厂商	某厂商	行李箱容积（L）	430
级别	中大型车	整备质量（kg）	1810
能源类型	汽油	排量（L）	2.0
环保标准	国VI	缸盖材料	铝合金
上市时间	2020年9月	缸体材料	铸铁
最大功率（kW）	165	安全气囊	主、副
最大扭矩（N·m）	350	前/后排头部气囊（气帘）	前、后
发动机	2.0T 224马力 L4	安全带未系提醒	前排
变速箱	7挡双离合	胎压监测功能	胎压报警
长×宽×高（mm）	5038×1886×1475	驻车雷达	前、后
车身结构	4门5座三厢车	驾驶辅助影像	360度全景影像
最高车速（km/h）	245	巡航系统	定速巡航

续表

指标	说明	指标	说明
官方 0~100km/h 加速（s）	7.9	驾驶模式	运动、经济标准/舒适
工信部综合油耗（L/100km）	6.8	天窗	分段式电动天窗
整车质保	三年或 10 万公里	钥匙类型	遥控钥匙、全车无钥匙进入
行车电脑显示屏幕	彩色液晶 12.3 英寸	中控彩色液晶屏幕	触控 10.1 英寸、8.6 英寸
USB/Type - C 接口数量	前排 2 个、单碟 DVD	车窗	前/后电动车窗、车窗一键升降功能
感应雨刷	是	自动空调	是
外后视镜	电动调节、电动折叠、后视镜加热、倒车自动下翻、锁车自动折叠	内后视镜	自动防眩目
灯光	矩阵式 LED 近光灯、远光灯；LED 日间行车灯、自适应远近光灯、自动头灯、前大灯雨雾模式、大灯高度可调、大灯清洗装置、大灯延时关闭、触摸式阅读灯		

某 PDI 检查表

任务号		型号		牌照		首次注册日期
底盘号		发动机号		行驶里程		售后服务顾问
车型名称		变速箱标识字母		年款		日期

序号	项目	正常/已执行	不正常	已排除
1	对于长时间停放的汽车：按"停放和库存的汽车"保养表采取措施			

续表

序号	项目	正常/已执行	不正常	已排除
2	故障存储器：通过引导型故障查询读取并删除			
3	运输模式：停用			
4	蓄电池：读取状态，发送在线诊断记录			
5	仪表板/MMI：调整语种			
6	保养指示器：复位			
7	仪表：设置语言、时间和日期			
8	冷却系统：将液位加至最高			
9	制动液：检查液位			
10	发动机：检查机油油位，油位不足时添加到最大标记处			
11	前轴和后轴减震支柱：去除锁止件			
12	车辆（从下面）：目检有无损坏			
13	车轮紧固螺栓：以规定的扭矩拧紧			
14	附件：安装（零件在行李箱、手套箱、附件包内），适配接头、拆卸钩或塑料夹在随车工具中，必要时插入收音机SD卡			
15	前轴轮胎：检查胎压并且必要时调整			
16	后轴轮胎：检查胎压并且必要时调整			
17	车窗升降器：激活自动升降功能			
18	汽车钥匙：检查功能，记录交付的钥匙的数量_____			
19	座椅套、地毯保护膜：去除			
20	检查车辆内部的清洁情况：前排和后排座椅、内饰、地毯/脚垫、车窗玻璃			
21	运输固定装置：取下车门上的嵌条			
22	检查车辆外部的清洁情况：油漆、装饰件、前窗玻璃、刮水片			
23	保养手册：将车辆识别条码标签从备用车轮槽或行李箱地板中取出，贴在保养手册中（保修证明），记录保养后交车			
24	检查随车资料是否完整并准备交给客户［从随车资料中取出简要说明并放在车辆内（中控台附近）］			
25	试驾：执行并复位驾驶员信息系统			

续表

正常/已执行＝正常		不正常＝不正常，请注明维修说明			已排除＝故障已排除	
日期/签名 （执行人）			日期/签名 （终检）		日期/签名 （用户）	

客户满意度调查表

某汽车客户满意度调查问卷

问卷编号

尊敬的先生/女士：

您好！我们是 4S 店销售员，需要对某个汽车品牌的销售进行调查与研究，希望能得到您的支持。很抱歉占用您一些时间，麻烦您协助我们完成此次的问卷调查，以便我们能够真实地掌握某汽车的市场信息。

一、主要问题：

1. 您对某汽车加速性能是否满意（　　）

A. 非常满意　B. 比较满意　C. 一般　D. 不太满意　E. 不满意

2. 您对某汽车换挡性能是否满意（　　）

A. 非常满意　B. 比较满意　C. 一般　D. 不太满意　E. 不满意

3. 您对某汽车内饰质量是否满意（　　）

A. 非常满意　B. 比较满意　C. 一般　D. 不太满意　E. 不满意

4. 您对某汽车安全性能是否满意（　　）

A. 非常满意　B. 比较满意　C. 一般　D. 不太满意　E. 不满意

5. 您对某汽车配件费标价的满意程度（　　）

A. 非常满意　B. 比较满意　C. 一般　D. 不太满意　E. 不满意

6. 您对某汽车人工费用的标价的满意程度（　　）

A. 非常满意　B. 比较满意　C. 一般　D. 不太满意　E. 不满意

7. 您对某汽车的购车环境的满意程度（　　）

A. 非常满意　B. 比较满意　C. 一般　D. 不太满意　E. 不满意

8. 您对某汽车客户休息区的设施条件的满意程度（　　）

A. 非常满意　B. 比较满意　C. 一般　D. 不太满意　E. 不满意

9. 您对某汽车客户休息区的服务的满意程度（　　）

A. 非常满意　B. 比较满意　C. 一般　D. 不太满意　E. 不满意

10. 您对某汽车销售人员的仪表仪态上的满意程度（　　）

A. 非常满意　B. 比较满意　C. 一般　D. 不太满意　E. 不满意

11. 某销售人员对某汽车专业知识的介绍的表现，您的满意程度（　　）

A. 非常满意　B. 比较满意　C. 一般　D. 不太满意　E. 不满意

12. 某汽车在交车过程中车的状况以及交货时间，您的满意程度（　　）

A. 非常满意　B. 比较满意　C. 一般　D. 不太满意　E. 不满意

续表

13. 交车后，某汽车售后人员是否按时提醒您进行维修保养，其态度您是否满意　（　）

A. 非常满意　B. 比较满意　C. 一般　D. 不太满意　E. 不满意

14. 您对某汽车及时维修以及保养您的车，您的满意程度　（　）

A. 非常满意　B. 比较满意　C. 一般　D. 不太满意　E. 不满意

15. 您对某汽车公司 24 小时救援服务的满意程度　（　）

A. 非常满意　B. 比较满意　C. 一般　D. 不太满意　E. 不满意

16. 您对某汽车公司应对投诉时候处理的方案，您的满意程度　（　）

A. 非常满意　B. 比较满意　C. 一般　D. 不太满意　E. 不满意

二、背景问题。请根据您的实际情况作答

1. 您的性别是　（　）

A. 男　B. 女

2. 您的年龄　（　）

A. 23 岁以下　B. 23～29 岁　C. 30～39 岁　D. 40～49 岁　E. 50～59 岁　F. 60 岁及以上

3. 您的职业　（　）

A. 企业高管　B. 公司职员　C. 科研人员　D. 医护人员　E. 政府公务员　F. 个体经营者

G. 农民　H. 学生　I. 其他

您的姓名、手机号码、联系地址

调查员：	审核员：	编码员：
调查日期：	调查时间：	审核日期

感谢您的参与！

交车检查确认单

交车检查确认单

车主姓名			联系人		联系电话		
联系地址					邮政编码		
购买车型			车身颜色		初始里程数		
发动机号			车架号				
购买方式		□全款购车		□贷款购车		□置换	

下表是与车辆相关的文件及随车工具，请认真查看。如无问题请您在相应的方框内打√，并请确认签收。这些文件、备件、工具均为原件，请认真保管，遗失不补。

续表

车辆文件及随车工具	1．证件及使用说明					
	新车□车辆合格证（货物进口证明书）		□使用说明书		□保养手册	
	□保险	□新车购车发票（发票联、注册登记联、报税联）		□其他		
	二手车□二手车发票	□登记证书	□行驶证		□完税证明	□保险
	2．随车工具					
	□钥匙（　把）	□点烟器	□千斤顶	□备胎	□防盗螺栓	□轮胎扳手
	□其他					

下表是与车的性能及质量相关的检查项，请认真检查确认。如无问题请您在相应的方框内打√，并请确认签收。

车辆状况确认注意事项。	1．车辆内外检查					
	□车辆外观清洁，车身表面完好无损		□车内干净整洁，无脏物		□车辆配置以及颜色无误	
	□发动机舱内无渗漏，可视部分无损伤，无异常					
	2．车辆各项功能确认					
	□钥匙使用	□车窗天窗	□后视镜调节	□车辆启动	□灯光仪表	□空调
	□影音系统	□刹车系统	□倒车雷达影像	□雨刮器	□其他各项功能	
	1．温馨提示					
	□用车注意事项	□汽油种类告知		□变速箱使用注意事项	□车辆保养常识	
	2．服务介绍					

续表

项	□车辆交接仪式		□车辆合影		□服务热线：0555－2382222 2315988			

经现场检查、调试，本人所购车辆外观内饰完好，无划痕，无破损，随车文件、备件、工具齐全，车辆各项功能正常，车况良好。

顾客签字确认：					销售顾问：			
日期：					日期：			
备注								

1. 随车文件、备件及工具因车辆类型不同而存在一定差异，交车时如果存在上述表格中未列明的随车文件、备件或工具请在其他栏中注明。

2. 随车物品均为原件，请妥善保管，遗失不补。

3. 本表一式二份，一份为销售部门留存归入用户档案，复印件为客户留存。

车辆合格证复印件

2. 工作计划与决策

引导问题 1：作为销售顾问，你认为客户接车时有什么心态及想法？

_____

_____

_____

_____

引导问题 2：如何给李先生及其夫人设计一个针对个性的递交新车的仪式？

_____

_____

_____

_____

引导问题 3：交完车后，与顾客联系的次数应该是怎样？每次与顾客联系的内容是什么？

_____

_____

_____

_____

引导问题 4：销售顾问的角色目标是什么？

_____

_____

_____

_____

引导问题 5：作为参与者的初始期望是什么？

_____

_____

_____

小提示：各位同学，仁者见仁，智者见智哦～～

引导问题 6：角色扮演过程分析

角色名称：			
阶段	扮演内容	关键环节	时间安排
1			
2			
3			
……			

小提示：角色扮演的过程包括准备过程，加深对角色的认识和理解；实施阶段，每个角色的扮演过程；评价阶段，对角色及扮演过程进行反思。

角色扮演分组情况（4人一组）：

班级		组号		指导老师	
组长		学号		角色	
组员	姓名		学员		角色

小提示：准备道具、布置工作场地。

3. 工作实施

（1）分发道具

（2）销售顾问、顾客进行角色扮演

（3）观察员：观察记录（观察员包括组内观察员与其他同学）

准备阶段	1. 与顾客进行电话沟通	问候、介绍自己、介绍公司（3分）	□是	□否
		（欣喜地）告知顾客车辆到货信息（2分）	□是	□否
		与顾客约定交车的时间与地点（2分）	□是	□否
		询问顾客付款方式（2分）	□是	□否
		通知顾客带好相关购车资料（3分）	□是	□否
		告知交车流程（3分）	□是	□否
		告知交车时间（2分）	□是	□否
		与顾客礼貌道别（2分）	□是	□否
	2. 车辆准备	提取车辆，清洗车辆（2分）	□是	□否
		将车辆送至车间进行完整的 PDI 检测，打印车辆 PDI 单据（3分）	□是	□否
		将已检测好的车辆停至待交区（2分）	□是	□否
		贴品牌标志物，装饰车辆（2分）	□是	□否
递交与仪式	3. 递交新车	迎接客户，祝贺客户（2分）	□是	□否
		引导客户简单地欣赏爱车（2分）	□是	□否
		让客户在交车确认单、销货单等单据上签字确认（3分）	□是	□否
		引导客户至收银台付款，领取发票，并第一时间将合格证送至信息部扫描出库（2分）	□是	□否
		清楚讲解车辆内的按键功能及使用（2分）	□是	□否
		提醒客户做首次车辆保养时的服务项目、公里数或时间、免费维护项目，告知客户新车使用时需要注意的事项（3分）	□是	□否
		利用《保修手册》说明保修内容和保修范围及 24 小时服务热线（3分）	□是	□否
		带领客户参观售后服务区域，告知下次来站保养流程（3分）	□是	□否
		移交有关物品、文件：《用户手册》、《保修手册》、购车发票、保险手续、合格证、车辆钥匙等，并请客户签字确认（3分）	□是	□否
		填写《新车客户满意度打分问卷》（3分）	□是	□否
	4. 交车仪式	鼓掌祝贺，放交车音乐（2分）	□是	□否
		赠送礼品（2分）	□是	□否
		推荐售后顾问（2分）	□是	□否
		合影留念（2分）	□是	□否

续表

售后联系	5.3 日内联系	联系内容有针对性、专业性（5分）	□是	□否
		接打电话礼仪（3分）	□是	□否
	6. 一周内联系	联系内容有针对性、专业性（5分）	□是	□否
		接打电话礼仪（3分）	□是	□否
	7. 一月内联系	联系内容有针对性、专业性（5分）	□是	□否
		接打电话礼仪（3分）	□是	□否
	8. 三月内联系	联系内容有针对性、专业性（5分）	□是	□否
		接打电话礼仪（3分）	□是	□否
分数		94 分	得分：	

（4）角色互换

4. 反思与评价

（1）评价

阶段一：小组自评，组内每个角色个人的体验、反思；观察员的记录

A：教学内容、目标与本次角色扮演成果对比分析

B：在表演过程中，针对角色扮演的结果、观察到的内容，有什么不足之处？

C：这些不足之处产生的原因是什么？应该如何改进？

D：时间的把握合理吗？有哪些不合理的地方？

E：有超出预期的意外情况发生吗？如何解决的？

阶段二：全班评价

A：各小组到讲台，呈现组内评价反思结果；

B：对各小组结果集体讨论，进行整体性原因分析；

C：归纳总结各小组的改善建议，集体确定下次角色扮演中的改善建议。

评核点	分数	得分	优劣评估
仪表、精神面貌	4		优点：
亲和力	4		

续表

综合评分（38 分）

评核点	分数	得分	优劣评估
语言的表达（依据角色类型和客户类型的不同用不同的应对方式）	10		不足：
引导客户与客户沟通的专业能力	10		
应对技巧	10		突出表现：
合　计	38		

（2）反思

每位学生交一份书面总结，内容包括：

A：与自己的初始目标对照，你学到什么技能？有什么不足？以后如何有针对性地提高展厅接待和需求分析的技巧？

B：下一次怎么开展，有什么好建议？

C：个人在工作内容、责任、职业活动、困难时的决策、时间要求、工作过程等方面有什么收获、感悟？

参考文献

（按作者首字母顺序排列，排名不分先后）

中文参考文献

[1] 〔美〕L·W. 安德森等编著《学习、教学和评估的分类学——布卢姆教育目标分类学（修订版）》，华东师范大学出版社，2008。

[2] 白玲、张桂春：《职业教育"名师工作室"的本质游离与回归》，《职业技术教育》2019年第31期。

[3] 宾恩林：《职业教育教材建设的关键障碍、突破思路及实践路径》，《教育与职业》2020年第18期。

[4] 蔡跃：《职业教育活页式教材开发指导手册》，华东师范大学出版社，2020。

[5] 蔡跃：《中等职业教育教材出版物研究分析》，《职业技术教育》2008年第34期。

[6] 曹巍、周强：《职业教育精品教材开发模式与实施路径》，《中国职业技术教育》2016年第32期。

[7] 陈金国：《中职数学活力课堂的基本特征与实施策略》，《中国职业技术教育》2019年第11期。

[8] 陈梅琴：《后课程改革背景下的我国教师教学观念：问题与出路》，《当代教育科学》2018年第7期。

[9] 陈鹏：《职业能力观演变的历史逻辑及其理论述评——基于能力本位教育与培训发展的研究》，《中国职业技术教育》2010年第6期。

[10] 陈义华：《浅谈一体化学习工作页中的引导问题设计》，载《中国职协 2016 年度优秀科研成果获奖论文集（学校二等奖)》，2016。

[11] 陈莹：《"职业性"：德国职业教育本质特征之研究》，华东师范大学博士学位论文，2012。

[12] 陈友芳：《情境设计能力与学科核心素养的养成》，《思想政治课教学》2016 年第 9 期。

[13] 程一斌、谢刚、冯胜安：《职业院校数字化教学资源库的构建与应用——以滁州职业技术学院为例》，《滁州学院学报》2018 年第 5 期。

[14] 崔发周：《新型工作手册式教材的基本特征与改革策略》，《教育与职业》2020 年第 18 期。

[15] 崔发周：《职业院校课程改革中的三个基本结构》，《中国职业技术教育》2006 年第 4 期。

[16] 德国联邦职业教育研究所编《借助学习任务进行职业教育：学习任务设计指导手册》，机械工业出版社，2010。

[17] 邓泽民：《贯彻落实素质教育为基础　能力为本位指导思想的教材研究》，《中国职业技术教育》2004 年第 31 期。

[18] 邓泽民等：《职业教育教材设计》，中国铁道出版社，2006。

[19] 丁才成：《成果导向与工作过程导向课程开发异同分析与融合应用——基于〈悉尼协议〉范式研究》，《中国职业技术教育》2019 年第 32 期。

[20] 丁翠娟：《职业教育教材对 1 + X 证书标准的转化及其实现路径》，《中国职业技术教育》2020 年第 18 期。

[21] 杜慧勇：《基于工作过程的立体化教材建设要点探讨》，《计算机工程与科学》2016 年第 S1 期。

[22] 范卿泽：《深入学习贯彻习近平总书记关于教育的重要论述》，《今日教育》2020 年第 12 期。

[23] 方春龙：《产教融合　强化校外实训基地建设》，《中国高等教育》2014 年第 Z2 期。

[24] 冯静：《"教学做"一体化教学模式在高职导游专业课程中的应用研

究——以 J 职业学院〈模拟导游〉为例》，南昌大学硕士学位论文，2017。

[25] 冯志军：《我国中等职业教育教材建设现状分析及政策建议——基于江苏省域中等职业教育教材建设的调研分析》，《中国职业技术教育》2019 年第 29 期。

[26] 伏梦瑶、李政、徐国庆：《我国职业教育教材研究的进展与展望》，《教育与职业》2019 年第 17 期。

[27] 付雪凌：《论职业教育教师教材使用能力》，《职教论坛》2020 年第 4 期。

[28] 高鸿、赵昕：《基于类型教育特征的职业院校教材建设思路探析》，《中国职业技术教育》2020 年第 8 期。

[29] 高亚华：《对高职教学中理论知识"够用适度"的几点认识》，《辽宁师专学报》（社会科学版）2001 年第 6 期。

[30] 葛维威：《进一步加强和改进职教教材建设与管理　更好地适应职业教育改革与发展的需要》，《中国职业技术教育》2004 年第 31 期。

[31] 辜东莲、刘建平：《学习领域课程工作页教材建设探索》，《中国职业技术教育》2009 年第 35 期。

[32] 顾红梅：《高等职业技术教育项目课程教材设计研究》，南京师范大学硕士学位论文，2007。

[33] 顾京、孙燕华：《高职教材评价标准研究》，《教育与职业》2016 年第 9 期。

[34] 郭欣：《企业参与职业教育校企合作的成本构成及补偿机制构建》，《中小企业管理与科技》（上旬刊）2020 年第 12 期。

[35] 韩洁：《职教名师工作室建设面临的问题与改进策略》，《教育与职业》2017 年第 17 期。

[36] 韩秀婷、王凤芹：《行动导向教学法在高职思政课中实施效果调查分析——以聊城职业技术学院为例》，《中国成人教育》2014 年第 4 期。

[37] 何维英：《职业教育校本课程开发主体及存在的问题》，《大视野》2019 年第 1 期。

[38] 何新民：《高职院校校外实训基地建设探讨》，《技术与创新管理》2009 年第 5 期。

[39] 胡军：《发达国家教材评价标准的特点与启示》，《课程·教材·教法》2019 年第 4 期。

[40] 胡连奎：《运用 CBE 理论和方法解决我国高等职业教育面临的问题》，《北京青年政治学院学报》2001 年第 3 期。

[41] 胡秀霞：《技工院校创新型教师团队建设研究》，《职业》2018 年第 18 期。

[42] 黄涛：《基于任务驱动的高职软件开发类活页式教材设计研究》，《武汉职业技术学院学报》2019 年第 6 期。

[43] 江民鑫：《职业教育选择性课改：基本意蕴、实践困境与推进策略》，《中国职业技术教育》2019 年第 2 期。

[44] 姜大源主编《当代德国职业教育主流教学思想研究——理论、实践与创新》，清华大学出版社，2008。

[45] 姜大源：《“学习领域”——工作过程导向的课程模式——德国职业教育课程改革的探索与突破》，《职教论坛》2004 年第 24 期。

[46] 姜大源、吴全全：《德国职业教育学习领域的课程方案研究》，《中国职业技术教育》2007 年第 2 期。

[47] 姜大源：《工作过程系统化课程的结构逻辑》，《教育与职业》2017 年第 13 期。

[48] 姜大源：《关于工作过程系统化课程结构的理论基础》，《职教通讯：江苏技术师范学院学报》2006 年第 1 期。

[49] 姜大源：《跨界、整合和重构：职业教育作为类型教育的三大特征——学习〈国家职业教育改革实施方案〉的体会》，《中国职业技术教育》2019 年第 7 期。

[50] 姜大源：《论高等职业教育课程的系统化设计——关于工作过程系统化课程开发的解读》，《中国高教研究》2009 年第 4 期。

[51] 姜大源：《论高职教育工作过程系统化课程开发》，《徐州建筑职业技术学院学报》2010 年第 1 期。

[52] 姜大源：《"学习领域"课程：概念、特征与问题——关于德国职业学校课程重大改革的思考》，《外国教育研究》2003 年第 1 期。

[53] 姜大源：《中国职业教育改革与发展的认识基础与课程体系创新》，《中国职业技术教育》2009 年第 13 期。

[54] 姜丽杰、宁永红、巩建婷：《建国 70 年来我国职业教育课程模式的引进、改造及创新》，《职业技术教育》2019 年第 16 期。

[55] 蒋红枫：《基于行动导向学习的工作页设计》，《中国职业技术教育》2012 年第 32 期。

[56] 教育部专项研究课题组：《中等职业教育教材建设问题与对策分析》，《中国职业技术教育》2008 年第 25 期。

[57] 金凌芳：《基于完整行动模式六阶段的工作页开发研究——以电气控制线路安装与维修课程工作页开发为例》，载《中国职协 2013 年度优秀科研成果获奖论文集（下册）》，2013。

[58] 金凌芳：《基于完整行动序列的工作页开发研究》，《中国职业技术教育》2013 年第 14 期。

[59] 康坤：《教育信息化 2.0 时代职业教育信息化教材建设探索》，《中国职业技术教育》2020 年第 29 期。

[60] 孔全会：《基于现代职业教育体系的国家规划教材建设的思考与实践》，《中国职业技术教育》2016 年第 26 期。

[61] 兰金林、石伟平：《职业教育教材内容的选择与组织：职业知识的工作逻辑》，《职业技术教育》2019 年第 31 期。

[62] 李必新：《中职数字化教学资源库一体化设计与实践》，贵州师范大学硕士学位论文，2019。

[63] 李闻：《高水平专业群课程开发与课程管理的"职业化"实现路径》，《职教论坛》2020 年第 12 期。

[64] 李鹏、石伟平：《什么样的教材是"好教材"——职业教育教材评价的理论反思》，《教育发展研究》2019 年第 19 期。

[65] 李鹏军：《高职旅游管理专业实施任务教学的设计策略》，《教育与职业》2012 年第 11 期。

［66］李强、李孟璐：《变"教材"为"学材"的几个基本问题》，《教育理论与实践》2011 年第 29 期。

［67］李术蕊：《教材建设：服务职业教育内涵提升》，《中国职业技术教育》2014 年第 19 期。

［68］李维春、易小军、王敏：《产教融合背景下校企混编教学团队建设研究——基于 35 位教学团队成员的深度访谈》，《中国职业技术教育》2019 年第 29 期。

［69］李文君：《理实一体化教学模式的教学方法研究与实践》，天津职业技术师范大学硕士学位论文，2020。

［70］李秀真：《真实任务驱动下城市轨道交通车站设备新型工作手册式教材的研究》，《智库时代》2020 年第 4 期。

［71］李选芒、王永莲：《基于校企合作的校外实训基地建设实践与探索》，《中国成人教育》2011 年第 17 期。

［72］李政、徐国庆：《职业教育国家专业教学标准开发技术框架设计》，《教育科学》2016 年第 2 期。

［73］李政：《职业教育新形态教材：内涵、特征与编写策略》，《职教论坛》2020 年第 4 期。

［74］李子云、王艳黎：《职业教育教材编写质量探讨》，《中国职业技术教育》2016 年第 32 期。

［75］林栋：《新就业形态下高职学生以职业胜任力为核心的就业能力培养》，《教育与职业》2020 年第 15 期。

［76］林克松、石伟平：《改革语境下的职业教育研究——近年中国职业教育研究前沿与热点问题分析》，《教育研究》2015 年第 5 期。

［77］刘邦祥、吴全全：《德国职业教育行动导向的教学组织研究》，《中国职业技术教育》2007 年第 5 期。

［78］刘彩琴等编著《职业教育工学结合课程开发与实施》，北京师范大学出版社，2014。

［79］刘芳：《"三教"改革背景下高职院校教材建设路径和策略研究》，《鄂州大学学报》2020 年第 6 期。

［80］刘辉、李德显：《理解作业：知识分类视角下作业的审思与启示》，《当代教育科学》2020 年第 5 期。

［81］刘荣才、周丽：《职业教育教材质量评价与教材改革建设问题探讨》，《中国职业技术教育》2004 年第 2 期。

［82］刘炜杰：《1＋X 证书制度下职业教育的课程改革研究》，《职教论坛》2019 年第 7 期。

［83］刘现芳：《高职院校"计算机数学"数字化教学资源库建设的分析》，《科技创新与生产力》2020 年第 4 期。

［84］刘晓川：《"教学做一体化"教材设计研究》，《北京印刷学院学报》2019 年第 S1 期。

［85］刘永超：《高校教材配套资源建设》，《中外企业家》2014 年第 3 期。

［86］刘育锋：《培养具有职业迁移能力的技术技能人才》，《职业技术教育》2020 年第 25 期。

［87］柳伟：《实现"教材"向"学材"转变》，《教育》2019 年第 43 期。

［88］柳叶青：《从实体思维到实践思维：当前教材评价研究的新趋势》，《课程·教材·教法》2017 年第 12 期。

［89］卢晓、吴全全、闫智勇：《职业教育类型化发展的内涵解析、逻辑生成与对策建构》，《教育与职业》2021 年第 1 期。

［90］罗音：《职业教育教材发行与选用的钻石模型设计》，《中国职业技术教育》2016 年第 26 期。

［91］毛艳丽等：《"任务书式"活页实训课程及教材的开发与应用研究——以中职物流仓储与配送技能实训为例》，《职教论坛》2019 年第 10 期。

［92］蒙俊健：《基于现代信息化的职业院校仿真教学应用研究及实践》，《中国职业技术教育》2018 年第 2 期。

［93］莫钧：《艺术设计专业数字化教学资源库的开发研究》，《中国教育学刊》2015 年第 S2 期。

［94］牟海珍、李金梅、刘曰琛：《德国职业教育中小组合作学习的现状与特点》，《当代教育科学》2011 年第 13 期。

［95］聂华：《德国工作过程导向的职业教育思想及其价值》，华东师范大

学硕士学位论文，2009。

[96] 乞佳、谷峤：《继承与超越：我国职业教育教材制度建设的经验与取径》，《教育科学》2020年第2期。

[97] 乔立东、侯引绪：《高等职业院校校外实训基地建设浅析》，《黑龙江畜牧兽医》2011年第8期。

[98] 沙鑫美：《内容重构：本科职业教育课程改革的首要任务》，《中国职业技术教育》2016年第29期。

[99] 施雨：《高职院校校企合作机制的研究》，南京师范大学硕士学位论文，2011。

[100] 石伟平、郝天聪：《产教深度融合 校企双元育人——〈国家职业教育改革实施方案〉解读》，《中国职业技术教育》2019年第7期。

[101] 石伟平、郝天聪：《从校企合作到产教融合——我国职业教育办学模式改革的思维转向》，《教育发展研究》2019年第1期。

[102] 石伟平、匡英主编《中等职业院校专业建设与课程开发》，高等教育出版社，2012。

[103] 石伟平、林玥茹：《新技术时代职业教育人才培养模式变革》，《中国电化教育》2021年第1期。

[104] 石伟平：《我国职业教育课程改革中的问题与思路》，《中国职业技术教育》2006年第1期。

[105] 史文晴、匡瑛：《知识论视角下职业教育理实一体化教材的内容设计》，《教育与职业》2020年第9期。

[106] 宋良玉：《基于工作过程职业教育汽修专业教材建设的思考》，《中国职业技术教育》2011年第35期。

[107] 宋良玉：《新时代工匠精神视域下职业教育"三教"改革路径探析》，《中国职业技术教育》2020年第23期。

[108] 宋以华、钱堃、陈勇平：《基于〈职业院校教材管理办法〉的职业教育教材改革探析》，《教育与职业》2020年第14期。

[109] 苏运柱：《"互联网＋"背景下高职院校会计专业教学改革研究》，《中国乡镇企业会计》2020年第5期。

［110］孙诚、宗诚：《新时代职业教育教材：时代背景、内涵要求与实施路径》，《中国职业技术教育》2020 年第 8 期。

［111］孙京新、褚庆环、李鹏：《在精品课程建设中建立立体化教材》，《现代远距离教育》2007 年第 1 期。

［112］孙琪琪：《中等职业教育校企合作教材建设的研究与实践》，《教育与职业》2016 年第 21 期。

［113］孙天彦：《基于行动导向教学法的中职学校电工技能与实训课程教学案例设计》，长春师范大学硕士学位论文，2020。

［114］汤苗苗、董美娟：《高校课程思政建设存在的问题及对策》，《学校党建与思想教育》2020 年第 22 期。

［115］唐丽芳、丁浩然：《建构以质量为核心的教材评价体系》，《教育研究》2019 年第 2 期。

［116］王丹丹：《职业教育"课程思政"研究现状与展望》，《中国职业技术教育》2020 年第 5 期。

［117］王德华：《德国职业教育行动导向教学法的微观考证》，《职业技术教育》2010 年第 29 期。

［118］王桂玲：《推行行动导向教学法　提高高职院校学生职业行动能力》，《中国成人教育》2012 年第 20 期。

［119］王红雨、张瑞中：《情境学习理论关照下职业教育之课程实践探究》，《职业技术教育》2019 年第 31 期。

［120］王璐、徐国庆：《从工作过程到知识导向：职业教育教学设计的新发展》，《职教论坛》2020 年第 11 期。

［121］王明海等：《高职院校职业教育学习领域课程学习情境的设计研究》，《教育与职业》2008 年第 36 期。

［122］王娜：《混凝土结构与识图课程采用行动导向教学法的探索》，《教育与职业》2010 年第 26 期。

［123］王倩：《中等职业学校教学模式改革保障机制研究》，西南大学硕士学位论文，2014。

［124］王守志、韩金玉：《职业教育教材建设关键问题探讨及实践》，《中

国职业技术教育》2017 年第 26 期。

[125] 王廷梅、陈艳燕、杨芳：《高端技术技能人才贯通培养"三全育人"模式的研究与构建——以北京市为例》，《中国多媒体与网络教学学报》（上旬刊）2020 年第 11 期。

[126] 王伟：《高职院校 3D 打印技术理实一体化教室建设对策研究》，《智库时代》2019 年第 36 期。

[127] 王雯、韩锡斌：《工作过程导向的职业教育课程混合教学设计》，《中国职业技术教育》2020 年第 5 期。

[128] 王晓丽：《国外教材评价：基本特征、发展趋势及启示》，《课程·教材·教法》2016 年第 9 期。

[129] 王岳喜、张云芳：《职业院校思政课混合式教学模式特征分析及实施路径》，《中国职业技术教育》2020 年第 1 期。

[130] 王云凤：《"三教"改革背景下职业院校教材建设的实践探索与策略》，《中国职业技术教育》2020 年第 35 期。

[131] 韦晓阳：《深化"三教"改革新时代教材建设的实践与探索》，《中国职业技术教育》2020 年第 5 期。

[132] 吴敏：《基于学习情境的机电类专业教学工作活页开发》，《教育教学论坛》2020 年第 44 期。

[133] 吴言：《教材的动态生成过程》，《职业技术教育》2006 年第 23 期。

[134] 习岑、李术蕊：《回应需求，创新模式——高等教育出版社创新职业教育教材建设模式略记》，《中国职业技术教育》2011 年第 1 期。

[135] 席东梅：《专业与课程标准化条件下的中职教材研究》，《职教论坛》2010 年第 27 期。

[136] 项杨：《职业教育一体化课程资源建设的探索与实践——以"机械制图"课程为例》，《中国职业技术教育》2018 年第 32 期。

[137] 谢德新、庄家宜：《从学科本位到综合职业能力：新中国职业教育人才培养的历史回眸与未来展望》，《职业技术教育》2020 年第 28 期。

[138] 谢莉花：《德国职业教育作为一种类型教育的学科基础——"职业

科学"的关联与挑战》，《中国职业技术教育》2020 年第 27 期。

［139］邢强：《现代职业教育人才培养模式下的体育教学组织形式》，《体育学刊》2017 年第 3 期。

［140］徐国庆：《基于学习分析的职业教育项目教学设计模型》，《职教论坛》2015 年第 18 期。

［141］徐国庆：《论职业教育中的普通文化课程改革》，《职教论坛》2012 年第 3 期。

［142］徐国庆：《学科课程、任务本位课程与项目课程》，《职教论坛》2008 年第 20 期。

［143］徐国庆：《职业教育教材设计的三维理论》，《华东师范大学学报》（教育科学版）2015 年第 2 期。

［144］徐国庆：《职业教育课程、教学与教师》，上海教育出版社，2016。

［145］徐国庆：《职业教育课程论》，华东师范大学出版社，2015。

［146］徐国庆：《职业教育项目课程：原理与开发》，华东师范大学出版社，2016。

［147］徐涵：《德国学习领域课程方案的基本特征》，《教育发展研究》2008 年第 1 期。

［148］徐涵：《我国职业教育课程改革的发展历程与典型模式评价》，《中国职业技术教育》2008 年第 33 期。

［149］徐涵：《学习领域课程与项目课程的比较研究》，《职教论坛》2015 年第 15 期。

［150］徐书芝：《基于行动导向教学的中职学校教学改革研究》，河北师范大学硕士学位论文，2012。

［151］许新华：《高职教材评价及其指标体系设计》，《长沙通信职业技术学院学报》2011 年第 4 期。

［152］许远：《职业教育专业建设与课程教材开发》，中国人民大学出版社，2019。

［153］薛春玲：《基于课程标准的中职公共基础课教材建设的思考》，《中国职业技术教育》2020 年第 20 期。

［154］杨斌：《中国共产党马克思主义观与中国道路的历史逻辑、话语范式、演进特征及当代启示》，《理论导刊》2021 年第 1 期。

［155］杨宏利：《职业教育教材编写理念创新性研究》，《科技与出版》2012 年第 4 期。

［156］杨建良：《职业教育名师工作室建设刍议》，《教育与职业》2013 年第 35 期。

［157］杨健：《基于"三全育人"理念实施课程思政路径探析》，《教育教学论坛》2020 年第 48 期。

［158］杨萌、张雅楠、刘雯：《基于职业核心能力的工作手册式教材的开发与研究》，《教育教学论坛》2020 年第 38 期。

［159］杨勇：《现代信息技术条件下职业教育课程建设与教学改革研究》，《职教论坛》2018 年第 7 期。

［160］杨志惠：《基于高校数字化教学资源库的资源分类与评价研究》，华中农业大学硕士学位论文，2008。

［161］叶华：《我国职业教育实施 1 + X 证书制度：诉求、价值与路径》，《河北职业教育》2020 年第 2 期。

［162］尹俐：《关于"学习领域"对职业教育教学的促进作用》，《职教论坛》2011 年第 32 期。

［163］于天明等：《基于工作过程的〈制药通用设备〉学习领域课程标准开发》，《职业教育研究》2012 年第 3 期。

［164］余韵、徐国庆：《基础导向：中等职业教育课程改革思路》，《职教论坛》2020 年第 9 期。

［165］袁丽英：《职业教育课程评价：问题与对策》，《职业技术教育》2009 年第 34 期。

［166］张晨、汪立亮：《适应现代职业教育课程设计的立体化教材开发》，《出版广角》2014 年第 2 期。

［167］张芳慧：《高中地理教学中图表选择及其信息呈示方式的研究》，上海师范大学硕士学位论文，2020。

［168］张建国：《论职业教育"理实一体化"教学的内涵及其特征》，《中

国职业技术教育》2018 年第 14 期。

[169] 张良：《职业素质本位的高职教育课程建构研究》，湖南师范大学博士学位论文，2012。

[170] 张启富：《行动导向：从"讲授—领悟"到"行动—建构"——关于高职行动导向教学改革的思考》，《中国职业技术教育》2019 年第 32 期。

[171] 张韶珺：《中等职业教育中"学习与工作"衔接的路径优化》，《现代教育》2020 年第 9 期。

[172] 张馨：《职业教育"做中学"教材结构研究》，河北科技师范学院硕士学位论文，2013。

[173] 张艳芳：《基于典型工作任务分析的学习情境设计》，《职业教育研究》2013 年第 12 期。

[174] 张振华：《职业教育名师工作室建设的理论与实践探索——以长春市职业教育名师工作室建设为例》，《职业技术教育》2019 年第 35 期。

[175] 赵茜、尹珮、李刚：《深化、内化、明晰：教师教学观念的转变》，《教育发展研究》2017 年第 4 期。

[176] 赵文莉：《试论高职院校"双一流"创新型教师团队的培育与建设——以湖南财经工业职业技术学院为例》，《福建茶叶》2019 年第 12 期。

[177] 赵欣：《产教深度融合背景下虚拟仿真教学资源建设探索》，《中国新通信》2020 年第 12 期。

[178] 赵志群、黄方慧：《德国职业教育数字化教学资源的特点及其启示》，《中国电化教育》2020 年第 10 期。

[179] 赵志群：《典型工作任务分析与学习任务设计》，《职教论坛》2008 年第 12 期。

[180] 赵志群：《建设现代学徒制的必要性与实现路径》，《人民论坛》2020 年第 9 期。

[181] 赵志群：《借鉴与创新：职业教育课程改革的主要参考》，《职教论坛》2016 年第 32 期。

［182］赵志群：《论职业教育工作过程导向的综合性课程开发》，《职教论坛》2004 年第 6 期。

［183］赵志群：《我国职业教育课程模式的发展》，《职教论坛》2018 年第 1 期。

［184］赵志群：《职业教育工学结合课程的两个基本特征》，《教育与职业》2007 年第 30 期。

［185］赵志群：《职业教育工学结合一体化课程开发指南》，清华大学出版社，2009。

［186］赵志群：《职业能力研究的新进展》，《职业技术教育》2013 年第 10 期。

［187］郑玉龙、李萌：《高职数维专业理实一体化教室建设方案研究》，《辽宁高职学报》2016 年第 11 期。

［188］钟斌：《产教融合背景下的校企混编教师团队建设》，《河北职业教育》2019 年第 1 期。

［189］钟远红：《基于行动导向教学法在财务基础知识教学实践的思考》，《广东职业技术教育与研究》2018 年第 4 期。

［190］周宏伟：《"学习领域课程"在中国：创新与局限》，《中国职业技术教育》2017 年第 35 期。

［191］周明星：《中国职业教育学科发展 30 年》，华东师范大学出版社，2009。

［192］周亚：《能力本位的高职院校课程改革路径及有效课堂教学研究》，《中国职业技术教育》2017 年第 17 期。

［193］周元春：《基于 BAG 法的教学设计师典型工作任务分析》，《电化教育研究》2013 年第 8 期。

［194］朱平：《职业素养视角下的高职课程教学评价改革》，《职教论坛》2013 年第 8 期。

外文参考文献

［1］Abeli，H.：Zwoelf Grundformen des Lenens，1985，S. 182.

［2］Aguka，O. M. ，2009. Principles and methods of vocational and technical education. Owerri：Alpha Trust Publishers.

［3］Aydin，Abdullah；Aytekin，Cahit. Teaching Materials Development and Meeting the Needs of the Subject：A Sample Application. International Education Studies，v11 2018.

［4］Bader，R. / Schaefer，B. ：Lernfeld gestalten. Vom komplexen Hangdlungsfeld zur didaktisch strukturierten Lernsituation，（J），Die berufsbidende Schule，50. Jahrgang，1998，Heft 7/8.

［5］Bader，R. ：Konstruieren von Lernfeldern – Eine Hadreichung fuer Rahmenlehrplanausschuese und Bildungs – gangkonferenz in technischen Berufsfeldern，In ：Bader，R. /Sloane，P. F. E. （Hrsg. ）：Lernen in Lernfeldern，Eusl – Ver – lag，Market Schwaben 2000，S. 42.

［6］Bahl，A. /Koch，J. / Meerten，E. / Zinke，G. ：Was bedeutet prozessbezogen ausbilden? In：Bundesinstitut fuer Berufsbildung. BWP 5/2004. S. 10. http：//www. foraus. de/download/worshop – infos/BWP_5_04. pdf.

［7］Buschfeld，D. ：Qualitaetskiterien fuer Lehrnfeldstrukturierte Lehrplaene – Anschubser eines Nachzuegelrs，In：Sloane，P. F. E. （Hrsg. ）：Leren in Lernfeldern – Theoretischee Analyse und Gestaltungsansaetze zum Lernfeldkonzept，Eusl – Verlag，Market Schwaben 2000，S. 212 – 235.

［8］Czycholl，R. /Ebner，H. G ：Handlungsorientierung in der Berufsbildung. In：Arnold，R，/ Lipsmeier，A. （Hrsg. ）：Handbuch der Berufsbildung，Leske + Budrich，Opladen 1995.

［9］Die Herausgeber：Einleitung – Von der gestaltungsorientierten Berufsbidung zur internationalen Innovations Forschungsansaetze in der Arbeit von Felix Rauner. In：Fischer，M. /Heidegger，G. etc. （Hrsg）：Gestalten statt Anpassen in Arbeit，Technik und Beruf. Festschrift zum 60. Geburtstag von Felix Rauner. Bielefeld Bertelsmann，2001，S. 7 – 21.

［10］Gerds，P. /Lund，E. ：Schulentwicklung und Innovationskultur am Beispiel einer staatlichen Gewerbeschule. In：Pahl，J. – P （Hrsg. ）：Perspektiven gewerblich – tschnischer Berufsschulen, Neusaess 2001, S. 517 – 542.

[11] Gerds, P. / Weisenbach, K.: Bewertung von Schuelerleistungen im hand-lungsorientierten Unterricht, in Arbriten + Lernen, 44/1986.

[12] Gerds, P.: Lernfeldansatz – ein Weg aus der Krise der Berufsschule? In: Gerds, P. / Zoeller, A. (Hrsg.): Der Lernfeldansatz der Kultusminis-terkonferenz, W. Bertelsmann Verlag, Bielefeld 2001, S. 21.

[13] Heidgger, G.: Gestaltungsorientierte Berufsbildung – Entstehungsbeding-ungen, Weiterentwicklung, gegenwaer – tige Aktualiaet. In: Fischer, M. / Heidgger, G. etc. (Hrsg.): Geatalten statt Anpassen in Arbeit, Tech-nik-und Beruf. Festschrift zum 60. Geburtstag von Felix Rauner. Bielefeld Bertelsmann, 2001, S. 142 – 158.

[14] Hoepfner, H. D.: Integrierende Lern – und Arbeitsaufgaben. IFA – Ver-lag GmbH Berlin, 1995.

[15] Holzkamp, K.: Sinnliche Erkenntnis. Historisecher Ursprung und gesell-schaftliche Funktion der Wahrnehmung. Frankfuert, 1973.

[16] Hopp, M. / Frede, W.: Handlungsorientiet lernen ueber Aufgabeenstel-lungen zur beruflichen Handlungskompetenz, Verlag Dr. ing. Paul Chris-tiani, Konstanz 2002, S. 18.

[17] Igbo, C. A. and Onyema, 2015. Curriculum development and manage-ment in vocational technical education. Awka: Onuh Publishers Interna-tional Limited.

[18] Johannes, K. / Egon, M.: Prozessorientierte Qualifizierung – ein Para-digmenwechsel in der beruflichen Bildung. BiBB. SWP 5/2003. http: // www. Foraus. De/ download/ prozessorientiert_ausbilden/ BWP – 2003 – H5 – 42ff. pdf.

[19] Jungblut, H. – J.: Kompetenz, In: Pahl, J. – P. / Uhe, E.: Begriffe von A – Z fuer Praxis und Theorie in Betrib und Scheule, Kallmeyer Ver-lag, Sellze (Verber), 1998.

[20] Kleiner, M. / Rauner, F. / Reinhold, M. / Roeben, P.: Curriculm –

Design II – Entwickeln von Lernfeldern, von beruflichen Arbeisaufgaben zum Berufesbildungsplan, Dr. – Ing. Paul Chtistiani, Konstanz 2003, S. 10.

[21] Kuhlmeier, W. : Leittextmethode. In: Pahl, J. – P. /Uhe, e. : Begriffe von A – Z fuer Praxis und Theorie in Betreib und Schule, Verlag KallmeyerSeelze1998, S. 105.

[22] Laue – Ernst, U. : Handeln als Lernprinzip. In: Reetz, L. / Reitmann, Th. (Hrsg.) : Schlusselqualifikationen – Fachwissen in der Krise. Documentation der Tagung 1989, Hamburg 1990.

[23] M. Mueller/A. zoeller: Arbeitshife Fuer Rahmenlehrplanausscgyesse, Staatinstitut fuer Schulpaedagogik und Buildunggforschung [ISB] Bayern / Landesubastitut fuer Lehrerfortbildung, Lehrerweiterbildung und Unterrichtsforschung von Sachsen – Anhald [LISA], 2001.

[24] Mertens, D. : Schluesselqualifikation – these zur Schulung fuer eine moderne Gesellschaft. In; Mitteilungen ausder Arbeismarket – und Berufsforschung, Nuernberg, 1974.

[25] Ogoh, E. C. , 2008. Foundation of vocational education. 3rd Edn, Onitsha: Anaka Publishers International Limited.

[26] P. Gerds: Lerfeldansatz – ein Weg aus der Kris der Berufsschule, In: Gerds, P. /Zoeller. A. : Der lernfeldansatz der Kultusministerkonferenz, W. Bertelsmann Verlag, Bielefeld 2001, S. 26.

[27] Petersen, W. : Leitidee fuer dei Entwicklung und Gestaltung arbeitsoroentierter und lernfeldbasierter Rahmenlehrplaene. In: Bader, R. / Sloane, P. F. E. (Hrsg.) : Lernen in Lernfeldern – Theoretischee Analyse und Gestaltungsansaetze zum Lernfeldkonzept, Eusl – Verlag, Markt Schewaben 2000, S. 212 – 235.

[28] Rauner, F. : Berufliche Kompetenzentwicklung – vom Novizen zum Experten. In: Dehnbostel, P. / Elsholz, J. / Meister, J. /Meyer – Menk, J. (Hrse.) : Vernetzte Kompetenzentwichklung: Alternative Positionen zur Weiterbildung. Berlin, Verlage sigma. 2002, S. 120 – 123.

［29］Rauner, F.：Lernfelder als strukturiendes Prinzip fuer die Gestaltung be-ruflicher Bildungsprozess. In：Gerds, P. / Zoeller, A. （Hrsg. ）：Der Lernfeldansatz der Kultusministerkonferenz, W. Bertelsmann Verlag Bielefeld 2001, S. 13 – 14.

［30］Reinhold, M. /Haasler, B. /Howe, F. /Kleiner, M. /Rauner, F.：Curriculum – Design II – Entwickeln von Lern – feldern, von beruflichen Arbeitsaufgaben zum Berufsbildungsplan, Dr. Ing. Paul Chtistiani, Kon-stanz 2003, S. 28.

［31］Reuther, U.：Neues Lernen und neue Lernformen in Unternehmen. In：Dehnbostel, P. / Elsholz, J. / Meister, J. /Meyer, J. （Hrsg. ）：Ver-netzte Kompetenzentwichklung：Alternative Positionen zur Weiterbild-ung. Berlin：edition sigma. 2002, S. 151 – 169.

［32］Schelten, A.：Grundlagen der Arbeitspaedagogik, Dritte Neubearbeitete und Erweiterte Auflage, Franz Steiner Verlag, Stuttgart 1995.

［33］Titus M. Owoh（2016）. Development of Employable Skills in Vocational Education by the Utilization of Instructional Materials. Journal of Education and e – Learning Research, 3（4）：139 – 143.

后　记

本书终于能够付诸出版，感触良多的不仅是因为一项工作的终结，更多的是自己的写作反映了工作经验和知识积累的全过程。在学者的职业生涯中，面临最大的考验是科研成果的有效转化，本书的价值在于它的应用性，希望职业院校的教师能够利用这本书开发出优质的新型工作手册式教材，传授给我们的学生，使他们会做事、会做人。

当我筹划这本书的时候，得到了很多人的支持与帮助。在本书的写作过程中，威海职业学院王亚盛教授的专题讲座给了本书的写作非常多的灵感，在此深表谢意；在本书的写作过程中，参考了许多研究职业教育教材开发的著作以及文章，在此一并谢过；我的工作单位，云南大学职业与继续教育学院，为本书的顺利出版提供了资助，感谢对我的信任；我指导的各位研究生，包括王静雯、马婷婷、毛婷婷、刘裕章、李博文、郑晨、徐堂娜，在写作过程中提供了大量的帮助，在此非常感谢。

特别要感谢的是，社会科学文献出版社的陈颖、陈晴钰编辑，两位编辑在本书的出版过程中，做了很细致的工作，没有她们就没有这本书的顺利出版；社会科学文献出版社的审稿专家团队为本书提出了宝贵的修改建议，非常感激。

由于本人视角所限，本书的写作过程中可能出现论文不明确或论据不充分的问题，影响了读者的阅读体验，在此表示歉意。

图书在版编目（CIP）数据

职业教育新型工作手册式教材开发／魏娜著. -- 北
京：社会科学文献出版社，2022.3
ISBN 978 - 7 - 5201 - 9055 - 8

Ⅰ. ①职… Ⅱ. ①魏… Ⅲ. ①职业教育 - 教材建设 -
研究 - 中国 Ⅳ. ①G712.33

中国版本图书馆 CIP 数据核字（2021）第 187514 号

职业教育新型工作手册式教材开发

著　　者／魏　娜

出 版 人／王利民
责任编辑／陈　颖
责任印制／王京美

出　　　版／社会科学文献出版社·皮书出版分社（010）59367127
　　　　　　地址：北京市北三环中路甲29号院华龙大厦　邮编：100029
　　　　　　网址：www.ssap.com.cn
发　　　行／社会科学文献出版社（010）59367028
印　　　装／三河市龙林印务有限公司

规　　　格／开　本：787mm × 1092mm　1/16
　　　　　　印　张：20.75　字　数：310千字
版　　　次／2022年3月第1版　2022年3月第1次印刷
书　　　号／ISBN 978 - 7 - 5201 - 9055 - 8
定　　　价／118.00元

读者服务电话：4008918866